왕조로 배우는 이야기 한국사

고구려 왕조 700년

(주)학은미디어

술술 읽어 내려가는 〈이야기 한국사 시리즈〉

나는 누구이며 어떻게 이 자리까지 오게 된 것일까요?

오늘날의 내가 발전된 사회에서 행복한 삶을 누릴 수 있게 된 것은 한 순간에 이루어진 일이 아닙니다. 오랜 세월이 이어지면서 나의 아버지의 아버지, 그리고 할아버지의 할아버지들이 온갖 어려움과 기쁨을 겪으면서 역사를 이루어 지금의 내가 있게 된 것입니다.

이처럼 역사는 우리의 조상이 살아온 발자취이며 우리의 모습을 비추어 보는 거울입니다.

물론 지금의 내 모습도 언젠가는 역사의 한 페이지를 차지하게 된다는 것을 잊어서는 안 될 것입니다.

가끔 어린이 여러분에게 역사를 좋아하느냐고 물으면 어떤 어린이들은 역사에 흥미가 많다고 이야기합니다. 하지만 어떤 어린이들은 역사는 재미없고 지루하며 따분하고 어렵다고 말하기도 합니다.

이렇게 말하는 이유는 대부분의 역사책이 과거의 일을 가르치려는 목적으로 딱딱하게 써 놓았기 때문일 것입니다.

그렇다면 읽고 또 읽고, 듣고 또 들어도 지루하지 않고 재미있는 역사책은 없을까요?

어린이 여러분의 학습에 도움도 되면서 흥미와 재미가 곁들여진 역사책은 없는 걸까요?

물론 있습니다. 그것은 다름 아닌 〈이야기 한국사 시리즈〉입니다.

〈이야기 한국사 시리즈〉는 어린이 여러분이 우리의 역사를 보다 쉽고 재미있게 공부할 수 있도록 옛날 이야기처럼 풀어서 엮었습니다.

국사 교과서에 따른 정사를 중심으로 현장감 있는 사진과 함께 일화나 설화, 전설 등을 풍부하게 실었으며, 흔히 접할 수 없는 문화 유적지를 탐방할 수 있는 기회와 그 밖의 역사 상식도 들어 있습니다.

또한 어린이 여러분이 역사를 이해하는 데 도움이 될 수 있도록 논술 형식의 문제를 실었고, 시대별 왕들을 중심으로 주요 사건을 간략하게 적은 연표와 왕조 계보도 수록해 놓았습니다.

〈이야기 한국사 시리즈〉를 펼치는 그 순간부터 어린이 여러분은 우리 조상의 뿌리를 바로 알게 되고, 올바른 역사관을 갖게 되고, 역사 학습에도 큰 도움이 될 것입니다.

자, 이제 우리 함께 역사 여행을 시작해 볼까요?

우리기획

차례

제1대 동명성왕·10
해모수와 유화 11
알에서 태어난 아이 15
활 잘 쏘는 소년 18
새로운 땅을 찾아서 22

제2대 유리왕·26
아버지가 남긴 물건 27
아버지를 찾아서 30
왕이 되다 33
유리왕의 사랑 37
고구려의 도읍이 국내성이 된 까닭 41

역사 탐방/ 졸본은 어디일까? 48
쏙쏙 역사 상식/비운의 왕자 해명 태자 50
역사 풀이/ 52

제3대 대무신왕·54
대소와의 한판 승부 55
잉어로 싸움에서 승리하다 66

호동 왕자와 낙랑 공주 73

제4대 민중왕·80
동굴에 묻히다 81

제5대 모본왕·84
포악한 왕 85
폭군의 최후 91

역사 탐방/ 부여와 고구려의 관계는 어떠했나? 96
쏙쏙 역사 상식/백의 민족이란 말의 유래 97
역사 풀이/ 98

제6대 태조왕·100
큰 나라를 위하여 101
한나라의 침입 105
수성의 계략 111
수성, 왕위를 빼앗다 118

제7대 차대왕·124
잔인한 왕의 죽음 125

제8대 신대왕·130
신하의 시대 131

역사 탐방/옥저는 어디에 있었나? 136
쏙쏙 역사 상식/고구려의 풍습
　　　　　　　(처가살이 하는 남자들) 137
역사 풀이/138

제9대 고국천왕·140
반란을 진압하다 141
명재상 을파소와 진대법 144

제10대 산상왕·150
왕후 우씨와 형제들의 왕위 다툼 151
주통촌 처녀 157

역사 탐방/동예는 어떤 나라였나? 168
쏙쏙 역사 상식/고구려의 풍습(형수를 아내로
　　　　　　　맞는 형사취수제) 169
역사 풀이/170

제11대 동천왕·172
너그러운 마음씨 173
고구려의 위기 174

제12대 중천왕·182
중천왕과 관나 부인 183

제13대 서천왕·188
달가의 숙신 정벌 189
역모를 물리치다 191

역사 탐방/환도성은 어땠나? 194
쏙쏙 역사 상식/고구려의 5부족 195
역사 풀이/196

차례

제14대 봉상왕 · 198
의심 많은 봉상왕 199
서천왕릉의 기적 203
창조리의 반정 205

제15대 미천왕 · 208
소금 장수에서 왕으로 209
미천왕의 영토 확장 215

제16대 고국원왕 · 218
전쟁 속에 살다 219

역사 탐방/고구려의 고분 벽화로
  무엇을 알 수 있나? 224
쏙쏙 역사 상식/고구려의 신분 제도 225
역사 풀이/ 226

제17대 소수림왕 · 228
불교를 받아들이다 229
태학 설립과 율령 반포 232

제18대 고국양왕 · 234
후연을 치고 신라와 수교하다 235

역사 탐방/평양성의 모습은 어땠나? 240
쏙쏙 역사 상식/고구려의 제도와 법률 241
역사 풀이/ 242

제19대 광개토 대왕 · 244
백제와의 싸움 245
후연과 싸우다 250

제20대 장수왕 · 254
뛰어난 외교술을 펼치다 255
장수왕의 남하 정책 263

제21대 문자왕 · 268
신라와 백제의 연합 269

역사 탐방/ 고구려인들은
  어떤 집에서 살았나? 274
쏙쏙 역사 상식/ 광개토 대왕비의 비밀 276
역사 풀이/ 278

제22대 안장왕 · 280
안장왕과 한씨 미인의 사랑 281
백제와의 싸움 285

제23대 안원왕·288
왕비들의 권력 다툼 289

제24대 양원왕·292
혼란한 내외 정세 293

제25대 평원왕·298
왕의 권위를 세우고 백성을 살피다 299
바보 온달과 평강 공주 303

역사 탐방/ 고구려의 왕궁은
　　　　　어떤 모습이었나? 318
쏙쏙 역사 상식/ 고구려 사람들은
　　　　　　어떤 복장을 하였나? 319
역사 풀이/ 320

제26대 영양왕·322
수나라와의 싸움 323
수 양제의 침입 326

을지문덕의 지략 332

제27대 영류왕·340
영류왕과 천리장성 341
연개소문의 반정 345

제28대 보장왕·350
연개소문과 당의 침입 351
안시성을 지킨 양만춘 354
거듭되는 당나라의 침입 363
연개소문의 죽음과 권력 싸움 366

역사 탐방/ 안시성은 어디인가? 374
쏙쏙 역사 상식/ 고구려의 조직과 벼슬 375
역사 풀이/ 376

고구려 연표 378
고구려 왕조 계보 381
해답 382

고구려가 탄생하기까지

　우리 나라의 고대 역사는 고조선과 부여로부터 시작되었습니다.
　이 두 나라는 지금은 중국 땅인 요동, 요서, 그리고 만주 지방에 터를 잡고 있었습니다.
　그러던 것이 서기전 2세기경, 중국에 막강한 힘을 가진 한나라가 세워지면서 평화의 시기는 막을 내리고 전쟁이 일어나게 됩니다.
　한나라의 침략을 받은 고조선은 처음에는 승승장구 한나라 군사를 격퇴하는 듯했으나 지도층 내부에서 분열이 일어나 서기전 108년 마침내 멸망하게 되었습니다.
　전쟁에서 승리한 한나라는 고조선이 다스리던 지역에 한군현(낙랑군, 현도군, 진도군, 임둔군)을 두어 직접 통치했습니다.
　한편, 고조선과 함께 만주 지방을 중심으로 큰 세력을 이루고 있던 부여는 한나라의 영향으로 불안한 역사를 이어가고 있었습니다.
　이렇게 어지러운 상황에서 고구려는 서서히 모습을 드러내게 되었습니다.
　나중에 고구려로 발전하는 부족은 다섯 개가 있었습니다. 계루부, 소노부, 절노부, 순노부, 관노부가 그 부족들인데 이들은 서기전 2세기까지는 연합체의 형태로 서로 돕고 있었습니다. 그러나 고조선이 멸망하면서 이들은 한나라의 지배에 들어가게 되었습니다.

하지만 서기전 1세기에 들어서면서 한나라의 지배에서 벗어나려는 부족들의 노력은 본격적인 성과를 보기 시작하였습니다.

이 때 다른 부족들을 이끈 것은 소노부였습니다. 하지만 북쪽에서 고조선의 유민들이 밀려오면서 고구려라는 부족연맹체가 만들어지고 한나라의 군현들을 물리치면서 계루부가 부족연맹체의 주도권을 장악하게 되었습니다.

일찌감치 청동기 문화를 발달시켰던 계루부는 다른 부족을 이끌며 한강 이북에 있던 진번군, 동해안에 있던 임둔군을 먼저 장악하고, 압록강 유역에 위치했던 현도군도 물리치게 되었습니다.

그리고 고구려는 현도군을 물리친 다음 국내성에 터를 잡고, 부족 연맹체에서 고대국가로 발전하게 되는 틀을 갖추게 되었습니다.

우리기획

제 1 대
동명성왕

(서기전 58~서기전 19년)
재위 : 서기전 37~서기전 19년

성은 고씨이고 이름은 주몽입니다.
주몽은 하느님의 아들인 해모수와 물의 신이었던 하백의 딸 하백녀(유화)의 사이에서 태어났다고 전해지고 있습니다.
즉, 주몽은 실제 사람이면서 신의 후예이기도 했습니다.
신화 속의 인물로 후대 사람들에 의해 신비하게 표현되기는 했지만 주몽이 압록강 주변에 흩어져 있던 우리 민족을 모아 고구려라는 강력한 나라를 세운 것은 사실입니다.
주몽은 '활 잘 쏘는 사람' 이라는 부여 말로, 뛰어난 장수의 기질을 가지고 있었으며, 여러 부족을 아울러 막강했던 한나라의 군현 낙랑군을 몰아내는 지략가이기도 했습니다.
이후 탁월한 지도력으로 드넓은 만주 벌판의 여러 부족을 정벌하였습니다. 역사상 가장 강력했던 나라인 고구려를 세운 주몽은 우리 민족의 진정한 영웅이라고 할 수 있습니다.

고구려 왕조 700년

해모수와 유화

하느님은 아들인 해모수를 불렀습니다.
"너는 오룡거를 타고 지상으로 내려가 인간들을 다스리거라."
해모수는 하느님의 명에 따라 다섯 마리의 용이 끄는 마차인 오룡거를 타고 지상으로 내려와 인간을 다스렸습니다.
사람들은 그를 천왕랑이라고 불렀습니다.
해모수의 다스림 덕분에 인간 세상은 평화로웠습니다. 해모수는 평화로운 땅에서 사냥을 즐겨했습니다.
그 날도 해모수는 웅심산 부근에서 사냥을 했습니다. 밤이 되자 알영수라는 강의 가장자리에 자리를 잡고 잠을 자게 되었습니다. 그런데 해모수가 막 잠이 들려는데 어디선가 아름다운 노랫소리가 들려오는 것이었습니다.
'웬 노랫소릴까?

삼국 시대 이전에 사용된 방패 모양의 청동 연장

해모수는 노랫소리에 홀린 듯 발걸음을 옮겼습니다.

노랫소리는 강가에서 흘러나오고 있었습니다. 해모수는 나무 뒤에서 노랫소리가 흘러나오는 곳을 바라보았습니다.

강가에서는 아름다운 여인이 목욕을 하고 있었습니다. 여인을 보자 해모수는 자신도 모르게 강가로 다가갔습니다.

"누구세요?"

나뭇잎이 밟히는 소리에 여인은 깜짝 놀라 몸을 가렸습니다.

"나는 이 나라를 다스리는 천왕랑이니 놀라지 마시오."

여인을 안심시킨 해모수가 물었습니다.

"이 밤중에 혼자 목욕을 하는 당신은 누구시오?"

"저는 용왕 하백의 딸인 유화라고 합니다."

옷이 물에 젖어서인지 유화는 몸을 떨고 있었습니다.
"이런 떨고 있군. 자, 내 막사로 가서 옷을 말리도록 합시다."
유화는 고개를 저었습니다.
"아니옵니다. 너무 늦으면 아버지께서 걱정하시니 그냥 돌아가겠습니다."
"추위에 떨고 있는 여인을 그냥 보내는 건 도리가 아니오. 내 천막으로 가서 옷을 말리고 가시오."
유화는 해모수의 호의를 저버릴 수가 없었습니다. 유화는 할 수 없이 해모수의 천막에서 밤을 보내게 되었습니다.
새벽이 가까워졌을 때였습니다.
"천황 폐하! 빨리 피하십시오. 용왕이 쳐들어오고 있습니다."
"뭐라고?"
잠결에 놀란 해모수가 자리에서 벌떡 일어났습니다.
해모수가 자신의 딸인 유화를 데려갔다는 사실을 알고 화가 난 용왕 하백이 부하들을 이끌고 달려온 것이었습니다.
유화는 겁에 질려 몸을 떨고 있었습니다.
"당신을 신부로 맞이할 터이니 걱정 마시오."
그 때 밖에서 신하가 뛰어들었습니다.
"아니 되옵니다."
"어째서 안 된다는 말이오?"

해모수와 유화

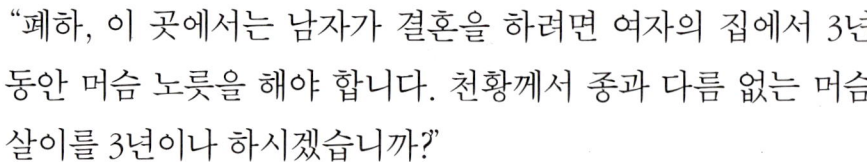

"폐하, 이 곳에서는 남자가 결혼을 하려면 여자의 집에서 3년 동안 머슴 노릇을 해야 합니다. 천황께서 종과 다름 없는 머슴 살이를 3년이나 하시겠습니까?"

"이거 참, 난감한 노릇이군."

해모수가 결정을 내리지 못하자 신하가 다시 아뢰었습니다.

"폐하, 어서 피하십시오. 하백은 천황께서 자기 가문을 더럽혔다며 죽기 살기로 덤빌 것이옵니다. 거기다 우리는 부하들의 수마저 적습니다."

유화도 신하의 말을 거들었습니다.

"그렇게 하십시오. 저희 아버님은 물불을 가리지 않는 성격이라 무슨 일이 생길까 두렵습니다."

"하지만 당신을 이대로 두고 어떻게 간단 말이오?"

"제 걱정은 마시고 빨리 떠나세요."

유화의 청에 못 이겨 해모수는 천막 밖으로 나갔습니다. 해모수는 말에 오르기 전 칼을 한 자루 주며 유화에게 말했습니다.

"이 칼은 내가 아끼는 천황검이오. 만약 아이가 생겨 사내아이를 낳게 되거든 이 천황검을 주어 나를 찾아오도록 하시오."

유화에게 천황검을 건넨 해모수는 급히 자리를 떠났습니다.

곧이어 들이닥친 하백은 유화에게 호통을 쳤습니다.

"어쩌자고 가문의 명예를 더럽히는 일을 저질렀단 말이냐."

고구려 왕조 700년

"죄송합니다, 아버님."
"너를 아끼지만 이 일은 용서할 수가 없구나. 너는 당장 이 곳을 떠나거라."
하백은 유화를 용서하지 않았습니다.
결국 유화는 알영수를 떠나게 되었습니다.

알에서 태어난 아이

    부여왕 해부루는 늙도록 아들이 없었습니다. 그래서 그는 정성을 다해 제사를 지냈습니다.
    그러던 어느 날, 해부루왕은 말을 타고 곤연이라는 곳에 도착하게 되었습니다. 그 곳에는 커다란 돌이 있었는데, 잘 가던 말이 갑자기 멈추더니 그 돌 앞에서 눈물을 흘리는 것이었습니다.
    "저 돌을 치워 보거라."
    이상하게 여긴 해부루왕이 신하들에게 명령했습니다.
    해부루왕의 명령에 따라 신하들이 돌을 치우자, 찬란한 빛이 솟아났습니다.

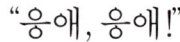

"응애, 응애!"

금빛과 함께 아기 울음소리도 들렸습니다. 해부루왕은 말에서 내려 빛이 나오는 곳으로 다가갔습니다. 그러자 그 곳에 개구리를 닮은 아이가 금빛을 내며 울고 있는 것이었습니다.

"오호, 하늘이 내 소원을 듣고 장차 대를 이을 아이를 내려 주셨구나."

해부루왕은 기뻐하며 아기를 태자로 삼고 이름을 금와라 지었습니다.

그로부터 얼마 뒤, 국상인 아란불이 해부루왕에게 말했습니다.

"하느님이 저에게 이르기를 도읍을 옮기라고 했습니다."

아란불은, 하느님의 자손이 지금 부여가 있는 곳에 나라를 세울 것이니 해부루왕은 동해 바닷가의 기름진 땅 가섭원(강원도 강릉 지역)으로 도읍을 옮겨 다툼이 일어나지 않도록 하라는 이야기를 차근차근 들려 주었습니다.

해부루왕은 아란불의 말을 받아들여 도읍을 옮기고 나라 이름을 동부여라 했습니다.

해부루왕이 도읍을 옮기자 그 곳에는 스스로를 하느님의 아들이라 일컫는 해모수가 나타나 북부여라는 나라를 세웠습니다.

세월이 흘러 동부여의 해부루왕이 세상을 떠나자 금와가 왕위를 이었습니다.

고구려 왕조 700년

금와왕은 어느 날 태백산 남쪽에 있는 우발수에서 물의 신인 하백의 딸 유화를 만났습니다. 금와왕은 유화에게 어쩐 일로 이토록 외진 곳에 오게 되었느냐고 물었습니다.

유화는 해모수와 만나 사랑을 나누었으나 그가 떠난 뒤 돌아오지 않고 있으며, 부모님은 허락 없이 남자를 만난 것에 화가 나 자기를 귀양보냈다고 이야기했습니다.

금와왕은 유화를 이상하게 여겨 외진 방에 가두었습니다. 그런데 어딘가에서 들어온 햇빛이 유화의 몸을 따라다니는 것이었습

철제 농공구들(부여는 철기 문화의 기틀 위에서 발달함.)

니다.

　얼마 뒤, 유화는 커다란 알 하나를 낳았습니다. 금와왕은 알을 괴이하게 여겼습니다. 그래서 알을 개와 돼지에게 주었습니다. 그러나 돼지와 개는 알을 건드리지도 않았습니다. 길에 버리면 소와 말이 피하고, 들판에 버리면 새들이 날아와 날개로 덮어 주고, 깨뜨리려 해도 알은 상처 하나 입지 않았습니다.

　금와왕은 할 수 없이 알을 유화에게 돌려 주었습니다.

　유화는 알을 따뜻하게 덮어 주었습니다. 그러자 껍질이 깨지면서 늠름한 사내아이가 나오는 것이었습니다.

활 잘 쏘는 소년

　그 사내아이는 무럭무럭 자라나 일곱 살이 되었을 때는 놀라운 능력을 보여 주었습니다.

　특히 활은 쏘기만 하면 백발백중이었습니다. 그래서 부여 사람들이 그 아이를 주몽이라고 불렀습니다. 주몽은 '활을 잘 쏘는 사람'이란 뜻의 부여 말이었습니다.

한편 금와왕에게는 일곱 명의 아들이 있었는데, 그들은 주몽에 비해 모든 면에서 떨어졌습니다.

어느 날, 금와왕과 일곱 아들이 모여 주몽에 대해 이야기를 했습니다.

"아버님, 주몽은 알에서 태어난 불길한 놈이니 더 강해지기 전에 없애야 합니다."

일곱 왕자 중 장남인 대소가 강력하게 주장했습니다. 하지만 금와왕의 생각은 달랐습니다.

"활을 잘 쏘고, 사냥을 잘한다는 이유로 주몽을 죽이면 백성들이 비웃을 것이다."

금와왕은 왕자들의 주장과 백성들의 눈을 의식해 주몽에게 말을 돌보는 마구간지기를 시켰습니다.

그러나 왕자들과 신하들은 주몽을 없애려는 생각을 버리지 않았습니다. 이를 눈치챈 유화 부인은 아들인 주몽을 불러 말했습니다.

"일곱 왕자와 신하들이 너의 재주를 시기해 해치려 하니 언젠가는 이 곳을 떠나야 할 것이다."

유화 부인은 마침 마구간지기로 있던 주몽에게 훗날을 생각하여 한 가지 묘안을 내놓았습니다.

"너는 좋은 말을 골라 혀에 가시를 찔러 두거라."

활 잘 쏘는 소년

"아니, 그러면 말이 음식을 먹지 못해 마를 텐데요."
"맞다. 그래야 왕과 왕자들이 그 말을 고르지 않을 것이다. 그러면 네가 좋은 말을 탈 수 있을 것이다."
유화 부인의 뜻을 알아차린 주몽이 고개를 끄덕였습니다.

말이 매어져 있는 마구간의 모습

고구려 왕조 700년

주몽은 유화 부인이 시키는 대로 좋은 말을 골라 혀에 가시를 꽂아 두었습니다. 그리고 나쁜 말들에게는 먹이를 많이 주어 토실토실 살이 오르도록 했습니다.

그러던 어느 날이었습니다.

유화 부인은 심각한 얼굴로 주몽을 불렀습니다.

"이제 여기를 떠날 때가 된 듯하다. 남쪽으로 내려가 네 뜻을 펼칠 나라를 세우거라."

주몽은 유화 부인의 말을 듣고 오이, 협보, 마리 등 세 사람을 데리고 동부여를 떠났습니다. 떠나기 전에 주몽은 자신이 쓰던 칼을 반으로 잘라 어딘가에 숨겨 두고 아내에게 말했습니다.

"장차 아이가 태어나 나를 찾아오려 하거든 내가 남겨 놓은 물건을 스스로 찾게 하시오. 그 물건은 일곱 고개, 일곱 골짜기 돌 위의 소나무에 있소."

아내는 주몽의 말을 마음에 새겼습니다.

새로운 땅을 찾아서

주몽이 동부여를 탈출한다는 소식을 듣자 왕자들이 군사들을 데리고 쫓아왔습니다. 하지만 그들은 주몽을 쉽게 따라잡을 수가 없었습니다.

주몽이 마구간지기를 할 때 이런 날을 대비해 좋은 말은 먹이를 적게 주어 여위게 했고, 나쁜 말은 먹이를 많이 주어 살을 찌웠던 것이었습니다. 그들이 탄 말은 비록 살이 쪘지만 주몽의 말을 따라올 수는 없었습니다.

하지만 아무리 좋은 말도 강을 건널 수는 없었습니다. 주몽을 가로막은 것은 엄체수라는 강이었습니다.

다급해진 주몽이 강 쪽을 향해 외쳤습니다.

"나는 하느님의 손자이며, 물의 신 하백의 외손자다. 내가 이곳을 벗어나려 하는데 강이 앞을 가로막아 이제 잡힐 운명에 있으니 너희는 어찌하겠느냐?"

주몽이 말을 마치자 갑자기 강물이 부글부글 끓어오르더니 물고기와 자라가 올라와 다리를 만들어 주었습니다. 그리고 주몽 일행이 강을 건너자 물고기와 자라는 순식간에 강물 속으로 사라졌습니다.

고구려 왕조 700년

　주몽을 뒤쫓던 왕자들과 군사들은 할 수 없이 되돌아가고 말았습니다.

　탈출에 성공한 주몽은 일행과 함께 졸본부여의 땅이었던 모둔곡에 터를 잡고 세력을 키웠습니다.

　그리고 세력이 어느 정도 강해지자 주몽은 졸본부여의 왕인 연타발을 찾아갔습니다. 연타발은 자신의 딸을 주몽에게 주어 혼인을 시켰습니다. 그것은 사실상 자신이 통치하던 졸본부여를 주몽에게 넘기는 것이었습니다.

　이렇게 해서 서기전 37년, 스물두 살의 주몽과 그 일행들은 더욱 강해진 세력을 바탕으로 비류수 상류인 졸본 땅에 홀승골성을 쌓고 새로운 나라 고구려를 세웠습니다.

　주몽은 자신의 성을 고씨로 정하고 고구려의 왕이 되었습니다.

새로운 땅을 찾아서

높이 100미터의 절벽 위에 있는 고구려 최초의 성인 홀승골성

제 2 대
유리왕

(?~18년)
재위 : 서기전 19~18년

　성은 해씨이고 이름은 유리, 유류 또는 누리라고도 합니다.
　주몽의 첫번째 부인인 예씨와의 사이에서 태어난 유리왕은 서기전 19년 부여로부터 아버지인 주몽을 찾아와 태자가 되었습니다.
　같은 해 주몽이 죽자 고구려의 제2대 왕이 되어 나라의 기틀이 완벽하게 갖춰지지 않았던 고구려를 실질적인 강대국으로 키워 냈습니다.
　유리왕은 3년에 고구려의 도읍을 홀본에서 국내성으로 옮기고 위나암성을 쌓았으며, 9년에는 선비족을, 13년에는 부여를 공격하여 항복을 얻어 냈습니다.
　이어 14년에는 2만 명의 군사로 양맥과 한나라의 고구려 현을 빼앗았습니다.

아버지가 남긴 물건

"어머니, 저는 왜 아버지가 없어요?"
유리가 어머니에게 물었습니다.
"유리야, 아버지는 분명히 계시단다."
"어디에 계신데요?"
"그건 네가 좀더 자란 다음에 가르쳐 주마."
 유리는 동부여의 서울 가섭원에 살고 있었습니다. 유리는 한번도 아버지를 본 적이 없었습니다. 그래서 어머니에게 아버지에 대해 묻곤 했습니다.
 유리의 어머니인 예씨는 언제나 같은 말만 했습니다.
 '이 다음에 네가 자라면 가르쳐 주마.'
 유리는 외우다시피 한 어머니의 말을 듣고 나면 가슴이 답답했습니다. 그럴 때마다 활을 들고 산에 올라갔습니다.

"어머니는 내가 얼마나 크면 아버지 이야기를 들려 주실까?"
유리는 활시위를 힘껏 당겼다 놓았습니다.
'피융!' 바람을 가르며 날아간 화살은 마침 풀섶에서 날아오르던 꿩을 정확하게 맞혔습니다. 화살을 맞은 꿩은 허공에서 풀잎처럼 힘없이 떨어졌습니다.
유리의 활 솜씨는 마을에서 제일이었습니다.
이렇게 유리가 활 솜씨를 익히며 어린 시절을 보낼 수 있었던 것은 할머니 유화 부인 덕분이었습니다.
유리가 어머니의 뱃속에 있을 때 아버지 주몽은 부여를 떠났습니다. 대소를 비롯한 왕자들의 시기 때문이었습니다.
하지만 부여를 떠나는 것은 국법을 어기는 일이었고, 유리는 죄인의 가족이라 하여 여러 차례 죽을 고비를 넘겨야 했습니다.
그 때마다 유화 부인은 금와왕에게 간곡하게 사정을 해서 유리와 어머니의 목숨을 구해 주었던 것이었습니다.
그러던 어느 날, 할머니인 유화 부인은 드디어 유리를 불러 아버지에 대한 이야기를 들려 주었습니다.
"유리야, 네 아버지는 바로 고구려의 주몽 임금님이시다."
"네? 지금 사방에 이름을 떨치고 계신 주몽 임금님이 제 아버지란 말씀이세요?"
"그렇단다."

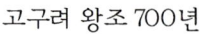

유리는 눈빛을 빛내며 어머니에게 갔습니다.
"어머니, 아버지를 찾아가겠습니다."
"당연히 그래야지. 하지만 네가 주몽 임금님의 아들이란 걸 어떻게 증명할 셈이냐?"
"그, 그건……."
유리가 말을 잇지 못하자, 어머니는 입가에 미소를 머금고 그의 손을 잡았습니다.
"네 아버님은 그럴 줄 알고 네가 찾아야 할 물건을 남기셨다."
"그 물건이 어디 있나요?"
"그건 나도 모른다. 다만 아버님은 그 물건이 일곱 고개 일곱 골짜기 돌 위의 소나무 밑에 있다고 하셨다."
"일곱 고개 골짜기 돌 위의 소나무 밑이라고요?"
"그렇단다. 네가 아버님을 만나고 싶다면 먼저 그 물건부터 찾아야 한다."
유리는 아버지가 남긴 물건을 찾아 산과 들을 헤맸습니다.
그러는 사이 한 해, 두 해, 세월이 가고 유리는 어느덧 청년이 되었습니다.
유리는 대소를 비롯한 왕자들이 자신을 위협해 오는 것을 느낄 수 있었습니다.
거기다 유화 부인마저 숨을 거두자, 유리는 어머니를 모시고

아버지가 남긴 물건

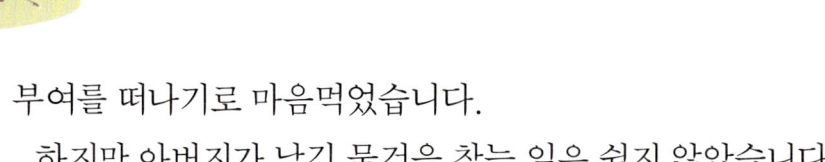

부여를 떠나기로 마음먹었습니다.

하지만 아버지가 남긴 물건을 찾는 일은 쉽지 않았습니다.

아버지를 찾아서

그 날도 이름 모를 산골짜기를 헤매다 돌아온 유리는 지친 나머지 방에 누워 있었습니다.

"휘, 휘잉~."

처음 들어 보는 이상한 소리가 집안을 울렸습니다. 낮잠이라도 자려던 유리는 그 소리를 듣고 벌떡 일어났습니다. 그것은 집의 기둥에서 나는 소리였습니다.

유리는 가만히 기둥 옆으로 다가가 살펴보았습니다. 기둥은 일곱 모난 주춧돌 위에 일곱 모난 소나무였습니다.

"아하, 바로 이거야. 일곱 고개, 일곱 골짜기는 바로 이걸 말하는 거야."

눈이 번쩍 뜨인 유리는 기둥 밑에 작은 구멍이 있는 것을 보고 손을 넣어 보았습니다.

고구려 왕조 700년

고구려인들이 살았던 가옥의 형태를 알 수 있는 집모양 토기

손에는 무언가가 잡혔습니다.

"드디어 찾았다!"

유리의 손에 잡힌 것은 부러진 칼이었습니다.

"어머니, 찾았어요!"

유리는 부러진 칼을 어머니 앞에 꺼내 놓았습니다.

"오호, 드디어 찾았구나! 그렇다면 더 이상 지체할 것 없다. 어서 떠나자."

기쁨에 찬 어머니는 유리의 손을 잡으며 말했습니다.

그 날 밤, 유리는 어머니와 함께 부여를 떠났습니다.

아버지를 찾아서

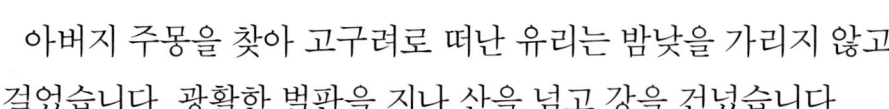

아버지 주몽을 찾아 고구려로 떠난 유리는 밤낮을 가리지 않고 걸었습니다. 광활한 벌판을 지나 산을 넘고 강을 건넜습니다.

보름에 걸친 긴 여행 끝에 유리와 어머니는 드디어 고구려 땅을 밟았습니다. 유리와 어머니는 아버지 주몽을 만나기 위해 왕궁으로 찾아갔습니다.

서기전 19년 4월 처음으로 아버지를 만난 유리는 두 무릎을 꿇고 절을 했습니다.

"아버님의 아들 유리이옵니다!"

유리는 감격으로 벅찬 가슴을 누르며 침착하게 아뢰었습니다.

"정말 나를 찾아 부여에서 왔단 말이냐?"

"그렇습니다."

"그렇다면 네가 내 아들임을 무엇으로 증명할 테냐?"

주몽이 근엄한 목소리로 물었습니다.

그러자 유리는 품 속에서 부러진 칼을 꺼내 주몽 앞에 내밀었습니다.

주몽은 잠시 칼을 살펴보더니 자신의 품 속에서 또 다른 칼을 꺼냈습니다. 그 칼 역시 부러진 것이었습니다.

주몽은 유리가 가져온 칼과 자신이 가져온 칼을 맞추어 보았습니다. 도막난 두 칼은 정확하게 맞았습니다.

"오, 정말이었구나!"

주몽은 그제야 유리 앞으로 다가갔습니다.
"일어서거라. 너는 내 아들임이 확실하다."
"아버님!"
유리는 차마 일어서지 못하고 기쁨의 눈물을 흘렸습니다.

왕이 되다

아들을 만난 주몽은 그 날로 신하들과 왕자들을 불러모아 말했습니다.
"오늘 나의 아들이 부여에서 날 찾아왔다."
신하들은 난데없이 등장한 유리 때문에 어리둥절한 표정이었습니다. 하지만 주몽은 이에 아랑곳하지 않고 말을 이었습니다.
"지금부터 이 나라의 운명을 바꾸어 놓을 수도 있는 중대한 발표를 하겠다."
임금의 앞이어서 말만 못할 뿐 신하들은 이내 술렁거렸습니다.
"유리를 태자로 삼을 것이니라. 그러니 대신들과 왕자들은 유리를 정성껏 받들도록 하라!"

　주몽은 자신의 확고한 의지를 밝히기 위해 유리를 옆으로 불렀습니다.
　유리는 늠름한 풍채로 대신들과 다른 왕자 앞에 섰습니다. 대신들과 왕자들은 그런 유리의 당당함에 압도되어 고개를 숙였습니다.
　하지만 그 동안 왕위를 이을 날을 기다리고 있던 왕자들은 씁쓸한 표정을 짓기도 했습니다.
　주몽이 고구려를 세운 뒤 새로 맞이한 부인인 소서노는 두 아들을 낳았는데, 첫째 아들은 비류, 둘째 아들은 온조였습니다. 그들은 유리가 나타나기 전부터 왕위를 놓고 치열한 신경전을 벌이고 있던 터였습니다.
　"어머니, 아버님이 어느 날 갑자기 나타난 유리를 세자로 삼았으니 이제 저희들은 왕이 될 길을 잃은 것이나 다름없습니다."
　"그렇습니다, 어머님. 이제 이 곳에서는 저희의 뜻을 펼 수가 없습니다."
　비류와 온조는 어머니이자 왕비인 소서노를 찾아와 말했습니다.
　왕비 역시 같은 생각이었습니다. 거기다 왕이 될 유리에 대해 아는 것이 없어 더욱 불안했습니다.
　"우리가 여기서 편히 살 수 없다면 차라리 떠나도록 하자."

고구려 왕조 700년

왕비와 두 왕자는 자신들의 결심을 전하기 위해 주몽을 찾아갔습니다.

"아버님, 저희들은 이 나라를 떠나기로 마음먹었습니다. 부디 허락하여 주십시오."

주몽도 그들의 사정을 이해하고 굳이 잡으려 하지 않았습니다.

"좋다. 뜻대로 하거라. 그래, 어디로 갈 작정이냐?"

"그, 그것은……."

왕자들이 머뭇거리자 주몽이 말을 이었습니다.

"남쪽으로 가거라. 그 곳엔 아직 기름진 땅이 남아 있다. 거기서 고구려의 왕자답게 새로운 나라를 세우고 뜻을 펼치도록 하여라!"

주몽은 왕비와 두 왕자가 나라를 세울 때 필요한 물자를 주어 길을 떠나게 했습니다.

이 때 고구려를 떠난 온조는 남쪽으로 내려가 백제를 세우게 되었습니다.

유리가 태자로 책봉된 지 몇 달 뒤인 서기전 19년 9월, 주몽은 갑작스레 세상을 떠나고 말았습니다.

"아버님, 이렇게 빨리 돌아가시다니……, 흑흑."

유리는 아버지인 주몽의 죽음을 슬퍼했습니다.

그래서 고구려의 두 번째 왕이 된 유리는 주몽을 위해 사당을

왕이 되다

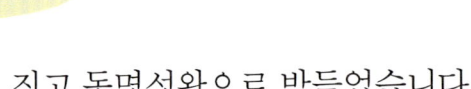

짓고 동명성왕으로 받들었습니다.

또한 그 해 10월부터는 주몽과 함께 자신의 목숨을 여러 차례 구해 준 할머니 유화 부인의 혼백을 기리는 동맹이라는 행사를 열도록 했습니다. 동맹은 일종의 추수 감사제로 이후 고구려의 중요한 행사로 자리잡았습니다.

고구려 여인들이 춤을 추고 있는 모습을 그린 가무도

유리왕의 사랑

유리왕은 왕이 된 지 2년이 지난 후 왕비를 맞아들였습니다.

왕비는 다물도주 송양의 딸이었습니다. 유리왕은 송 왕비를 무척 사랑했습니다. 그러나 안타깝게도 송 왕비는 이듬해 10월 갑자기 세상을 떠나고 말았습니다.

유리왕은 송 왕비를 쉽게 잊을 수가 없었습니다. 유리왕은 송 왕비가 생각날 때면 사냥을 나가 시름을 잊고자 했습니다. 신하들은 그런 유리왕을 안타까워하며 서둘러 새로운 왕비를 맞아들이도록 했습니다.

유리왕은 신하들의 성화에 못 이겨 하는 수 없이 새로운 왕비를 맞아들이게 되었습니다. 새 왕비는 골천의 세력가의 딸인 화희였습니다. 화희는 질투심이 많고 다투기를 잘했습니다.

새로운 왕비를 맞았으나, 쉽게 정을 주지 못한 유리왕은 또다시 송 왕비를 생각하게 되었습니다.

"여봐라, 사냥 나갈 준비를 해라!"

"마마, 또 사냥이옵니까. 이제 그만 잊으시옵소서."

"사람을 그리워하는 게 어찌 마음대로 된다더냐. 어서 사냥 나갈 채비를 하라."

유리왕의 사랑

 유리왕은 너무 일찍 세상을 떠난 송 왕비를 아쉬워하며 사냥을 떠났습니다.
 "좀더 깊은 곳으로 들어가자."
 사냥에 여념이 없던 부하들을 이끌며 유리왕은 말을 달렸습니다.
 그런데 한참을 앞서 가던 유리왕이 갑자기 말을 멈추고 우두커니 서 있는 것이었습니다.
 "저 여인은 누구냐?"
 곧이어 도착한 신하들에게 유리왕이 물었습니다.
 유리왕이 가리키는 계곡 쪽에서는 아름다운 여인이 빨래를 하고 있었습니다.
 "글쎄, 저희는 잘 모르겠습니다."
 신하들이 난처한지 얼굴을 들지 못하는데 유리왕이 흐뭇한 미소를 지으며 말했습니다.
 "저 여인을 데려오도록 하라!"
 유리왕의 명에 따라 신하가 그 여인을 데려왔습니다.
 "음, 죽은 송 왕비와 너무나 닮았구나."
 수줍게 고개를 숙이고 있는 여인을 보고 유리왕이 혼잣말을 했습니다.
 "그대는 어디 사는 누구시오?"

"마마, 저는 치희라고 하옵고 소금을 팔아 많은 재산을 모은 한족 상인의 딸이옵니다."

"치희라……."

유리왕은 치희를 처음 보는 순간 사랑에 빠져 그녀를 두 번째 왕비로 맞이했습니다.

치희가 새로운 왕비가 되자 질투심 많은 화희는 궁궐을 발칵 뒤집어 놓았습니다.

유리왕은 그런 화희의 질투를 염려해 새로운 궁을 지었습니다. 그래서 화희는 동궁 황후, 치희는 서궁 황후로 봉했습니다. 동서 양궁 사이에는 앙곡이라는 계곡도 있었습니다.

그러나 화희의 질투심을 궁 사이의 거리나 계곡으로 막을 수는 없었습니다.

날이 갈수록 화희와 치희의 애정 싸움은 점점 더 심해졌고, 유리왕도 어찌할 수 없게 되었습니다.

두 왕비의 싸움으로 지친 유리왕은 또다시 사냥을 떠났습니다.

유리왕이 사냥을 떠나자 화희는 치희를 불렀습니다.

"너는 천한 신분도 잊고 어찌 그리 무례한 것이냐?"

화희는 질투심에 사로잡혀 트집을 잡았습니다. 여러 신하들도 화희의 편이 되어 치희를 몰아붙였습니다.

오직 유리왕의 힘으로 왕비가 된 치희로서는 막강한 권력을 가

유리왕의 사랑

지고 있는 화희에게 대항할 힘이 없었습니다.

"제가 이 곳을 떠나겠습니다."

"이제야 네 잘못을 깨달았구나."

치희는 그 길로 짐을 싸 궁궐을 떠났습니다.

잠시 후, 유리왕이 사냥에서 돌아왔습니다.

"뭐라고? 서궁 황후가 떠났다고?"

유리왕은 깜짝 놀라 치희를 뒤쫓아갔습니다.

치희는 한족이 살고 있는 마을로 들어서는 고개를 넘고 있었습니다.

유리왕은 치희를 붙잡고 말했습니다.

"당신은 이미 나와 혼례를 치르고 왕비가 되었는데 가긴 어딜 간단 말이오. 나와 함께 돌아갑시다."

"아니옵니다, 마마. 저는 신분이 천하여 동궁 황후와 함께 궁궐에 머물 수 없으니 돌아가겠습니다."

"꼭 돌아가야 하겠소?"

"그러하옵니다. 마마, 오래오래 행복하게 사십시오."

치희는 유리왕에게 눈물을 흘리며 큰절을 하고 돌아서서 고개를 내려갔습니다.

유리왕은 화희보다는 치희를 사랑했습니다. 그래서 치희가 행복하길 바랐지만, 화희의 질투로부터 그녀를 지켜 줄 자신이 없

고구려 왕조 700년

었던 것입니다.

슬픔에 빠진 유리왕은 떠나는 치희의 뒷모습을 볼 수가 없어 고개를 들었습니다. 때마침 하늘에는 꾀꼬리 한 쌍이 다정하게 날고 있었습니다.

유리왕은 그 자리에서 시를 지어 슬픔을 달랬습니다.

펄펄 나는 저 꾀꼬리 암수 서로 정답구나.
외로워라 이내 몸은 누구와 함께 돌아갈까.

이 시가 바로 〈황조가〉입니다. 황조가는 우리 나라에서 가장 오래 된 서정시로 떠나는 치희를 잡지 못한 유리왕의 슬픔이 잘 나타나 있습니다.

고구려의 도읍이 국내성이 된 까닭

고구려 사람들은 세상 모든 일은 하늘의 뜻에 의해 이루어진다고 믿었습니다. 그래서 하늘에 제사를 지내는 것을 잊지 않았습

니다. 이 제사에 쓰이는 동물이 돼지였습니다.

　서기전 1년 8월 유리왕은 제사를 지내기 위해 제단으로 향했습니다.

　"하늘에 제를 올릴 준비는 다 되었느냐?"

　유리왕이 제상에 올리는 제물을 관리하는 탁리와 사비에게 물었습니다.

　"예, 대왕마마. 어서 제를 올리십시오."

　탁리가 머리를 조아리며 대답했습니다.

　유리왕은 천천히 제단에 올라가 무릎을 꿇었습니다.

　그 때였습니다. 제단에 바쳐진 돼지 한 마리가 목이 찢어져라 울더니 줄을 끊고 달아나 버렸습니다.

　"아니!"

　유리왕이 깜짝 놀라 벌떡 일어나더니 불호령을 내렸습니다.

　"탁리와 사비는 당장 돼지를 잡아오라."

　잠깐 사이에 돼지는 이미 제단을 벗어나 멀리 도망치고 있었습니다.

　탁리와 사비는 목숨을 걸고 돼지를 쫓아가 장옥택이라는 곳에서 돼지를 잡았습니다.

　돼지는 미친 듯이 발버둥을 쳤습니다.

　"여보게, 이 돼지가 또 도망치면 어쩌지?"

고구려 왕조 700년

"그렇게 되면 우리는 살아 남지 못할 걸세."
"그러니 어쩐단 말인가?"
"돼지 발목의 힘줄을 잘라 꼼짝 못 하게 하세."
두 사람은 돼지의 힘줄을 잘라 다시 제상에 올렸습니다.
그런데 이를 본 유리왕은 불같이 화를 냈습니다.
"어찌 하늘에 올릴 제물에 상처를 입혔단 말이냐?"
너무나 크게 화를 내는 유리왕 앞에서 탁리와 사비는 땅바닥에 엎드려 용서를 빌었습니다.
그러나 유리왕의 분노는 사그라들지 않았습니다.
"여봐라, 저 두 죄인을 땅에 묻어 버려라!"
명령에 따라 군사들이 우르르 달려들어 사비와 탁리를 땅 속에 묻어 버렸습니다.
신성한 제물에 상처를 낸 것은 잘못이었지만 유리왕의 처벌은 너무나 가혹한 것이었습니다.
이 일이 있고 난 뒤, 얼마 지나지 않아 유리왕은 시름시름 앓기 시작했습니다. 무슨 병인지 알 수도 없었습니다.
신하들은 왕의 건강이 걱정되어 점쟁이를 불렀습니다.
"대왕마마의 병은 얼마 전 땅 속에 산 채로 묻힌 탁리와 사비의 영혼이 원한을 품었기 때문입니다."
이 말을 들은 유리왕은 깜짝 놀라 신하에게 말했습니다.

고구려의 도읍이 국내성이 된 까닭

"내가 지나친 형벌을 내렸다. 너희는 탁리와 사비의 무덤에 사자를 보내 정중히 사과를 하도록 하라."

사자가 탁리와 사비의 무덤에 유리왕의 뜻을 전하자, 유리왕의 병은 감쪽같이 나았습니다.

그리고 3년 뒤, 돼지로 인한 사건이 또 일어났습니다.

그 날도 역시 제사를 지내기 위해 유리왕이 제단에 올랐을 때, 제물로 올려진 돼지가 줄을 끊고 달아난 것이었습니다.

이 제사에 올리는 제물은 설지라는 사람이 맡아 보고 있었습니다. 설지는 몇 해 전 탁리와 사비의 일을 떠올리고는 눈앞이 아득해졌습니다.

그는 시키지도 않았는데 돼지를 잡으러 달려갔습니다.

돼지는 필사적으로 달아나고, 설지는 목숨을 바쳐 돼지의 뒤를 쫓아갔습니다.

하지만 돼지의 걸음이 워낙 빠른 나머지 설지는 자기 혼자 산 속을 헤매는 처지가 되고 말았습니다.

설지는 어떻게 해서든지 돼지를 찾아야 한다는 생각에 여기저기를 뒤지고 다녔습니다.

그러다가 국내라는 아름다운 마을에 도착해서야 달아났던 돼지를 보게 되었습니다. 그런데 그 돼지는 한 농부의 집에서 가축으로 길러지고 있었습니다.

"이 돼지는 제사에 쓰려던 것이니 돌려 주십시오."
"안 됩니다. 돼지를 길들이는 데 얼마나 힘이 들었는데 이제 와서 돌려 줄 수 있겠소."
농부는 막무가내였습니다.
설지는 할 수 없이 빈손으로 돌아왔습니다.
"돼지를 잡아오지 못하다니 그게 무슨 말이냐?"
"그, 그게……."
유리왕이 화를 내는 것은 당연한 일이었습니다. 설지는 그 위기를 벗어나고자 엉뚱한 말을 했습니다.
"마마, 돼지가 있는 마을은 산이 높고 물이 깊어 성과 같이 평안하고, 땅은 기름져 오곡이 잘 되며, 기르는 짐승마다 잘 되는 곳이었습니다. 돼지가 저를 거기로 이끈 것은 도읍을 그 곳으로 옮기라는 뜻이 아닌가 싶습니다."
"뭐라고, 도읍을 옮기라고?"
"그렇습니다. 도읍을 그 곳으로 옮기면 분명히 큰 번영을 이룰 것입니다."
유리왕은 귀가 솔깃해졌습니다.
"그 곳이 어디냐?"
"국내라는 마을이옵니다."
"네 말이 사실인지 직접 가 볼 것이니 앞장을 서거라."

고구려의 도읍이 국내성이 된 까닭

유리왕은 설지를 앞세우고 국내를 찾아갔습니다.
마을을 둘러본 유리왕은 크게 만족해했습니다.
"설지의 말대로 도읍을 졸본에서 국내로 옮기도록 하라."
유리왕은 바깥쪽에 마을 전체를 감싸는 국내성을 쌓고 안쪽에는 궁궐을 보호하는 위나암성을 쌓게 하여 서기 3년 고구려의

성벽만 남아 있는 국내성의 1930년대 모습

도읍을 옮겼습니다.

  이렇게 해서 설지는 목숨을 구했고, 고구려의 도읍은 국내성이 되었습니다.

고구려의 도읍이 국내성이 된 까닭

졸본은 어디일까?

졸본은 주몽에 의해 고구려의 서울로 정해져 유리왕이 왕위에 오른 지 22년이 될 때까지 고구려 통치의 중심지였습니다.

고구려는 처음 다섯 개의 부족이 힘을 합해 나라를 세웠습니다.

이 다섯 부족 중에서 졸본은 계루부가 있었던 곳으로 압록강 중류의 혼강 유역에 위치해 있었습니다.

졸본의 위치

졸본 지역은 위쪽에서 내려오는 혼강이 아래쪽에 있는 압록강과 합쳐지는 곳으로 나뭇가지 사이에 끼인 모양을 하고 있었습니다.

또한 험한 산이 사방으로 이어져 험하기 이를 데 없었습니다. 하지만 계곡을 따라 이어지는 평야는 땅이 기름져 농사를 짓는 데 어려움이 없었습니다.

또한 지리적으로 요동에서 함흥 쪽으로 이어지는 남북 교통로의 중간 지대였으며, 압록강을 중심으로 동서로 나아갈 수 있는 곳이었습니다.

따라서 졸본은 만주 지역을 비롯해 여러 지역을 정복해야 했던 고구려의 입장에서 보면 대단히 중요한 곳이 아닐 수 없었습니다.

졸본 안에는 홀승골성이라는 성을 쌓았는데 동서는 짧고, 남북은 긴 형태였습니다.

고구려 최초의 서울인 졸본에 쌓은 홀승골성(졸본성)

 쏙쏙 역사 상식

비운의 왕자 해명 태자

유리왕에게는 모두 6명의 아들이 있었습니다.

그 중에서도 힘이 세고, 용맹하며, 활을 잘 쏘는 해명은 단연 돋보이는 왕자였습니다. 유리왕은 그런 해명에게 졸본성을 맡기고 태자로 삼았습니다.

고구려의 왕자인 해명이 용감하고 지혜롭다는 소문이 퍼지자, 어느 날 이웃 나라였던 황룡국에서 사신이 찾아왔습니다.

"고구려의 번영을 바라는 마음에서 활을 선물로 가져왔습니다."

사신은 특별히 튼튼하게 만든 활을 해명에게 건넸습니다.

황룡국에서 그토록 강한 활을 보낸 것은 힘이 세다는 해명을 시험하고, 이제 막 생긴 나라인 고구려의 기를 꺾기 위한 것이었습니다.

'음, 황룡국에서 나를 시험하여 나라의 기를 꺾으려는 속셈이군.'

그러나 지혜로운 해명 왕자는 황룡국의 속셈을 알아차렸습니다.

'황룡국의 속셈이 그렇다면 내가 활을 부러뜨려 다시는 고구려를 업신여기지 못하게 해야겠구나.'

해명은 있는 힘껏 활을 당겼습니다.

"이얍!"

활은 엿가락처럼 휘어지더니 뚝 소리와 함께 두 쪽이 나 버렸습니다.

"아니, 이럴 수가!"

사자가 부러진 활을 들고 돌아가자 황룡국의 왕은 고구려에 항의를 했습니다.

"친하게 지내자고 보낸 선물을 부러뜨리다니 이처럼 무례할 수가 있소?"

황룡국의 왕은 유리왕에게 사과를 요구했습니다.

사정이 여기에 이르자 유리왕은 해명을 죽이기로 마음먹었습니다. 그것은 강한 나라를 적으로 만들지 않기 위함도 있었지만, 평소 해명의 강인함에 불안을 느꼈기 때문이기도 했습니다.

"불효를 저지른 해명의 목을 내 대신 베어 주시오."

황룡국 왕은 유리왕의 뜻에 따라 해명을 죽이기 위해 그를 초대했습니다.

신하들이 이를 눈치채고 해명을 말렸습니다. 그러나 해명은 하늘의 뜻에 따르겠다며 황룡국으로 향했습니다.

황룡국의 왕은 처음엔 해명을 죽이려 했으나 그의 늠름한 모습을 보자 마음이 바뀌어 그대로 돌려보냈습니다.

일이 이렇게 되자 난처해진 유리왕은 해명에게 자결을 명령했습니다.

신하들은 해명을 말렸지만 그는 땅에 창을 꽂아 두고 말을 탄 채 뛰어내려 스스로 목숨을 끊었습니다.

"황룡국에서 보낸 활을 꺾은 것은 고구려를 만만히 보지 못하게 하려는 뜻이었다. 나라를 위해 한 일이 불효가 되었다니 어쩔 수 없구나. 대왕마마의 뜻을 따르겠다."

고구려인의 강직함을 보여 준 해명은 스물한 살의 나이로 이렇게 세상을 떠나고 말았습니다.

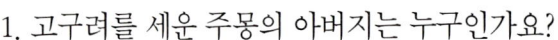

역사 풀이

1. 고구려를 세운 주몽의 아버지는 누구인가요?
   ① 해모수 ② 금와왕 ③ 아란불 ④ 하백

2. 주몽은 부여말로 무슨 뜻인가요?
   ① 말 잘 타는 사람
   ② 칼을 잘 만드는 사람
   ③ 활 잘 쏘는 사람
   ④ 창 잘 쓰는 사람

3. 유리가 주몽의 아들임을 증명하기 위해 보인 것은 무엇인가요?
   ① 부러진 화살
   ② 부러진 칼
   ③ 주몽의 편지
   ④ 유화 부인의 반지

4. 주몽이 부여를 떠난 이유는 무엇인가요?
   ① 왕의 자리를 빼앗기 위해 음모를 꾸미다 발각이 되었기 때문에
   ② 금와왕의 보물을 훔쳤기 때문에
   ③ 아버지인 해모수가 고구려로 오라는 소식을 전했기 때문에
   ④ 대소를 비롯한 왕자들이 자신을 죽이려 했기 때문에

5. 주몽이 엄체수라는 강에 도착했을 때 다리가 되어 준 것은 무엇인가요?
   ① 통나무 ② 말과 소 ③ 자라와 물고기 ④ 바위

역사 풀이

6. 유리왕이 떠나는 치희를 그리워하며 지은 우리 나라에서 가장 오래 된 서정시는 무엇인가요?

7. 유리왕은 고구려의 서울을 졸본에서 어디로 옮겼나요?

8. 유리가 태자에 봉해지자 고구려를 떠난 두 왕자는 누구인가요?

9. 주몽이 마구간지기로 있을 때 한 일과 그 이유를 써 보세요.
한 일 :
이유 :

10. 유화 부인이 부여에서 주몽을 낳게 된 과정을 간략하게 써 보세요.

제 3 대
대무신왕

(4~44년)
재위 : 18~44년

    성은 해씨이고 이름은 무휼입니다.
    대무신왕은 유리왕의 셋째 아들로 어머니는 다물도주 송양의 딸인 송씨였습니다. 11살의 나이에 태자가 되어 15살에 왕위에 올랐습니다.
    대무신왕은 유리왕에 이어 고구려를 강력한 국가로 이끈 용감하고 지혜로운 왕이었습니다. 그는 27년 동안 고구려를 다스리면서 주몽의 원수였던 대소를 없애고 동부여를 빼앗았으며, 낙랑국을 점령했습니다. 낙랑국을 점령할 때 호동 왕자가 낙랑 공주를 이용한 설화로 유명합니다.
    대무신왕은 이렇게 많은 전쟁을 치르면서 왕권을 강화하여 고구려를 더욱 강한 나라로 키워 냈습니다.

고구려 왕조 700년

대소와의 한판 승부

대무신왕 무휼은 왕위에 오르자마자 혼란스러운 주변의 정세를 이용하여 영토를 넓히고자 했습니다.

부여왕 대소는 이러한 대무신왕을 견제하여 20년에 고구려에 사신을 보냈습니다.

사신은 까마귀와 비슷한 생김새에 붉은 빛 털을 가지고 있으며 머리는 하나인데 몸뚱이는 두 개인 이상한 새와 대소왕의 편지를 가지고 왔습니다.

대무신왕이 편지를 펼쳤습니다.

'까마귀란 원래 검은 것인데 지금 변하여 붉은 빛으로 되었소. 또 머리는 하나이나 몸뚱이는 둘이니 이는 두 나라가 합칠 징조이오.'

대무신왕은 대소가 새를 이용하여 고구려를 정벌하고 하나의

나라로 만들겠다는 뜻을 전하고 있음을 간파했습니다.

사실 성장하는 나라인 고구려 정벌을 위해 섣불리 군사를 일으키는 것은 대소로서는 큰 모험이었습니다. 그래서 궁리를 거듭한 끝에 이 새로 고구려에 압력을 가하기로 한 것이었습니다.

대무신왕은 이 이상한 새를 요리조리 살펴보더니 너털웃음을 터뜨렸습니다.

"하하하, 검은 것은 북방의 색인데 지금 변하여 남방의 색이 되었고, 또 붉은 까마귀는 좋은 징조의 새인데 부여왕이 이를 얻었으나 갖지 않고 내게 보냈으니 부여를 고구려에 바치겠다는 뜻이 아니더냐."

부여의 사신은 대무신왕의 말을 대소에게 전했습니다.

"이런 고약한 일을 봤나. 내 고구려는 반드시 치고 말리라."

대소는 그 날부터 전쟁을 준비하며 고구려를 칠 때만 기다렸습니다.

고구려 역시 나라의 힘을 키워 수만 명의 군사와 풍족한 식량을 확보해 나갔습니다.

드디어 21년 12월, 대무신왕은 군사를 일으켰습니다.

그는 유리왕 14년, 5만의 군사로 고구려에 쳐들어왔다가 큰 눈이 내려 대부분 얼어 죽고 철수한 부여에 대한 보복을 하고자 했습니다.

대무신왕이 이끄는 고구려군은 비류수 근처에 도착했습니다.

그 때 대무신왕의 눈에 한 여자가 솥을 닦고 있는 모습이 보였습니다.

"아니, 꽁꽁 언 강에서 솥을 닦다니 이상하구나."

대무신왕은 말을 몰아 강가로 내려갔습니다.

그런데 강가에 도착하자 여인은 온데간데 없고 솥만 덩그러니 남아 있는 것이었습니다.

커다란 솥을 본 대무신왕은 마침 점심때가 된 것을 알고 그 솥으로 밥을 짓게 했습니다.

한참 뒤, 병사 하나가 허겁지겁 대무신왕을 찾아왔습니다.

고구려 시대에 사용 되었던 청동세발솥

대소와의 한판 승부

"대왕마마, 이상한 일이 벌어지고 있습니다."

대무신왕은 병사를 따라갔습니다.

병사는 커다란 솥을 가리키며 말했습니다.

"솥에 쌀을 씻어 넣자 불을 때지도 않았는데 김이 나고 밥이 익었습니다."

병사가 가리키는 솥에서는 정말 하얀 김이 모락모락 솟아나고 있었습니다. 대무신왕은 솥을 신기하게 여기면서 솥뚜껑을 열고 병사들에게 밥을 먹였습니다.

그런데 이상한 일은 또 일어났습니다. 솥의 밥을 아무리 퍼내도 줄지 않는 것이었습니다.

군량이 모자랄까 봐 걱정하던 대무신왕은 큰 힘을 얻었습니다.

대무신왕은 군사들을 배불리 먹여 이물이란 곳으로 이동해 야영을 하기에 이르렀습니다.

밤이 오고 병사들이 막 잠들려고 할 때였습니다.

숲 저쪽에서 이상한 소리가 들려 왔습니다.

쇠가 부딪히는 듯한 소리는 먼 데서 나는 듯하다가는 곧 가까운 곳에서 들려 오는 듯도 했습니다.

대무신왕은 이상한 쇳소리를 들으며 잠이 들었습니다.

다음 날 아침, 대무신왕은 병사들을 시켜 숲을 살펴보도록 했습니다.

"대왕마마, 숲을 아무리 뒤져도 별다른 것은 보이지 않습니다."

땀에 흠뻑 젖은 병사들이 숨을 몰아쉬며 대무신왕에게 아뢰었습니다.

"그래. 모두들 지친 듯하니 이 곳에서 잠시 쉬도록 하자."

병사들은 작은 개울가에 앉아 숨을 골랐습니다.

그 때 머리카락이 하얀 노인이 커다란 지팡이를 짚으며 대무신왕 앞으로 다가왔습니다.

"그대는 무엇을 찾고 있는가?"

"간밤에 이상한 소리를 들어, 그 소리가 어디서 났는지 알아보고 있소."

"그렇다면 저 곳은 찾아보았는가?"

노인이 지팡이를 들어 한 곳을 가리켰습니다.

"아니, 방금 전까지 아무것도 없었는데?"

지팡이 끝을 눈으로 쫓던 대무신왕이 깜짝 놀랐습니다. 노인이 가리키는 곳에는 방금 전까지 허허벌판일 뿐 아무것도 없었는데, 높은 절벽이 갑자기 솟아 있는 것이었습니다.

대무신왕은 떡 벌어진 입을 다물지 못하고 노인 쪽으로 고개를 돌렸습니다.

그런데 노인은 어디론가 사라져 버리고 없었습니다.

대소와의 한판 승부

대무신왕은 병사들을 이끌고 절벽으로 다가갔습니다.

절벽 한가운데에는 커다란 돌문이 있었습니다. 간밤에 들리던 소리는 바로 그 돌문 안에서 나던 소리였습니다.

"돌문을 열도록 하라."

병사들이 우르르 몰려들어 돌문을 밀었습니다.

"아무리 힘을 써도 돌문은 움직이지 않습니다."

한참 동안 안간힘을 쓰던 병사들이 땅바닥에 털썩 주저앉고 말았습니다.

그 때, 병사들의 뒤쪽에서 쿵쿵 땅이 울리더니 이상하게 생긴 두 사람이 걸어왔습니다.

한 사람은 얼굴빛이 하얗고 번쩍이는 눈을 가지고 있었고, 9척이나 되는 키에 긴 칼을 차고 있었습니다. 다른 한 사람은 붉은 얼굴에 당당한 체격을 하고 있었으며 긴 창을 들고 있었습니다.

그들은 대무신왕 앞에 다가와 넙죽 절을 하고는 돌문을 향해 걸어갔습니다.

"으랏차!"

두 사람이 힘을 모아 돌문을 밀자 꼼짝도 않던 돌문이 활짝 열렸습니다.

돌문이 열리자 넓은 동굴이 드러났습니다.

그 안에는 활, 화살, 칼, 창 등 수많은 무기가 쌓여 있었습니다.

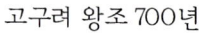

그리고 한가운데는 금으로 된 도장이 있었습니다.
"신이 나를 도우려 이 물건들을 내려 주셨도다."
대무신왕은 절을 한 뒤 병사들에게 무기를 옮기도록 했습니다. 동굴에서 나온 대무신왕은 돌문을 연 두 사람에게 물었습니다.
"그대들은 누구인가?"
그러자 얼굴빛이 하얀 사람이 먼저 대답했습니다.
"신은 북명에서 온 괴유라 하옵니다. 대왕께서 부여를 치려 하신다는 소식을 듣고 찾아왔으니 거두어 주십시오."
이어 얼굴빛이 붉은 사람이 대답했습니다.
"신은 마로로서 적곡이란 곳에서 왔습니다. 제게는 창을 쓰는 재주가 있으니 거두어 주시면 성심을 다해 싸우겠습니다."
대무신왕은 신기한 능력을 가진 두 사람을 기꺼이 맞아들여 장수에 임명했습니다.
고구려 군사들은 거의 두 달 동안 걸어 부여의 남쪽에 도착했습니다.
그런데 넓은 평원을 행군하던 고구려 군사들 앞에 갑자기 진흙 수렁이 나타났습니다.
대무신왕은 우선 진흙 수렁 앞에서 하룻밤 야영을 하도록 했습니다.
"대왕마마, 이 곳은 숨을 곳이 없는 평지이니 진을 치고 싸울

대소와의 한판 승부

준비를 해야 합니다."
"괜찮소. 천막으로 평지를 가리면 될 것이니 지친 병사들을 편히 쉬도록 해 주시오."
부하의 염려에도 불구하고 대무신왕은 보초조차 세우지 않은 채 야영을 시켰습니다.
이 소식을 들은 대소는 고구려 군사들이 머물고 있는 평지로 손수 군사를 이끌고 달려왔습니다.
"고구려 병사들은 갑옷까지 벗어놓은 채 잠에 빠져 있습니다."
병사로부터 고구려 진영의 상태를 보고 받은 대소는 밤이 되기를 기다렸습니다.
"모두 진격하여 적을 섬멸하라!"
대소의 명령에 따라 부여의 군사들은 함성을 지르며 달려나갔습니다.
하지만 부여의 군사들은 얼마 가지 않아 꼼짝없이 발이 묶이고 말았습니다. 그들은 진흙 수렁에 빠져 허우적대고 있었던 것이었습니다.
순간 안개 속에서 말을 탄 고구려의 군사들이 우르르 몰려나왔습니다.
잠을 자고 있던 군사들은 고구려 군사의 일부일 뿐 나머지는 안개 속에서 부여군을 기다리고 있었습니다.

고구려 왕조 700년

　대무신왕은 그 곳이 평지에다 주변에 강이 흐르고 있어 안개가 낄 것을 미리 알고 있었던 것이었습니다.
　대소는 대무신왕의 작전에 그대로 말려들고 말았습니다.
　진흙에 빠져 허우적대는 부여의 군사들 중에는 대소도 있었습니다.
　대무신왕은 서둘러 공격을 하지 않고 괴유를 불렀습니다.
　"적진에 나아가 부여왕 대소의 목을 베어 오게."
　"예, 명령을 받들겠습니다."
　괴유는 칼을 휘두르며 부여군의 진영에 뛰어들었습니다.
　그가 칼을 휘두르자 부여 군사들은 풀잎처럼 쓰러졌습니다. 괴유는 곧 대소를 발견했습니다.
　대소는 진흙 속에서 빠져 나오려는 말 위에서 갈팡질팡하고 있습니다.
　"대소야, 내 칼을 받아라!"
　괴유는 그런 대소의 목을 가차없이 내리쳤습니다. 그리고 대소의 목을 창에 꿰어 고구려 진영으로 가져왔습니다.
　고구려 진영에는 함성이 울려 퍼졌습니다.
　"자, 한 놈도 남기지 말고 목을 베어라!"
　대무신왕은 칼을 뽑아들고 소리쳤습니다. 사기가 오른 고구려 군사들은 부여군을 마음대로 휘젓고 다녔습니다.

　싸움은 동이 틀 무렵, 고구려의 승리로 끝이 났습니다.
　"부여의 서울을 치도록 하라!"
　대무신왕은 승리의 여세를 몰아 부여의 서울로 진격하려 했습니다.
　"대왕, 그것은 안 됩니다. 부여군의 수는 우리보다 월등히 많습니다. 뿐만 아니라 우리는 아직 부여의 지형에 대해 잘 알지 못합니다."
　"하하하, 염려할 것 없소. 우리 군사들의 사기가 높으니 지금이 바로 기회요."
　승리의 맛을 본 대무신왕은 여러 장수들의 반대에도 불구하고 부여의 깊숙한 곳으로 진격해 들어갔습니다.
　하지만 부여군은 그렇게 호락호락하지 않았습니다.
　왕을 잃고 잠시 허둥대던 부여군은 이내 전열을 가다듬고 고구려 군사들을 포위해 버렸습니다.
　고구려 군사들은 순식간에 겹겹이 에워싼 부여군에 의해 꼼짝도 할 수 없는 신세가 되어 버렸습니다. 식량이 모자란 고구려 군사들은 점점 굶주리게 되었습니다.
　이 때 부여군의 공격이 시작되었습니다.
　싸울 힘도, 달아날 곳도 없는 고구려 군사들에게는 오로지 죽음만이 기다리고 있었습니다.

고구려 왕조 700년

대무신왕은 자신의 경솔함을 뉘우치며 눈물을 흘렸습니다.
그는 칼을 뽑아 하늘을 향하며 큰 소리로 울부짖었습니다.
"하늘이시여, 자만심에 빠져 어리석음을 범한 저를 용서하시고, 우리 고구려를 보살피소서."
대무신왕의 절규가 끝나자 사방은 쥐 죽은 듯 조용해졌습니다. 그리고 곧이어 뿌연 안개가 피어오르기 시작했습니다. 안개는 한치의 앞도 보지 못할 만큼 짙어졌습니다.
"아, 하늘이 나를 돕는구나."
대무신왕은 하늘에 절을 올린 다음 나무와 풀을 이용해 허수아비를 만들도록 했습니다.
고구려 군사들은 허수아비로 부여군을 유인한 뒤 서둘러 포위망을 빠져 나왔습니다.
죽음의 벼랑 끝에서 겨우 빠져 나온 고구려 군사들은 거의 맨몸으로 돌아왔습니다.
대무신왕은 자신의 경솔함을 반성하고, 전쟁으로 어수선한 민심을 수습하기에 총력을 기울였습니다.
죽은 병사의 집을 찾아가 위로하고, 다친 병사에게는 문병을 가는 등 정성을 들여 백성을 돌보자 전쟁의 원성은 이내 사그라들었습니다.
한편, 왕을 잃은 부여의 조정은 왕족끼리 싸움이 일어나 엉망

이 되어 버렸습니다.

　부여의 왕이었던 대소의 동생 갈사수는 부여에서 나와 갈사국이라는 새로운 나라를 세웠습니다. 나머지 대소의 동생들은 결국 고구려로 투항했습니다.

　이렇게 하여 부여의 대부분은 고구려에 흡수되기에 이르렀습니다.

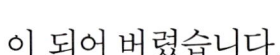 잉어로 싸움에서 승리하다

　대무신왕은 나라 안이 어느 정도 안정되자 다시 정복 전쟁을 시작했습니다.

　26년 대무신왕은 개마국을 쳐 개마국 왕을 죽였습니다. 그리고 나서 구다국을 점령해 영토를 넓혔습니다.

　또 국가의 체제를 정비하고 관리들의 우두머리인 재상을 좌보와 우보로 칭해 두 명을 두도록 했습니다.

　좌보는 을두지, 우보는 송옥구였습니다.

　대무신왕이 거칠 것 없는 기세로 세력을 넓혀 가자 주변의 강

후한을 세운 광무제

대국들은 긴장하지 않을 수 없었습니다.

그 중에서도 가장 긴장할 수밖에 없는 곳은 고구려와 맞닿아 있는 한나라였습니다.

한나라는 마침내 고구려의 성장에 위협을 느끼고 28년 요동 태수에게 100만여 명의 대군을 이끌고 고구려를 치도록 했습니다.

대무신왕은 신하들을 불러 대책을 말해 보도록 했습니다.

먼저 송옥구가 아뢰었습니다.

"적은 군사가 많아 북로로 올 것이 분명합니다. 험한 곳에 군사를 숨겨 두었다가 기습을 하면 승리할 수 있을 것입니다."

송옥구에 이어 을두지가 나섰습니다.

"적은 군사로 많은 군사를 치기는 어렵습니다. 게다가 적은 방금 도착하여 사기 또한 높을 것입니다. 그러니 나가 싸우기보다는 성을 지키며 적의 식량이 떨어지길 기다렸다가 기회를 보는 것이 좋을 듯하옵니다."

잉어로 싸움에서 승리하다

대무신왕은 을두지의 계획을 받아들여 국내성의 군사와 백성, 가축 등을 모두 위나암성으로 옮기고 성문을 굳게 걸어 잠갔습니다.

요동 태수는 비류수를 건너 국내성에 왔으나 성은 이미 텅 비어 있었습니다.

"고구려 군사들은 모두 위나암성에 있다 하옵니다."

병사의 보고를 받은 요동 태수는 서둘러 위나암성으로 군대를 돌렸습니다.

위나암성은 바위산 위에 지어져 튼튼하면서도 험했습니다.

"포위하라!"

한나라군은 위나암성을 포위하고 일제히 공격에 나섰습니다.

"화살을 쏘고, 바위를 굴려라!"

하지만 성 위에서 쏟아지는 화살과 바위에 군사들은 수없이 쓰러졌습니다.

"후퇴하라!"

군대를 물린 요동 태수는 날쌘 병사를 뽑아 성문을 부술 정예 부대를 만들었습니다.

밤이 되자 정예 부대는 쏜살같이 성문으로 향했습니다.

그런데 성문에 다다르자, 갑자기 성 위에서 무엇인가 와르르 쏟아졌습니다. 한나라 군사들은 또 바위를 던지는 줄 알고 줄행

홀승골성(졸본성)에서 바라본 비류수

랑을 쳤습니다.

"바위가 아니라 짚단입니다."

한 병사가 외치자 되돌아가던 병사들이 우르르 몰려왔습니다.

"짚단에 적이 숨어 있을지도 모르니 창으로 찔러 보거라."

한나라 군사들은 수북하게 쌓인 짚단을 창으로 찌르느라 정신이 없었습니다.

순간 하늘을 가르며 불화살들이 날아왔습니다. 짚단은 순식간에 붉은 불길로 바뀌었습니다.

불을 피해 무기도 버리고 물러나는 한나라 군사를 향해 성문이 열리더니 고구려 군사가 뛰쳐나왔습니다.

한나라 정예 부대는 싸움 한 번 못 해 보고 전멸당하고 말았습니다.

요동 태수가 이를 알고 증원군을 보냈으나, 그 때는 이미 고구려 군사들이 성 안으로 들어가 버린 뒤였습니다.

정면 돌파가 불가능하다는 것을 안 요동 태수는 위나암성을 포위하고 오래 끌기 작전으로 들어갔습니다.

위나암성이 바위산 위에 지어져 물이 쉽게 떨어질 것으로 생각했기 때문이었습니다.

그러나 10일이 지나고 20일이 지나도 위나암성은 아무런 반응도 없었습니다. 오히려 식량이 떨어져 한나라군이 돌아가야 할

고구려 왕조 700년

처지였습니다.
　좌보 을두지는 요동 태수의 그런 작전을 간파하고 있었습니다.
　"대왕마마, 적은 지금 우리가 물이 떨어져 항복하기를 기다리고 있습니다."
　"그렇다면 쉽게 돌아가지 않겠구려."
　"하지만 제게 적을 돌아가게 할 좋은 방법이 있습니다."

위나암성과 산성 밑의 무덤들

잉어로 싸움에서 승리하다

을두지는 연못에서 큰 잉어 한 마리를 잡아오도록 했습니다.

을두지는 그 잉어를 물풀에 싸 편지와 함께 요동 태수에게 보냈습니다.

잉어가 살고 물풀이 자랄 만큼 성에는 물이 충분하다는 것을 보여 주려는 생각이었습니다.

잉어를 받은 요동 태수는 을두지의 생각대로 놀라움을 금치 못했습니다.

"아니, 물이 없다더니 잉어가 살고 있지 않느냐."

요동 태수는 편지를 보았습니다.

'태수님을 위로하기 위해 작은 성의나마 예물을 보내니 너그럽게 받아 주십시오.'

조롱 섞인 내용이었지만, 군대를 돌릴 궁리를 하고 있던 요동 태수에게는 좋은 기회였습니다.

"고구려 왕이 편지와 예물을 보내 왔고, 태도 또한 공손하니 이제 돌아가기로 한다."

이렇게 해서 한나라군은 물러가게 되었습니다.

고구려 왕조 700년

호동 왕자와 낙랑 공주

   대무신왕이 왕위에 오른 지 15년 되는 해인 서기 32년 4월 어느 날, 낙랑 태수 최리는 사냥을 나가게 되었습니다.
   그는 사냥길에서 고구려 왕자인 호동을 만났습니다.
   최리는 호동 왕자의 늠름하고 잘생긴 모습에 시선을 빼앗겼습니다.
   "아, 정말 듬직한 청년이군!"
   그는 호동과 같은 나이의 딸 낙랑 공주를 생각했습니다.
   '낙랑과 혼인을 시키면 잘 어울리겠는걸.'
   고구려의 막강한 힘을 생각할 때, 호동 왕자를 사위로 삼는다면 최리에게는 이로운 점이 많을 것 같았습니다.
   최리는 은근히 호동에게 말을 걸었습니다.
   "호동 왕자, 나와 함께 왕검성에 한 번 가 보지 않겠소?"
   호동 왕자는 최리의 말에 귀가 솔깃해졌습니다.
   왕검성은 낙랑의 도읍으로 고구려가 낙랑을 정복하기 위해서는 미리 가 보는 것이 훨씬 유리했기 때문입니다.
   "데려가 주신다면 한 번 가 보지요."
   호동 왕자는 못 이기는 척하면서 최리를 따라나섰습니다.

얼마 후, 왕검성에 도착한 호동 왕자는 눈이 동그래졌습니다. 대궐이 웅장하면서도 아름다웠기 때문입니다.

호동 왕자가 두리번거리며 대궐에 들어섰을 때 최리는 낙랑 공주를 불렀습니다.

"고구려의 호동 왕자시다. 인사드리거라."

낙랑 공주가 호동 왕자에게 인사를 했습니다.

낙랑 공주가 고개를 숙였다 드는 순간 호동 왕자는 깜짝 놀라고 말았습니다.

'아, 정말 아름답다!'

낙랑 공주 역시 호동 왕자를 처음 보는 순간 넋을 잃고 말았습니다.

'세상에 이토록 멋진 분이 있을 줄이야.'

두 사람은 눈길을 떼지 못하고 서로를 바라보았습니다.

"어험, 나는 바쁜 일이 있어서 가 볼 테니 낙랑이 호동 왕자님을 잘 모시거라."

최리가 은근 슬쩍 자리를 피해 주었습니다

"대궐 안을 보여 드릴 테니 저를 따라오세요."

낙랑 공주는 호동 왕자에게 대궐 안 이곳 저곳을 구경시켜 주었습니다.

중국식으로 지어진 대궐은 잘 꾸며져 있었습니다.

고구려 왕조 700년

대궐의 이곳 저곳을 안내하며 낙랑 공주는 고운 목소리로 설명을 덧붙여 주었습니다.

호동 왕자는 낙랑 공주의 말에 귀를 기울이면서도 대궐을 유심히 살폈습니다.

"대궐이 정말 아름답군요. 그런데 낙랑에서 으뜸 가는 보물이 무엇이지요?"

호동 왕자의 물음에 낙랑 공주가 걸음을 멈추었습니다.

"낙랑에서 제일 소중한 보물은 자명고라는 북과 자명각이라는 나팔이지요."

"어떤 북과 나팔이기에 그렇게 소중하지요?"

"자명고와 자명각은 적군이 쳐들어오는 기미만 보이면 저절로 울지요. 덕분에 우리는 싸울 준비를 미리 할 수가 있답니다."

"아하, 참 신기한 북과 나팔이군요."

호동 왕자는 환하게 웃으며 놀라는 척했습니다.

호동 왕자와 낙랑 공주는 며칠간 행복한 시간을 보냈습니다.

그러는 동안에 낙랑 공주는 호동 왕자의 속마음을 모른 채 사랑에 빠져 낙랑의 여러 가지 비밀을 말해 주었습니다.

호동 왕자는 낙랑 공주와 며칠을 보낸 다음 고구려로 돌아갔습니다.

호동 왕자가 돌아가자 낙랑 공주는 그리움에 빠졌습니다. 밤마

호동 왕자와 낙랑 공주

다 그리움으로 잠을 못 이루던 낙랑 공주는 편지를 썼습니다.

'사랑하는 호동 왕자님. 보고 싶으니 빨리 낙랑으로 오세요.'

며칠 후 호동 왕자로부터 답장이 왔습니다.

그런데 편지를 읽어 본 낙랑 공주는 눈앞이 깜깜해지고 말았습니다.

'나를 사랑한다면 자명고를 찢고, 자명각을 깨뜨리시오. 그러면 당신을 만나러 가겠소.'

낙랑 공주는 괴로움으로 몸부림쳤습니다.

'아, 어찌한단 말인가. 사랑을 얻자면 조국이 망하고, 조국을 지키자면 사랑을 잃어야 하니…….'

결국 낙랑 공주는 조국을 버리고 사랑을 선택해 아무도 몰래 자명고를 찢고, 자명각을 깨뜨렸습니다.

그리고 호동 왕자에게 이 사실을 알렸습니다.

'호동 왕자님, 이제 자명고와 자명각은 소리를 낼 수 없게 되었습니다. 아버님의 벌이 두려우니 어서 저를 데려가 주세요.'

호동 왕자는 그 날 밤 군사들을 이끌고 왕검성으로 쳐들어왔습니다.

낙랑의 군사들은 싸움 한 번 제대로 해 보지 못하고 왕검성을 고구려 군사에게 내 주고 말았습니다.

다급해진 최리가 소리쳤습니다.

"어째서 적이 코앞에까지 왔는데 자명고와 자명각이 울지 않았단 말이냐."

최리는 서둘러 자명고와 자명각이 있는 곳으로 갔습니다.

"이럴 수가, 대체 누가 자명각과 자명고를……."

절망에 빠진 최리는 땅바닥에 털썩 주저앉았습니다. 그리고는 호동 왕자와 함께 있던 낙랑 공주를 떠올렸습니다.

"아, 낙랑이 아비를 배신하고, 조국을 버렸구나!"

최리는 허리에 차고 있던 칼을 뽑아 들고 낙랑 공주를 찾아갔습니다.

"낙랑, 어째서 이런 일을 저질렀단 말이냐?"

"아버님, 죄송합니다."

"너를 사랑하는 마음은 변함 없다. 그러나 왕으로서 제 나라를 버린 너를 용서할 수가 없구나."

최리는 슬픔의 눈물을 흘리며 칼을 휘둘렀습니다.

순간 낙랑 공주가 바람 앞의 풀잎처럼 쓰러졌습니다.

한편 호동 왕자는 왕검성에 들어서자마자 낙랑 공주를 찾았습니다.

"공주, 어디 있소?"

그러나 호동 왕자가 찾아 낸 것은 낙랑 공주의 싸늘한 시체였습니다.

호동 왕자와 낙랑 공주

호동 왕자는 낙랑 공주를 끌어안고 목놓아 울었습니다.
"미안하오. 나를 용서해 주시오."
전쟁에 승리하기는 했으나 호동 왕자는 기쁘지 않았습니다.
사랑을 이용했다는 죄책감으로 마음은 온통 슬픔으로 가득 찼습니다.
고구려 사람들은 낙랑을 꺾고 돌아온 호동 왕자를 칭송하며 그를 따랐습니다.
하지만 왕비는 후궁의 몸에서 태어난 호동 왕자가 눈엣가시처럼 느껴졌습니다.
'이대로 두었다가는 호동 왕자가 왕위를 이어받겠구나.'
왕비는 호동을 모함했습니다.
"호동 왕자가 왕위를 노리고 음모를 꾸미고 있습니다."
처음 이 말을 들은 대무신왕은 왕비의 말을 믿으려 하지 않았습니다.
그러나 왕비가 계속해서 똑같은 말을 하자 대무신왕의 마음도 흔들렸습니다. 호동 왕자를 대하는 대무신왕의 마음은 점점 싸늘해져 갔습니다.
어느 날, 호동 왕자를 가엾게 여긴 신하가 찾아왔습니다.
"왕자님, 대왕 앞에 나아가 진실을 밝히세요."
호동 왕자는 머리를 가로저었습니다.

고구려 왕조 700년

"싫소. 내가 사실대로 말하면 어머님이 거짓말을 한 것이 될 것이오. 그 일로 아버님이 걱정을 하시게 되면 그 또한 불효가 아니겠소."

낙랑 공주를 잃은 슬픔에 왕비에게 모함까지 받은 호동 왕자는 더 이상 살고 싶지 않았습니다.

마침내 호동 왕자는 낙랑 공주를 그리워하다 스스로 목숨을 끊고 말았습니다.

제 4 대
민중왕

(?~48년)
재위 : 44~48년

　성은 해씨이고 이름은 색주입니다.
　대무신왕의 동생으로 후한의 광무제가 고구려를 치기 위해 보낸 군사를 맞아 싸우다 대무신왕이 죽자 나이 어린 태자를 대신하여 왕위에 올랐습니다.
　민중왕은 고구려의 역사상 처음으로 아버지가 아닌 형제로부터 왕위를 이어받은 최초의 왕이었습니다.
　하지만 왕위에 있는 5년 동안 그가 특별하게 이룬 업적은 없습니다.

동굴에 묻히다

　형으로부터 왕위를 물려받은 민중왕은 마음이 너그러운 사람이었습니다. 그는 자신이 왕위에 오른 해에 많은 죄수들을 풀어 주었습니다.
　그리고 다음 해 3월에는 신하들에게 큰 잔치를 베풀었습니다. 하지만 45년 동부에 큰 홍수가 났습니다.
　홍수에 집과 곡식을 잃은 백성들은 이곳 저곳을 떠돌며 구걸을 하게 되었습니다.
　민중왕은 그런 백성들을 가엾게 여겨 나라의 창고를 열고 백성들에게 먹을 것을 나누어 주었습니다.
　그러나 그 해 겨울, 위나암성에 눈이 내리지 않는 가뭄으로 백성들은 다시 굶주림에 허덕이게 되었습니다.
　홍수 때 열었던 나라의 창고는 이미 텅 비어 있었습니다.

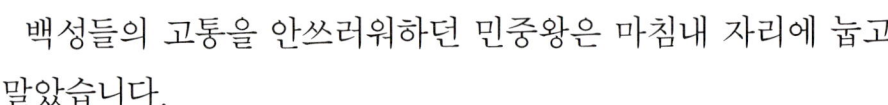

　백성들의 고통을 안쓰러워하던 민중왕은 마침내 자리에 눕고 말았습니다.
　47년에는 병상에 누운 민중왕에게 잠우락부의 우두머리인 대승이 1만여 가구의 주민을 데리고 한나라로 투항했다는 소식이 들려 오기도 했습니다. 잠우락부는 한나라와 인접한 고구려의 변방 마을이었습니다.
　민중왕이 왕위에 오른 지 4년째 되는 해 7월, 그는 민중원이라

고구려인의 늠름한 기상과 사냥하는 모습을 엿볼 수 있는 수렵도

고구려 왕조 700년

는 곳으로 사냥을 나가게 되었습니다. 그런데 한창 사냥을 하던 그의 눈에 커다란 동굴이 보였습니다. 그는 자신을 따르던 신하들에게 말했습니다.

"내가 죽거든 이 동굴에 장사를 지내 다오."

그는 계속되는 재난 속에서 속을 끓이다 왕으로서의 짧은 인생을 마치게 된 것입니다.

신하들은 그의 유언에 따라 동굴에 장사를 지내고 그를 민중왕이라 부르게 되었습니다.

동굴에 묻히다

제 5 대 모본왕

(?~53년)
재위 : 48~53년

　대무신왕 첫째 부인의 아들로 민중왕에 이어 왕위에 올랐습니다. 성은 해이고, 이름은 우였으며, 해애루라 불리기도 했습니다.
　그는 호동 왕자가 자결한 해인 32년 12월에 태자의 자리에 올랐으나 44년 대무신왕이 죽었을 때 나이가 너무 어려 정사를 돌볼 수 없다고 하여 왕위를 이어받지 못했습니다.
　그러다가 48년 민중왕이 죽자 비로소 왕이 되었는데 처음에는 한나라의 깊숙한 곳까지 공격하여 고구려의 맹위를 떨쳤으나, 본래 성품이 포악하고 나라일을 제대로 보지 않아 백성들로부터 원망을 샀습니다.
　사람의 목숨을 함부로 다루던 모본왕은 왕위에 오른 지 6년 만인 53년 11월 시종이었던 두로에게 죽임을 당했습니다.
　이로써 그는 고구려 역사에 있어 신하에게 죽임을 당하는 최초의 왕으로 남게 되었습니다.

포악한 왕

　태자의 자리에 있었음에도 불구하고 대무신왕이 죽었을 때 해우 태자는 왕위에 오를 수 없었습니다. 해우 태자의 나이가 어려 정사를 돌볼 수 없다는 것이 그 이유였습니다.
　신하들은 대신 해색주를 민중왕으로 추대했습니다. 그리고 5년 뒤, 민중왕이 죽자 드디어 해우 태자가 왕위에 오르게 되었습니다.
　왕이 된 해우 태자는 모본왕으로 불리며 자신의 영향력을 키우기 위해 중국 한나라를 공격했습니다.
　"한나라를 쳐라. 나는 그 무엇도 두렵지 않다!"
　모본왕은 왕위에 오른 다음 해인 49년 군사를 일으켜 한나라의 북평, 어양, 상곡, 태원을 습격했습니다.
　한편, 한나라의 광무제는 고구려로부터 공격을 받고도 곧바로

반격을 하지 않았습니다.

당시 광무제는 신나라를 무너뜨리고 한나라를 다시 세우는 데 온 힘을 기울인 뒤였습니다. 거기다 혼란스러운 틈을 타 일어났던 적미의 난을 10년에 걸친 전쟁 끝에 겨우 평정하고 나라를 안정시킨 상태였습니다.

이렇게 격변의 시간을 보내는 동안 지칠 대로 지친 광무제는 전쟁이라면 치를 떨었습니다. 결국 광무제는 요동 태수 채동을 시켜 고구려와 화친을 하도록 했습니다.

"한나라와 고구려가 전쟁을 해 봐야 서로 국력만 낭비할 뿐이니 서로 친하게 지내도록 합시다."

채동은 모본왕을 만나 광무제의 뜻을 전했습니다.

"좋소. 한나라에서 우리가 빼앗은 땅을 되돌려 달라고 하지만 않는다면 그렇게 하겠소."

모본왕은 채동의 뜻을 받아들였습니다.

이렇게 해서 금방이라도 태풍이 일어날 것만 같던 중국과의 관계는 어느 정도 안정이 되었습니다.

그러나 나라 안 사정은 달랐습니다. 모본왕이 왕위에 오르던 해에는 홍수가 나 산이 20개나 무너지는 큰 재앙이 닥쳤고, 그 다음 해에는 때 아닌 서리와 우박이 내려 농작물을 망치기도 했습니다.

모본왕은 백성들이 굶주리는 것을 걱정하여 나라의 창고를 열어 곡식을 나누어 주었습니다.

하지만 나라에서 베푸는 도움만으로는 자연 재앙의 피해를 막을 수가 없었습니다. 결국 고구려 사회는 몹시 불안해졌습니다.

이렇게 어지러운 상황이 계속되자, 모본왕은 포악한 본성을 서서히 드러내기 시작했습니다. 어려서부터 언제 죽을지 모르는 불안을 견디며 살아야 했던 모본왕은 누구보다도 의심이 많았습니다.

'내가 잠시 한눈을 팔면 역모를 일으킬 게 분명해.'

모본왕은 신하들을 의심하며 추궁하기 시작했습니다.

"네가 왕위를 빼앗으려고 역모를 꾸몄지?"

"하늘에 맹세코 그런 일은 없사옵니다."

"거짓말 마라. 여봐라, 당장에 이 놈의 목을 쳐라!"

의심이 깊어진데다 나라에 나쁜 일이 계속해서 일어나자 모본왕은 점점 포악한 군주가 되어 갔습니다.

또한 괴로움을 잊기 위해 자주 잔치를 열었습니다.

"백성들은 굶어 죽고 있는데 왕이 매일같이 술독에 빠져 있으니 하늘이 노하는 거야."

백성들은 모본왕을 미워하기 시작했습니다.

그럴수록 모본왕은 더욱더 포악해져 마음에 들지 않는 신하들

포악한 왕

을 함부로 죽였습니다.

　모본왕의 주변에는 듣기 좋은 소리만 하는 아첨꾼들만 우글거렸습니다.

　모본왕이 왕위에 오른 지 4년째인 51년, 잔인하고 괴팍한 성격은 극에 달해 사람을 깔고 앉거나 베고 눕기도 했습니다. 그러다 사람이 조금이라도 움직이면 칼로 목을 베었습니다.

　이를 보다 못한 신하가 그의 잘못을 말했습니다. 그러자 모본왕은 그의 말이 채 다 끝나기도 전에 그의 가슴에 화살을 쏘았습니다.

　상황이 이 지경에 이르자, 고구려에서는 백성들의 원성이 하늘을 찌를 듯했습니다.

　이 때 나라를 걱정하는 몇몇 신하들은 은밀하게 모여 대책을 마련했습니다.

　"나라에는 흉한 일만 생기는데 왕은 나라를 돌보지 않으니 이 일을 어찌하면 좋겠소."

　신하들의 우두머리인 재상이 말했습니다.

　"누군가 왕 앞에 나가 바른 길로 인도해야 합니다."

　"그걸 누가 모르겠습니까? 하지만 그랬다가는 목을 내놓아야 할 것입니다."

　"그렇다고 이대로 있을 수만은 없는 일 아닙니까?"

고구려 시대 시중들의 모습과 자세를 볼 수 있는 벽화

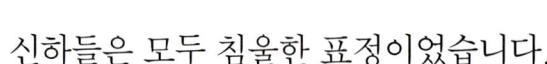

신하들은 모두 침울한 표정이었습니다.

"좋소. 내가 한 번 말씀드려 보겠소."

신하들을 이끄는 재상이 단단히 결심을 한 듯 입술을 깨물며 말했습니다.

다음 날, 재상은 왕 앞으로 나아갔습니다.

"왕이시여! 지금 나라에는 온갖 흉한 일들이 일어나 백성들이 고통에 빠져 있습니다."

"그래서?"

아직 술이 덜 깬 얼굴로 왕이 퉁명스럽게 말했습니다.

"이제 잔치는 그만 여시고, 백성의 소리에 귀를 기울이십시오. 백성을 살피지 않은 왕은 오래……."

그 때 재상의 머리 위로 휙하는 소리와 함께 화살이 날아들었습니다. 화살은 재상의 머리 위를 아슬아슬하게 스쳐 기둥에 꽂혔습니다.

재상은 깜짝 놀라 몸을 움츠렸습니다.

모본왕은 부들부들 떨고 있는 재상을 향해 소리쳤습니다.

"하하하, 오늘은 네게 운이 따르는 날이구나. 화살이 네 가슴을 뚫기 전에 썩 꺼지거라."

재상은 더 이상 말을 못 하고 물러날 수밖에 없었습니다.

고구려 왕조 700년

폭군의 최후

　53년 가을, 고구려에는 큰 지진이 일어나 집이 무너지고 많은 사람들이 죽거나 다쳤습니다.
　또 겨울이 되자 엄청난 양의 눈이 내렸습니다. 굶주리고 지친 백성들은 눈 속에서 얼어죽거나 병이 들었습니다.
　재상과 신하들은 다시 모여 나라를 걱정했습니다.
　"해마다 흉한 일이 일어나 백성들이 목숨을 잃으니 걱정이 아닐 수 없습니다."
　"이것은 왕의 폭정으로 백성들은 물론 하늘까지도 화가 나 생기는 일입니다."
　자리에 모인 신하들은 한결같이 모본왕의 횡포가 나라에 재앙을 가져왔다고 여겼습니다.
　"이제 왕을 바꾸어야 합니다."
　"맞습니다. 왕을 바꾸지 않고서는 이 어려움을 이겨 낼 수가 없습니다."
　신하들은 모두 뜻을 모아 찬성을 했습니다.
　"그런데 누가 왕을 없애지요?"
　신하들은 모두 두로를 생각하고 있었습니다.

두로는 왕을 가까이서 모시는 시종이었습니다. 그는 덩치가 크고 칼솜씨가 뛰어났지만, 평소에 말이 없고 마음씨가 착해 사람들에게 믿음을 주었습니다.

모본왕 역시 듬직한 두로를 아꼈습니다.

신하들은 두로를 한적한 곳으로 불렀습니다.

"나라를 위해 그대가 큰 일을 해 줘야겠소."

"무슨 일이옵니까?"

신하의 조심스럽고 은밀한 말에 두로가 주변을 두리번거리며 말했습니다.

"왕을 없애는 일이오."

"네, 왕을요?"

두로가 놀란 나머지 몸을 움찔하며 뒤로 물러섰습니다.

"그렇소. 왕의 방탕한 생활과 잔악한 짓을 이대로 두고 볼 수만은 없소. 이러다가는 나라가 망하고 말 것이오."

재상은 두로 앞으로 다가서며 은밀하게 말했습니다.

그렇지 않아도 두로는 왕을 두려워하고 있었습니다. 지금은 신임을 받고 있었지만, 왕이 언제 자신의 목숨을 빼앗을지 모를 일이었습니다.

"재상어른의 뜻은 알겠습니다. 하지만 제가 어떻게 그런 일을……"

고구려 왕조 700년

　두로는 떨리는 마음을 진정시키느라 한숨을 내쉬며 주저했습니다. 그러자 재상과 신하들이 두로를 설득했습니다.
　"왕을 없애는 일은 분명 역적의 짓이오. 그러나 왕이 나라와 백성을 버렸는데 어찌 신하가 그 왕을 따르겠소."
　"재상어른 말이 맞습니다. 지금 나라와 백성을 구할 인물은 당신뿐이오."
　이윽고 생각에 잠겨 있던 두로가 고개를 끄덕였습니다.
　"좋습니다. 제가 왕을 없애겠습니다."
　마음을 정하자 두로는 오히려 홀가분한 기분이 들었습니다.
　재상과 헤어진 후 두로는 가슴에 칼을 품고 다니며 왕을 죽일 기회를 엿보았습니다. 그렇게 며칠이 지났습니다.
　"여봐라, 밖에 아무도 없느냐?"
　그러던 어느 날 낮잠을 즐기던 왕이 시종을 불렀습니다.
　두로는 마치 기다리기라도 했다는 듯 왕의 침실로 뛰어들어갔습니다. 침실에는 왕이 혼자 누워 있었습니다.
　"부르셨습니까?"
　"그래. 낮잠을 자려는데 잠자리가 불편하구나. 네가 이리 와서 베개가 되어 다오."
　왕은 몸을 반쯤 누인 채 두로를 맞아들였습니다.
　"네, 알겠습니다."

　두로는 왕이 시키는 대로 왕의 머리맡으로 다가갔습니다. 그러자 왕은 두로를 베고 누웠습니다.

　왕은 이내 잠이 들었습니다.

　두로는 손을 넣어 품 속에 숨긴 칼의 손잡이를 움켜쥐었습니다. 그리고는 몸을 벌떡 일으키며 칼을 뽑아들었습니다. 그 바람에 모본왕은 방바닥에 벌렁 나뒹굴게 되었습니다.

　"무, 무슨 일이냐?"

　"나라와 백성을 위해 죽어 주어야겠다!"

　"뭐, 뭐라고? 네가 감히 왕인 나를 죽이려……."

　두로는 조금의 망설임도 없이 왕의 가슴에 칼을 꽂았습니다.

　이렇게 해서 포악한 정치로 민심을 잃게 된 모본왕은 비명도 지르지 못한 채 숨을 거두고 말았습니다.

금으로 만든 고구려의 장식물들

금으로 만든 띠 고리

금동 신발

부여와 고구려의 관계는 어떠했나?

　부여는 본래 고구려와 같은 종족이었습니다. 그러다가 주몽이 고구려를 세우자 서로 대립하게 되었습니다. 이는 고구려를 세운 동명성왕의 설화가 부여를 세운 동명왕의 설화를 기본 줄기로 해서 살을 붙인 것이나 고구려의 풍속이 부여와 많이 닮은 데에서도 알 수 있습니다.

　하지만 주몽이 부여에서 탈출해 나라를 세웠고, 고구려의 힘이 점차 강해지면서 부여와 고구려는 서로를 미워하는 관계로 남게 되었습니다.

　부여가 처음으로 기록에 나타난 것은 서기전 1세기 무렵이지만, 그보다 훨씬 전부터 만주의 송화강 유역을 중심으로 기름진 땅에서 번성했던 나라였습니다.

　부여는 여러 부족의 대표들이 모여 나라를 이끄는 부족 연맹체로 왕은 부족의 대표들 중에서 선출했습니다. 그래서 날씨가 나빠 흉년이 들면 왕은 모든 책임을 지고 사형을 당하거나 쫓겨날 만큼 힘이 없었습니다.

　부여의 장례 풍습에는 사람이 죽으면 살아 있는 사람도 함께 땅에 묻는 순장이 있었습니다. 이 때 순장되는 사람들은 대부분 노예들이었습니다.

　결혼을 하려면 남자 집에서 여자 집으로 말이나 소를 보내야 하는 지참금 풍습이나 형이 죽으면 동생이 형수를 데리고 사는 형사 취수 제도가 있었습니다. 신분 제도가 발달해 전쟁 포로나 살인자의 가족은 노예로 삼았으며, 12월에는 영고라는 민속 행사를 가졌던 부여는 494년 고구려에 흡수되어 역사의 장에서 사라지게 되었습니다.

쏙쏙 역사 상식

백의 민족이란 말의 유래

우리 민족을 흔히 '흰 옷을 입은 사람들(백의 민족)'이라고 합니다.

이 말은 부여인들이 흰 옷을 좋아하고 즐겨 입었던 데에서 나온 말입니다. 이는 중국 문헌인 〈위지〉를 보면 알 수 있습니다. 이 책에는 '부여 시대의 사람들이 이미 흰 옷을 입고 있었다'고 쓰여 있습니다.

또한 부여인들은 사람이 죽으면 5일 동안 시신을 모셔 놓고 추모를 한 다음 땅에 묻었는데, 이 때 입었던 상복의 색깔도 흰색이었습니다.

고구려인들의 복장을 살펴볼 수 있는 쌍영총 벽화

태양을 숭배하는 원시 신앙에서 그 빛을 상징하는 색이 흰색이었기 때문에 흰 옷을 입었다고 하기도 합니다.

역사 풀이

1. 부여의 대소가 대무신왕에게 보내 온 이상한 동물은 무엇이었나요?
   ① 하나의 머리에 몸뚱이가 둘인 까마귀 모양의 새
   ② 머리가 둘 달린 뱀
   ③ 코가 둘 달린 코끼리
   ④ 꼬리가 셋 달린 소

2. 호동 왕자의 요구에 의해 낙랑 공주가 없앤 물건은 무엇인가요?
   ....

3. 대무신왕에 이어 왕위에 올랐으며 동굴에 묻힌 왕은 누구인가요?
   ① 유리왕   ② 모본왕   ③ 동명성왕   ④ 민중왕

4. 난폭한 모본왕을 죽인 사람은 누구인가요?
   ① 두로   ② 마로   ③ 협보   ④ 을두지

5. 부여군에게 둘러싸이게 된 대무신왕은 어떤 방법으로 포위망을 벗어날 수 있었나요?
   ① 안개가 깔리자 기습 작전을 펼쳐서 빠져 나왔다
   ② 안개가 깔리자 허수아비를 만들어 부여군을 속이고 빠져 나왔다
   ③ 비가 오자 불어난 강물을 타고 빠져 나왔다
   ④ 비가 오자 말들을 앞세우고 빠져 나왔다

6. 위나암성을 둘러싸고 있던 한나라 군사를 돌려보낸 을두지의 계략은

역사 풀이

무엇이었나요?

....

....

7. 대무신왕이 백발의 노인을 따라간 동굴 안에는 무엇이 있었나요?
   ① 술
   ② 쌀과 보리
   ③ 창과 칼
   ④ 붓과 벼루

8. 대무신왕이 강가에서 얻게 된 솥은 어떤 능력을 가지고 있었나요?

....

9. 대무신왕 때 한나라가 고구려에 쳐들어온 이유는 무엇인가요?

....

....

10. 모본왕은 어떻게 난폭한 행동을 했는지 한 가지만 써 보세요.

....

....

제 6 대
태조왕

(47~165년)
재위 : 53~146년

이름은 궁이며 어릴 때 이름은 어수였습니다.

유리왕의 손자로 고추가 재사와 부여 여인 사이에서 태어났습니다. 모본왕에 이어 왕위에 올라 고구려를 명실상부한 강대국으로 만드는 큰 일을 해냈습니다.

태조왕은 동옥저를 정벌하여 영토를 크게 넓혔습니다. 그리고 72년에는 관나부의 패자 달고를 보내 조나를 정벌하고, 121년 한나라의 요수현을 공격하여 요동 태수로 있던 채풍을 없애기도 했습니다.

영토 확장과 더불어 그 동안 어지럽던 나라를 정비하는 데 힘써 부족 국가적 형태에 머물러 있던 정치 체제를 중앙집권적 형태로 바꾸어 나라의 기틀을 튼튼하게 다졌습니다.

이후 146년 동생인 수성에게 왕위를 물려주고 별궁에서 지내다가 165년 119세로 세상을 떠났습니다. 그는 우리 역사상 가장 오래 산 왕으로 기록되어 있습니다.

고구려 왕조 700년

큰 나라를 위하여

 53년 모본왕이 두로의 칼에 죽임을 당하자 신하들은 왕위를 놓고 의논을 하게 되었습니다.
 "누가 왕위를 이어받아야 나라가 편안할 것 같소?"
 재상이 신하들에게 의견을 구했습니다.
 "왕위는 당연히 태자인 익이 이어받는 것이 옳습니다."
 "아니오. 태자는 영특하지 못해 정사를 돌볼 수 없을 것입니다."
 "저도 태자는 안 된다고 생각합니다. 태자는 아버지인 모본왕의 포악하고 잔인한 성격을 이어받았을 것이 분명합니다."
 신하들은 태자가 있었는데도 그에게 왕위를 물려주어서는 안 된다고 입을 모았습니다.
 그 이유 중에는 태자가 왕이 되면 아버지의 원수를 갚기 위해

피를 흘리게 될 것이라는 우려도 짙게 깔려 있었습니다.

"그렇다면 누가 왕이 되어야 할지 말해 보시오."

신하들은 태자를 제외하고 왕위를 이을 후보를 찾느라 머리를 이리저리 굴리고 있었습니다.

그 때 한 신하가 말했습니다.

"유리왕의 손자인 궁이 적당할 것 같습니다."

"아하, 그렇군. 궁이라면 태어날 때부터 눈을 떠 세상을 보았다고 하지 않소. 그러니 훌륭한 왕이 될 게 틀림없소이다."

궁은 유리왕의 손자로 당시 일곱 살이었습니다.

"하지만 너무 어린 것이 아닐까요?"

"나이가 어려도 본래 영리한데다 뒤를 보살펴 줄 태후까지 있으니 큰 걱정은 하지 않아도 될 것이오."

이렇게 하여 궁은 신하들의 추대로 태조왕이 되었습니다.

태조왕이 왕위에 오른 직후에는 나이가 너무 어려 부여 출신의 태후 금씨가 대신 정사를 돌보았습니다.

태후 금씨는 나라 밖 사정을 살핀 뒤, 나라를 안정시키기 위해서는 무엇보다 다른 나라의 침략에 대비해 국방력을 튼튼히 해야 한다고 생각했습니다.

"왕은 우리 나라가 강해지는 것을 두려워하는 한나라의 침략에 대비해야 할 것입니다."

태조왕은 55년 요서 지방에 10개의 성을 지어 한나라(동한)의 침략에 대비했습니다.

또한 광활한 대륙을 지배했던 고조선의 옛 땅을 되찾기 위해 동옥저에 쳐들어갔습니다. 이 전쟁에서 승리한 태조왕은 동옥저를 멸망시키고 국경을 창해(동해)까지 넓혔습니다.

성인이 된 태조왕은 나라의 힘을 키우기 위해 주변의 약한 나라를 정복하기 시작했습니다.

"갈사 부여를 고구려의 땅으로 만들 것이니 그대들은 나를 따르시오."

태조왕은 직접 병사들을 이끌고 부여에서 나온 세력이 세운 나라인 갈사 부여로 쳐들어갔습니다.

그러자 갈사 부여의 도두는 겁을 먹고 태조왕에게 항복을 하며 나라를 바쳤습니다. 도두는 갈사 부여 왕의 손자였습니다.

"항복을 받아들이고 도두를 연나부의 우태로 임명하여라."

68년 갈사 부여를 정복한 태조왕은 72년 관나부의 패자 달가를 시켜 조나국을 치도록 했습니다. 달가는 용감하게 싸워 조나국을 고구려 땅으로 만들고 왕을 사로잡았습니다.

그리고 2년 뒤인 74년, 태조왕은 환나부의 패자 설유에게 군사를 주어 주나국을 치도록 했습니다. 설유는 군사를 이끌고 나가 왕자인 을음을 사로잡고 주나국을 점령했습니다.

큰 나라를 위하여

철기 시대 부족장들의 인장(고구려 초기 세력이 강했던 부족장들은 이미 철기 시대부터 고유한 인장을 사용했다).

태조왕은 주나국의 왕자 을음에게 고구려의 왕족이나 귀족의 지위인 고추가를 임명했습니다.

패자는 고구려 다섯 부족의 우두머리로 부족을 이끄는 막강한 힘을 가지고 있었습니다. 이들의 맹활약으로 태조왕은 정복 활동을 뜻대로 이룰 수가 있었습니다.

주변의 약한 나라부터 차례로 정복해 가던 태조왕은 요동 지역으로 눈을 돌렸습니다.

태조왕은 105년 군사를 일으켜 요동 지역의 6개 현을 빼앗았습니다. 그러자 고구려의 빠른 성장에 위기감을 느낀 한나라는 요동 태수 경기에게 군사를 주어 총공격을 해 왔습니다.

요동 지역에서는 한나라와 고구려 군이 서로 힘을 겨루며 한동안 밀고 밀리는 싸움이 계속되었습니다.

  이로부터 10여 년이 지난 118년, 태조왕의 고구려군은 한나라의 현도군으로 쳐들어가 화려성을 빼앗았습니다.

  그러나 나라 안 사정이 불안해 경황이 없던 한나라도 군사를 일으켜 고구려로 쳐들어왔습니다.

한나라의 침입

  태조왕이 왕위에 오른 지 69년이 되는 121년, 한나라는 군사를 모아 고구려 원정에 나서게 되었습니다.

  이 원정은 유주 자사 풍환, 현도 태수 요광, 요동 태수 채풍이 이끌고 있었습니다. 이 세 명의 장수는 요동성에 모여 고구려를 정복할 계획을 짜고 있었습니다.

  "고구려는 강한 나라입니다. 군사의 힘을 분산시켜서는 그 방어선을 깰 수 없을 것입니다."

  "그렇다면 군사들의 힘을 한데 모아야겠군요."

  "옳습니다. 힘을 합해 한길로 진격해 들어가야 합니다."

  세 장수는 밤이 늦도록 작전을 세웠습니다.

성격이 차분하다 못해 소심해 보이기까지 하는 요동 태수 채풍이 다시 말을 이어갔습니다.

"군사들을 한데 모아 진격해 들어간다고 해도 고구려의 도읍지까지는 멀고 저항도 만만치 않을 것입니다."

"그렇다면 어떻게 해야 하겠습니까?"

유주 자사 풍환이 팔짱을 끼며 채풍을 바라보았습니다.

채풍은 잠시 펼쳐져 있는 지도를 내려보더니 손가락 끝으로 한 곳을 가리켰습니다.

"먼저 이 곳을 공격합시다."

"이 곳은 예맥이 아닙니까?"

"그렇습니다. 먼저 예맥을 쳐서 성을 빼앗고 거점을 확보한 다음에 이 곳을 근거지로 고구려의 서쪽 영토를 점령하고 차근차근 진격해 가는 겁니다."

유주 자사 풍환과 현도 태수 요광이 수염을 쓰다듬으며 수긍하는 눈치였습니다.

한나라 군사들은 세 장수의 계획대로 예맥으로 쳐들어갔습니다. 예맥은 쉽게 함락되었습니다. 한나라 군사는 식량과 재물을 있는 대로 약탈한 뒤 예맥을 지배하고 있던 고구려의 관리들을 죽였습니다.

이 소식은 곧바로 태조왕의 귀에 들어가게 되었습니다.

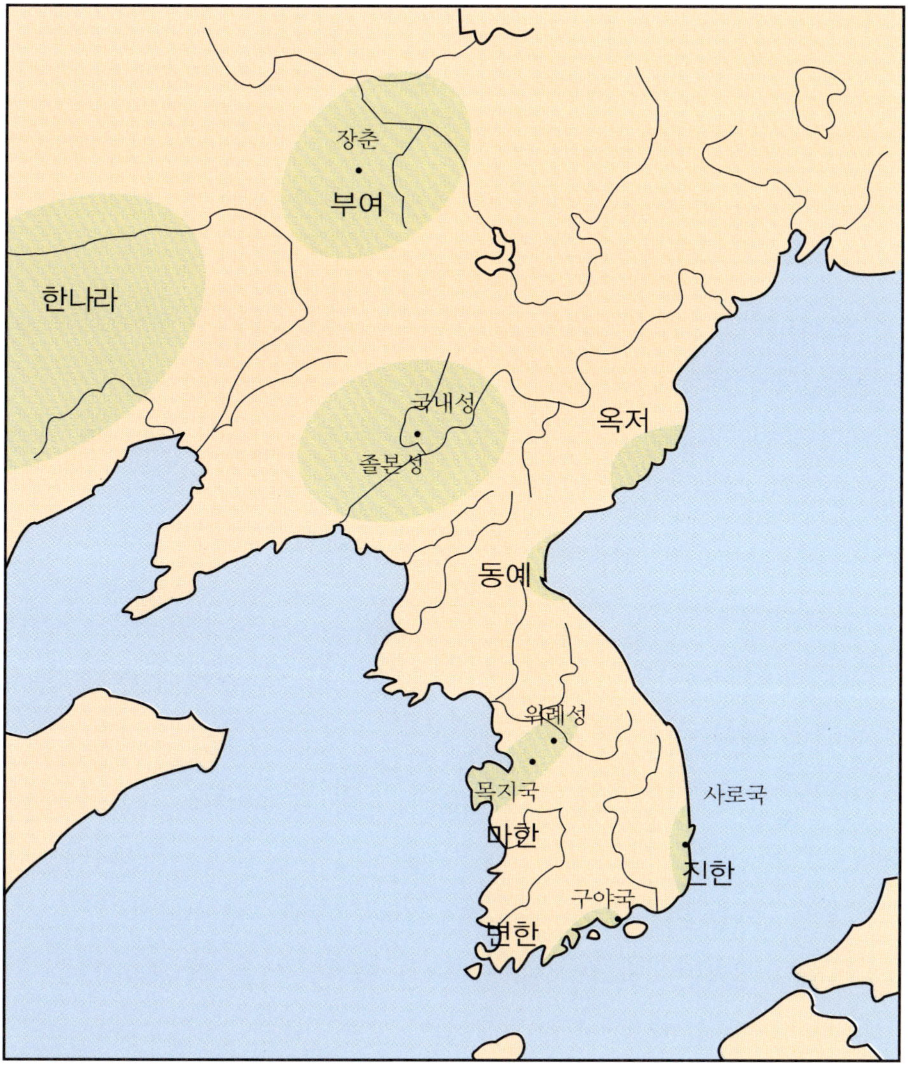

고구려가 성립될 당시의 나라들

한나라의 침입

"왕이시여, 큰일났습니다!"

"무슨 일인데 이토록 호들갑을 떠는 게냐?"

변방을 지키던 장수가 허겁지겁 궁궐 안으로 달려들자 태조왕이 호통을 쳤습니다. 대전의 가장 높은 곳에 앉아 있는 태조왕에게서는 아무도 근접할 수 없는 위엄이 느껴졌습니다.

"한나라 군사가 예맥을 점령한 뒤 식량과 재물을 빼앗고 관리들을 모두 죽였다 하옵니다."

태조왕의 기세에 눌린 장수가 흥분을 가라앉히고 보고를 했습니다.

"아니, 그렇다면 한나라 군사가 쳐들어왔단 말인가?"

"그러하옵니다."

"어허, 이거 큰일이군. 우린 싸울 준비가 안 되어 있는데 벌써 예맥을 빼앗기다니……."

여기저기서 신하들의 웅성거림이 들려 왔습니다. 그러나 태조왕은 얼굴 표정조차 바꾸지 않은 채 지그시 눈을 감았습니다.

그리고는 장수에게 물었습니다.

"한나라 군사는 얼마나 되더냐?"

"적어도 수만 명은 될 것입니다."

"그 많은 군사들이 지금은 어떻게 하고 있느냐?"

"예맥을 비롯한 서쪽 지방을 점령하고는 꼼짝도 안 합니다."

고구려 왕조 700년

신하들과 장수는 너무나 침착한 태조왕의 태도에 놀라움을 감추지 못했습니다.
　신하들은 뜨거운 물이라도 쏟은 것처럼 안절부절을 못하고 있었습니다. 그러나 태조왕은 근심하는 기색은 전혀 보이지 않고 보고하러 온 장수를 물러가게 했습니다.
　"왕이시여! 이 일을 어쩌면 좋습니까?"
　"빨리 군사들을 모으고 대책을 세워야 합니다."
　태조왕이 손을 들어 신하들의 쏟아져 나오는 말들을 가로막았습니다.
　"대책은 이미 세워져 있소."
　"아니 이제 막 보고를 들었는데 벌써 대책을 세우다니 그게 무슨 말씀이십니까?"
　"하하하, 그대들은 걱정 말고 나를 믿으시오."
　다음 날 태조왕은 신하들을 이끌고 궁궐 앞으로 나아갔습니다.
　궁궐 앞에는 태조왕의 동생인 수성이 군사들을 이끌고 왕의 명령을 기다리는 중이었습니다.
　하지만 신하들은 궁궐 앞에 모인 군사들을 보고 다시 한번 어안이벙벙해졌습니다.
　"아니, 군사들이 왜 이리 적지요?"
　"글쎄 말입니다. 잘해야 2천 명 정도 되겠는데요!"

한나라의 침입

어리둥절해 있는 신하들을 대표해 재상이 태조왕에게 물었습니다.

"왕이시여! 한나라 군사는 수만 명에 이르는데 어찌하여 우리 군사는 2천 명밖에 되질 않습니까?"

"싸움은 군사가 많다고 반드시 이기는 것은 아니오."

"그래도 이건……."

"내게 다 생각이 있으니 걱정은 그만 두시오."

태조왕은 신하들의 말을 가로막았습니다. 그리고는 수성과 군사들을 향해 소리쳤습니다.

"수성 장군과 그대들은 목숨을 바쳐 한나라 군사를 물리치고 나라를 구하라!"

태조왕의 명령을 받은 수성은 군사들을 이끌고 단숨에 서쪽으로 달려갔습니다.

수성은 한나라 군사의 진영에서 멀지 않은 곳에 방어 진지를 만들었습니다.

고구려 군사가 출병했다는 사실은 한나라 진영에 곧바로 알려졌습니다. 그런데 그 수가 너무 적다는 것에 모두들 놀랐습니다.

"고구려가 우리를 아주 무시하고 있군. 지금이라도 당장 쳐들어갑시다."

유주 자사 풍환이 얼굴이 벌겋게 달아올라 고함을 질러 댔습니

고구려 왕조 700년

다. 그 때 요동 태수 채풍이 풍환의 어깨를 잡으며 말했습니다.

"이것은 고구려의 작전이 틀림없습니다. 섣불리 공격해서는 안 됩니다."

"아니면 고구려 조정에 무슨 일이 생긴 것일 수도 있으니 조금 더 기다려 봅시다."

현도 태수 요광까지 채풍을 거들고 나서자 풍환도 어쩔 수 없이 시간을 두고 기다리기로 했습니다.

수성의 계략

한편, 고구려의 진영에서는 수성이 부하 장수를 모아 놓고 작전을 세우고 있었습니다.

"한나라 군사와 정면으로 맞서지 말고 싸우는 척만 하다가 후퇴하라."

"전쟁에 나와 싸우지 말고 달아나라니 그게 무슨 말씀이십니까, 장군?"

수성의 명령에 여러 장수들이 놀라 되물었습니다. 그러자 수성

수성의 계략

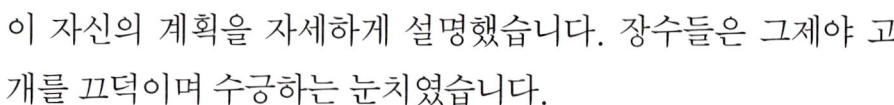

이 자신의 계획을 자세하게 설명했습니다. 장수들은 그제야 고개를 끄덕이며 수긍하는 눈치였습니다.

고구려군의 본격적인 작전은 다음 날부터 한나라 군사들이 먼저 쳐들어옴으로써 시작되었습니다.

한나라의 세 장수는 수만의 대군을 거느리고 고구려 진영을 위협해 들어왔습니다. 한나라 군사들이 보기에 고구려 군사의 사기는 엉망이었습니다. 훈련조차 제대로 받지 않은 듯 대열은 오합지졸로 엉켜 있었으며, 숫자는 겨우 2천 명 정도였습니다.

"누가 고구려 군사를 두고 용맹하다고 했소. 저들을 보니 모두가 헛소문이었군."

풍환이 코웃음을 치자 요광도 한 마디 거들었습니다.

"저런 얼간이 군대라면 승리는 뻔한 것이니 당장에 쳐부숴 버립시다."

세 장수가 손을 들어 명령을 내렸습니다.

"공격, 공격하라!"

드디어 명령이 떨어지자 한나라 진영에서는 우람한 체격의 장수 한 명이 말 위에 올라 칼을 뽑아든 채 달려나왔습니다. 이에 맞서 고구려 진영에서도 험악하게 생긴 장수가 나섰습니다.

두 장수는 서너 차례 칼을 부딪치며 불꽃을 번뜩였습니다.

"이얍, 받아라!"

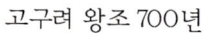

고구려 왕조 700년

　그러다 한나라 장수가 휘두른 칼에 고구려 장수의 투구가 벗겨지고 말았습니다. 그러자 고구려 장수는 겁을 먹었는지 말머리를 돌려 달아나는 것이었습니다. 그 장수의 뒤를 따라 고구려 군사들도 우르르 도망을 쳤습니다.
　한나라 군사들은 사기가 올라 당장에라도 고구려 군사들을 쫓아가려 했습니다. 그러자 요동 태수 채풍이 손을 들어 군사들을 막았습니다.
　"멈춰라! 숨은 작전이 있을지 모르니 쫓아가지 마라."
　"저런 오합지졸 군대에 무슨 작전이 있겠소. 단숨에 쳐 없앱시다."
　요광은 벌써 칼을 뽑아 들고 채풍을 재촉했습니다.
　"처음부터 무리할 필요 없소. 고구려 군사가 저 정도라면 언제라도 물리칠 수 있을 것이오."
　풍환과 요광은 채풍의 말을 받아들여 더 이상 고구려군을 뒤쫓지 않았습니다.
　그 날 밤, 한나라의 진영으로 고구려의 사신이 편지를 들고 찾아왔습니다.
　편지는 수성이 보낸 것이었습니다.

　　지금 고구려의 나라 안 사정은 망하기 직전입니다. 왕은 게을러 나

수성의 계략

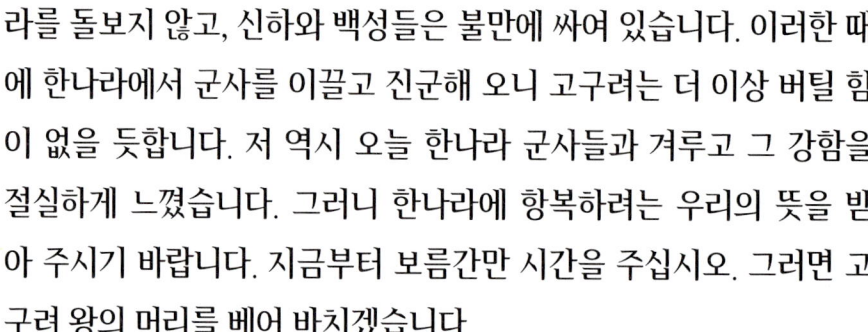

라를 돌보지 않고, 신하와 백성들은 불만에 싸여 있습니다. 이러한 때에 한나라에서 군사를 이끌고 진군해 오니 고구려는 더 이상 버틸 힘이 없을 듯합니다. 저 역시 오늘 한나라 군사들과 겨루고 그 강함을 절실하게 느꼈습니다. 그러니 한나라에 항복하려는 우리의 뜻을 받아 주시기 바랍니다. 지금부터 보름간만 시간을 주십시오. 그러면 고구려 왕의 머리를 베어 바치겠습니다.

"고구려에 이런 사정이 있었군."
"이것이 사실이라면 털끝 하나 다치지 않고 고구려를 손에 넣을 수 있겠구먼."
풍환과 요광은 편지를 보며 즐거워했습니다. 하지만 채풍의 얼굴은 그리 밝지 않았습니다.
"편지를 그대로 믿어서는 안 됩니다. 수성이 무슨 술수를 쓰는 것일 수도 있으니까요."
채풍은 다시 한 번 편지를 꼼꼼히 읽고 있었습니다.
"나라 사정이 이런데 수성에게 무슨 방법이 있겠소. 나 같아도 항복을 할 도리밖에 없을 것 같으니 채 태수는 너무 깊게 생각하지 마시오."
"현도 태수 말이 맞소. 수성의 말이 거짓이라면 어째서 한나라 수만 대군과 맞서야 하는 싸움에 고작해야 2천의 병사를 주었

고구려 왕조 700년

겠소."

풍환이 요광의 말에 동조했습니다.

두 장수의 주장에 채풍도 어쩔 수가 없었습니다.

한나라 세 장수는 마침내 수성의 항복을 받아들이고 보름 동안 기다려 보기로 했습니다.

"한나라가 우리의 계략에 말려들었으니 이 소식을 대왕께 전하라."

수성은 곧바로 병사를 보내 태조왕에게 이 사실을 알렸습니다.

"날쌘 병사 3천을 뽑아 수성 장군에게 보내라."

태조왕은 이 소식을 듣자마자 수성에게 증원군 3천을 보냈습니다.

고구려군이 싸우는 장면을 나타낸 전투도

수성의 계략

며칠 후 수성의 진영에 3천의 고구려 군사가 도착했습니다. 수성은 이 군사들을 이끌고 현도를 향해 떠났습니다.

현도에는 싸움을 할 만한 병사가 거의 없었습니다. 수성은 텅 비다시피 한 현도를 삽시간에 불바다로 만들어 버렸습니다.

"자, 현도성을 파괴했으니 요동성으로 가자."

수성은 요동성으로 갔습니다. 그 곳 역시 현도와 다를 바가 없었습니다.

"성곽을 부수고 모든 건물에 불을 붙여라!"

고구려 군사들은 수성의 명령에 따라 요동성을 잿더미로 만들어 버렸습니다.

자신들의 성이 한줌의 재로 변하고 있던 그 시간, 한나라 장수들은 술을 마시고 있었습니다.

"며칠 있으면 고구려가 우리 손에 들어올 것이니 미리 축하를 합시다."

"좋습니다. 싸움 한 번 제대로 못 해 봐서 영 싱겁기는 하지만 축하는 해야지요."

한나라 장수들은 수성이 곧 고구려 왕의 머리를 가지고 오리라 철석같이 믿으며 술잔을 부딪혔습니다.

그 때였습니다.

"장군, 큰일났습니다."

얼굴에 숯검정이 묻은 장수 하나가 막사로 뛰어들었습니다.
"아니, 너는 현도를 지키기 위해 남았던 장수가 아니냐?"
"네, 장군."
"그런데 네가 여기엔 웬일이냐?"
"고구려 군사의 공격을 받아 현도가 잿더미가 되었습니다."
현도 태수 요광의 가슴이 철렁 내려앉는 순간이었습니다. 요광은 들고 있던 술잔을 내팽개치고 군사들을 모아 서둘러 현도로 돌아갔습니다.
잠시 후, 또 다른 장수가 막사로 뛰어들었습니다. 그는 요동성에서 온 장수였습니다.
"지금 요동성이 불바다가 되었습니다."
채풍은 두 주먹을 부르르 떨며 풍환에게 소리쳤습니다.
"그러게 고구려 군사를 얕보아선 안 된다고 하지 않았소."
채풍은 자신의 군사를 모아 요동성으로 돌아갔습니다.
이제 남은 것은 유주 자사 풍환의 군사들뿐이었습니다. 풍환은 혼자 고구려 군사와 맞서 싸울 용기가 나지 않았습니다.
"으, 분하다! 내 꼭 다시 와서 오늘의 치욕을 갚고 말겠다."
풍환은 이를 갈며 말머리를 돌려 돌아갈 수밖에 없었습니다.
고구려의 승리가 알려지자, 지나가는 길마다 백성들이 나와 수성을 반겨 주었습니다.

수성의 계략

"수성 장군 만세!"

수성이 한나라 군사를 물리친 석달 뒤, 태조왕은 직접 8천 명의 군사를 거느리고 요동으로 쳐들어갔습니다. 요동성은 그 때까지도 무너진 성곽을 쌓느라 정신이 없었습니다.

태조왕은 손쉽게 요동성을 함락시켰습니다. 이 싸움에서 요동 태수 채풍은 고구려군의 화살을 맞아 목숨을 잃고 말았습니다.

수성, 왕위를 빼앗다

한나라 군사를 물리친 수성은 점차 세력을 키워 갔습니다. 그러다가 121년 11월에는 태조왕이 너무 늙어 자리에 눕게 되었습니다. 그러자 수성은 자신을 따르는 무리와 함께 정사를 마음대로 처리하기 시작했습니다.

'수성은 자기 고집대로만 행동하고 있어. 이를 견제해 줄 사람이 필요해.'

태조왕은 수성이 보다 폭넓은 정치를 할 수 있도록 하기 위해 자신이 가장 아끼고 가까이 두었던 신하인 목도루를 좌보에 고

복장을 우보에 임명했습니다.

　조정은 두 세력으로 갈라졌습니다. 한쪽은 수성을 왕으로 세우려는 미유, 어지류, 양신 등이었고, 다른 한쪽은 태조왕을 따르는 목도루와 고복장의 세력이었습니다.

　132년, 수성을 따르는 세력들은 사냥을 핑계로 한데 모이게 되었습니다. 그 자리에서 수성의 심복과도 같은 미유와 어지류가 드디어 불만을 터뜨렸습니다.

　"대군께서 정사를 돌본 지 벌써 10년이 넘었습니다. 그런데도 마냥 기다리게 하는 것은 왕께서 대군께 왕위를 물려줄 생각이 없다는 뜻이 아니겠습니까?"

　"강제로라도 왕위를 받아 내지 않으면 오히려 당하게 될 것입니다."

　그러자 이복동생 백고는 형제끼리 피를 흘려서는 안 된다며 수성을 막았습니다. 수성 역시 차마 태조왕에게 반역을 할 수가 없었습니다.

　"조금만 더 기다려 보기로 하자."

　수성은 부하들을 달래 다시 10여 년을 기다리게 되었습니다.

　그러던 어느 날 태조왕은 기이한 꿈을 꾸었습니다.

　태조왕이 자고 있는 방에 갑자기 호랑이가 뛰어들었는데, 뒤이어 표범이 나타나더니 그 호랑이의 꼬리를 물어뜯어 버리는 꿈

수성, 왕위를 빼앗다

이었습니다.

태조왕은 꿈 해몽을 하는 사람을 불렀습니다.

"모든 짐승의 왕인 호랑이는 대왕이고, 표범은 다른 왕족에 해당합니다. 표범이 호랑이의 꼬리를 끊었다 함은 곧 왕족 중 하나가 왕위를 노리고 일어나 대왕님의 자손을 해한다는 뜻이옵니다."

태조왕은 근심이 되어 고복장을 불러 자신이 왕위를 물려주어야 하는지를 물었습니다.

"마음을 굳게 다지시고 하시는 일에 전념하십시오."

태조왕은 고복장의 말에 위안을 받고 안심을 하게 되었습니다.

그러나 146년, 수성은 마침내 부하들과 한자리에 모여 속뜻을 드러내게 되었습니다.

"대군, 이제는 더 이상 기다릴 수 없습니다."

"좋소. 나도 자꾸만 늙어 가니 더 기다리지 않겠소. 여러분들이 나를 도와 주기 바라오."

"명령만 내리십시오. 충성을 다하겠습니다."

부하들이 모두 수성에게 머리를 조아리고 있을 때, 한 사람이 앞으로 나섰습니다.

"대군께서는 간신의 무리를 믿고 순리에 벗어나는 일을 하고 계십니다. 기다리시면 대왕께서 분명히 왕위를 물려주실 것입

고구려 왕조 700년

니다."

그 말을 들은 부하들이 버럭 화를 냈습니다.

"대군, 저자를 살려 두었다가는 저희가 위험할 것이니 죽이도록 하십시오."

"알아서 해라."

수성의 부하들은 그를 아무도 모르게 죽였습니다.

왕위를 빼앗으려는 움직임을 눈치챈 우보 고복장은 태조왕에게 찾아갔습니다.

"대왕, 수성이 일을 꾸미고 있사옵니다. 늦기 전에 그를 처벌하십시오."

그러나 태조왕은 아무런 말도 하지 않았습니다.

이렇게 수성을 지켜보고만 있자, 좌보 목도루는 병을 이유 삼아 벼슬자리를 내놓고 궁궐을 떠났습니다.

얼마 후, 왕위를 노리는 수성이 본격적으로 태조왕의 신하들을 죽이기 시작했습니다.

이를 지켜 볼 수만은 없었던 고복장은 태조왕을 찾아갔습니다.

"수성이 반란을 일으켜 신하들을 죽이고 있습니다. 이대로 가다간 저는 물론 대왕께서도 위태로워질 것입니다."

"나는 이미 늙었소. 형제간에 피를 보고 싶지 않으니 왕위를 수성에게 물려주겠소."

수성, 왕위를 빼앗다

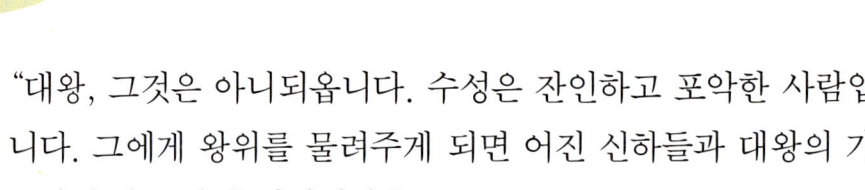

"대왕, 그것은 아니되옵니다. 수성은 잔인하고 포악한 사람입니다. 그에게 왕위를 물려주게 되면 어진 신하들과 대왕의 가족까지 화를 당할 것입니다."

고복장은 태조왕 앞에 엎드려 눈물로 수성이 왕위에 오르는 것을 막으려 했습니다.

그러나 태조왕은 146년 12월, 끝내 수성에게 왕위를 넘기고 별궁으로 물러났습니다.

금으로 만든 고구려의 장식물들

① 불꽃무늬 맞새김 금동관

② 귀고리, 금동관 장식 및 여러 가지 꾸미개

③ 금동관 장식

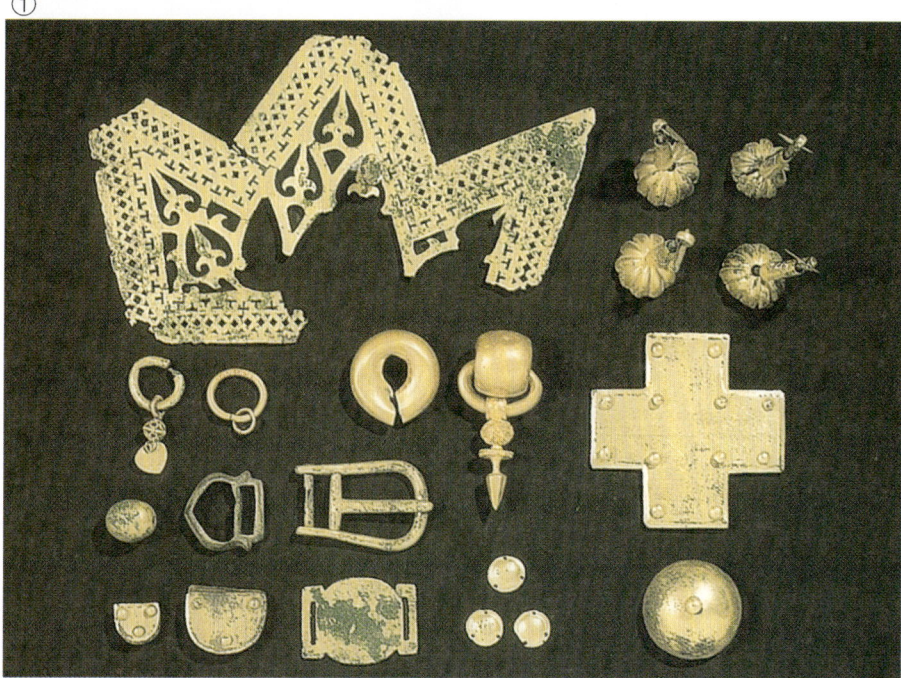

제 7 대
차대왕

(71~165년)
재위 : 146~165년

이름은 수성이며 태조왕의 동생입니다.

젊은 시절 영리하고 용감하여 한나라 군사를 지략으로 물리친 뒤 정사에 깊게 관여하게 되었습니다. 그후 신하들을 폭넓게 아우르는 포용력으로 세력을 키웠습니다.

146년 확대된 세력을 바탕으로 태조왕을 위협해 왕위를 강제로 물려받습니다.

그러나 왕이 된 이후 숨겨져 있던 잔인하고 포악한 성격이 드러나 태조왕의 아들인 태자와 충신 고복장을 죽입니다.

이후에도 나라는 보살피지 않고 온갖 포악한 짓을 일삼으며 자신의 영위만을 꾀하다가, 165년 연나부의 말단 관리로 있던 명림답부의 칼에 죽임을 당하게 됩니다.

잔인한 왕의 죽음

차대왕이 왕관을 쓰자마자 고구려의 조정에는 피바람이 불기 시작했습니다.

그의 잔인한 성격의 첫 표적이 된 것은 우보인 고복장이었습니다. 차대왕은 전부터 자신이 왕위에 오르는 것을 반대했던 고복장을 잡아들였습니다.

"나를 잔인하고 포악하다고 떠들다니 네가 죽기로 작정을 했구나."

고복장은 곧 죽게 될 것을 알아차렸습니다. 하지만 그는 조금의 굴함도 없이 차대왕에게 말했습니다.

"어진 신하를 죽이고 왕위를 강제로 빼앗는 것은 반역이다. 나는 파렴치한 너의 행동을 보고 그리 말한 것이다. 너와 같은 하늘 아래 사느니 차라리 죽음을 택하겠다."

"오냐, 네 뜻대로 해 주마. 당장 저자의 목을 쳐라."

고복장은 끝내 형장의 이슬로 사라졌습니다.

고복장을 처치한 차대왕은 자신의 심복들에게 중요한 자리를 내주었습니다. 그들은 태자를 없애도록 차대왕을 부추겼습니다.

"대왕마마, 태자를 살려 두었다가는 분명히 왕위를 노리고 반역을 꾀하게 될 것입니다."

차대왕은 신하들의 말을 듣고 148년 태조왕의 맏아들인 막근 태자를 죽였습니다. 그러자 태자의 동생인 막덕도 왕이 자신 역시 죽일 것이라고 생각하고 스스로 목을 매어 죽었습니다.

이 소식을 들은 별궁의 태조왕은 후회의 눈물을 흘렸습니다.

"내가 어리석어 충신 고복장과 두 아들을 잃었구나."

반대 세력이 없어지자, 차대왕은 그 포악함을 더 극명하게 드러냈습니다.

어느 날, 차대왕이 사냥을 갔는데 말을 타고 가는 그를 흰여우가 계속해서 따라오며 울어 대는 것이었습니다. 차대왕은 화살을 뽑아 흰여우를 향해 쏘았습니다. 그런데 흰여우는 달아나기는커녕 날아오는 화살을 입으로 잡아 내는 것이었습니다.

차대왕은 왕을 따라다니며 날씨와 하늘의 기운을 알아 내는 관리인 사무를 불렀습니다.

"흰여우가 나를 따라오며 우는 이유가 무엇이냐?"

사무는 하늘이 괴이한 짐승인 흰여우를 보내 왕이 자신의 행동

고구려 왕조 700년

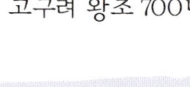

을 반성하도록 하려는 뜻이라고 전했습니다.

그러자 차대왕은 발끈 화를 내며 사무를 칼로 내리쳐 죽여 버렸습니다.

이런 일이 있은 후에도 이상한 일은 자꾸만 일어났습니다.

한낮에 일식이 일어나 하늘이 깜깜해지기도 하고, 산을 무너뜨리는 지진이 일기도 했습니다. 또 떠돌이별이 달을 가리고 북쪽 하늘에 혜성이 나타났습니다.

차대왕은 누군가 왕위를 노린다는 생각에 자꾸만 불안해졌습니다.

"네가 왕위를 노리고 있구나!"

그는 얼토당토하지 않은 트집을 잡아 신하들을 죽이는 등 날이 갈수록 포악해졌습니다.

그러다가 165년 별궁에 있던 태조왕이 숨을 거두었습니다. 태조왕마저 죽자, 나라를 걱정하는 신하들과 백성들은 크게 흔들렸습니다.

"이러다가는 고구려가 망하고 말 걸세."

"그러게 말일세. 누군가 차대왕을 없애지 않는다면 우리는 나라 잃은 백성이 되고 말걸."

연나부의 말단 관리와 다름없는 조의의 자리에 있던 명림답부의 생각도 이와 같았습니다.

잔인한 왕의 죽음

주공과 신하(수많은 신하를 거느린 행렬 모습에서 왕의 권력이 막강했음을 알 수 있음.)

그는 자신과 뜻을 같이하는 신하들을 모아 차대왕을 없앨 계획을 세웠습니다.

"왕에 대한 원성이 하늘을 찌르고 있소. 이러한 때에 목숨이 두려워 숨는 것은 비겁한 일이오. 우리가 힘을 합쳐 차대왕을 없앱시다."

그래서 명림답부와 신하들은 비밀리에 궁궐로 들어가게 되었습니다. 차대왕은 하루종일 마신 술에 취해 정신을 차리지 못하고 있었습니다.

"너희들이 무슨 일로 이 곳까지 왔느냐."

"백성과 하늘을 대신해 당신을 없애러 왔소."

명림답부는 서슬이 퍼런 칼을 뽑아 차대왕의 목을 쳤습니다.

차대왕이 비명 한 번 제대로 지르지 못하고 숨을 거두자, 그를 따르던 신하들도 하나둘 흩어지고 말았습니다.

이제 조정의 실제 권력은 명림답부가 차지했습니다. 그는 사람들을 모이게 하고 왕의 죽음을 알렸습니다. 그리고 여러 신하들의 뜻을 모아 태조왕의 동생인 백고를 왕으로 추대하기로 했습니다.

차대왕이 무서워 산 속에 숨었던 백고는 몇 번이나 왕위를 거절했지만, 신하들의 뜻에 의해 왕위에 오르게 되었습니다.

잔인한 왕의 죽음

제 8 대
신대왕

(89~179년)
재위 : 165~179년

이름은 백구, 또는 백고라 불렸습니다. 태조왕의 동생으로 차대왕이 죽자 좌보 어지류를 비롯한 신하들의 추대로 왕위에 올랐습니다.

차대왕이 왕위에 오르자 화가 미칠까 두려워 산 속에 숨을 만큼 소심한 면도 있었으나, 성품이 어질고 인자했습니다.

그는 빼어난 왕은 아니었으나 신하인 명림답부의 도움으로 나라를 안정시키고 한나라의 침입도 큰 피해 없이 막아 냈습니다.

신대왕은 한나라의 침입을 막아 낸 명림답부가 죽었을 때 7일 동안이나 정사를 돌보지 않고 20명의 묘지기를 두어 그의 무덤을 지키게 할 만큼 신하에 의지한 왕이었습니다.

명림답부가 죽은 지 3개월 뒤인 179년 신대왕도 숨을 거두었습니다.

신하의 시대

　77세의 나이로 왕위에 오른 신대왕은 신하들이 그를 왕으로 추대할 때 땅바닥에 엎드려 세 번 절을 하면서 거부하기도 할 만큼 왕의 자리에 욕심이 없었습니다.
　신대왕은 모든 백성과 신하들이 서로 어울려 살아가기를 바랐습니다. 그래서 왕위에 오르는 날 가벼운 죄를 지은 백성들을 모두 풀어 주었습니다.
　"나도 죄가 많은 사람이다. 그런 내가 어찌 백성들에게 죄를 물을 수 있으랴. 그러니 과거에 가벼운 죄를 지은 자는 풀어 주고 이제부터는 나라를 일으키는 데 힘쓰도록 하라."
　차대왕이 죽자 산 속으로 달아났던 차대왕의 태자 추안도 이 소식을 듣고 신대왕을 찾아왔습니다.
　차대왕이 조카 막근 태자를 죽인 것과는 반대로 신대왕은 추안

이 살아갈 수 있도록 두 곳의 땅을 주고 양국군에 봉했습니다.

그리고 차대왕을 죽인 명림답부를 좌보와 우보의 권한을 합친 자리인 국상으로 임명해 정사를 이끌도록 했습니다.

고구려의 첫 국상이 된 명림답부는 신대왕을 도와 어진 정치를 펴 나라를 안정시켰습니다.

그러던 중 172년, 고구려는 한나라의 침입을 받게 되었습니다.

한나라는 나라 안 상황이 어렵고 선비와 부여에서 자꾸 국경을 넘어 침입해 오자, 고구려를 먼저 치기 위해 공격을 해 온 것이었습니다.

신대왕은 대책을 마련하기 위해 명림답부를 비롯한 신하들을 불러모았습니다.

"한나라 군사를 막아 낼 방법을 말해 보도록 하시오."

신대왕의 말에 한 신하가 허리를 굽신거리며 말했습니다.

"대왕, 우리 나라의 지형을 이용하면 쉽게 물리칠 수 있을 것입니다."

"지형을 이용한다고?"

"그렇습니다. 우리 나라는 산이 험하고 길이 좁아 많은 수의 군사가 이동하기엔 어려움이 많습니다. 그러니 우리 군사들로 하여금 길목을 지키고 있다 공격을 하게 하면 될 것이옵니다."

신대왕은 한참 생각을 한 뒤 국상인 명림답부에게 물었습니다.

132

고구려 왕조 700년

"국상의 생각도 그러하오?"
명림답부가 대답했습니다.
"그 말도 옳으나 그리하면 우리 군사도 적지 않은 피해를 볼 것입니다."
"그러면 어찌해야 한단 말이오."
"적이 강하면 물러서고, 약하면 제압하는 것이 좋은 방법입니다. 지금 한나라 군사는 먼길을 오기는 했으나 수도 많고 사기

고구려의 성산 산성(험준한 산을 이용하여 튼튼한 성을 쌓아 어떤 공격에도 쉽게 함락되지 않음.)

신하의 시대

도 높습니다. 잠시 기다렸다가 약해진 뒤에 싸우십시오."

명림답부는 주변의 모든 곡식을 거두어 성 안에 모은 뒤, 성벽을 높이 쌓고, 성 주위에는 도랑을 판 뒤 성문을 굳게 걸어 잠갔습니다.

한나라 군사는 고구려까지 단숨에 달려왔습니다.

그러나 고구려 땅에는 텅 빈 집들뿐이었습니다. 그런데다 성을 공격하려고 도랑을 건너려고 하면 수많은 화살이 날아왔습니다.

추위와 배고픔으로 한나라 군사들의 사기는 땅에 떨어지고 더 이상 견딜 수 없게 되자, 서둘러 물러나기 시작했습니다.

이 소식을 들은 명림답부는 자신이 직접 군사를 이끌고 한나라 군사를 쫓아갔습니다.

"모두 없애라!"

고구려 군사는 좌원이라는 곳에서 한나라 군사의 뒤를 공격했습니다. 지칠 대로 지친데다가 지형에도 익숙하지 않은 한나라 군사들은 칼 한 번 제대로 휘두르지 못하고 쓰러져 갔습니다.

고구려의 대승이었습니다. 한나라 군사는 이 싸움에서 전멸하고 말았습니다.

신대왕은 전쟁에서 승리한 명림답부에게 땅을 내려주었습니다. 이 때 명림답부의 나이는 106세였습니다.

막강한 권력을 가지고 있으면서도 백성과 임금을 위해 신하의

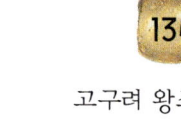

고구려 왕조 700년

도리를 지켰던 명림답부는 179년 113세의 나이로 죽었습니다.

그의 죽음을 누구보다도 슬퍼한 신대왕은 크게 슬퍼하며 7일 동안 조회를 열지 않았습니다. 그리고 명림답부가 묻힌 곳에 20명의 묘지기를 두어 그의 무덤을 지키도록 명했습니다.

명림답부를 잃은 신대왕은 끝내 슬픔을 떨치지 못하고 세 달 뒤에 숨을 거두고 말았습니다.

그 때 그의 나이는 91세였습니다.

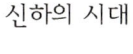

옥저는 어디에 있었나?

옥저는 부여를 이루고 있던 예맥족의 일부가 세운 부족 사회였습니다.

위치는 지금의 함경도 동해안 일대에 있었으며, 56년경 고구려에 신하의 나라로 속하게 되었습니다.

산을 등지고 바다를 향해 펼쳐진 넓은 땅은 비옥하여 농사짓기에 적합하였습니다. 풍요로운 수확을 거둘 수 있었기 때문인지 정이 많고 정직한 사람들이 많았습니다.

옥저의 군사들은 강하고 용감했는데 창을 잘 다루었습니다.

옥저의 혼인 풍습은 고구려와 정반대였습니다. 열 살이 되기 전에 약혼을 한 여자는 성인이 될 때까지 신랑 집에서 지낸 다음 혼인을 했습니다.

혼인을 하기 전에 여자는 다시 친정으로 돌아가고, 신랑 집에서는 돈을 지불한 후에 다시 여자를 데려올 수 있었습니다. 이는 여자가 시집을 와서 하게 될 일의 대가였습니다.

옥저에는 골장제라는 풍습도 있었습니다. 골장제는 옥저의 대표적인 풍습으로 시체를 뼈만 남을 때까지 임시로 매장했다가 나중에 관 속에 안치하는 제도였습니다.

함경도 지방에 남아 있는 옥저의 옛 성터

쏙쏙 역사 상식

고구려의 풍습(처가살이 하는 남자들)

고구려에서는 결혼을 할 때 양가 부모의 승낙을 받게 되면 먼저 약혼을 하게 되어 있었습니다.

약혼이 이루어지면 신부집에서는 본채 뒤에 작은 별채를 지었습니다.

'사위의 집'이라고 하는 이 집은 신랑이 머물게 될 곳이었습니다.

결혼식날, 신랑은 해질 무렵에 신부 집 문 앞에 이르러 자기의 이름을 밝히고 절을 한 다음 큰 소리로 신부를 청했습니다.

결혼을 하여 신부와 함께 행복하게 살겠노라는 내용이었습니다.

그러면 동네 사람들이 우르르 신부 집 앞으로 몰려나와 신랑을 구경하면서 두 사람의 행복을 빌어 주었습니다.

마을 사람들에게 둘러싸인 가운데 신랑은 신부와 잠을 자게 해 달라고 다시 청하고 신부의 부모는 못 이기는 척 신랑의 청을 받아들였습니다.

마침내 신부의 부모가 허락을 하게 되면 신랑은 신부의 집에서 마련해 둔 '사위의 집'에 들어가 신부와 첫날밤을 지내게 되었습니다.

이 때 신랑이 가져온 돈과 폐백은 '사위의 집' 옆에 쌓아 두었습니다.

무사히 결혼한 신랑은 이 '사위의 집'에서 아이를 낳고, 그 아이가 다 자란 후에야 아내를 데리고 집으로 돌아갈 수 있었습니다.

역 사 풀 이

1. 모본왕이 죽은 후 그의 아들이 왕위에 오르지 못한 이유는 무엇인가요?
   ① 성질이 괴팍하고 잔인해서
   ② 스스로 왕이 되길 거부했기 때문에
   ③ 모본왕의 복수를 할 것 같아 신하들이 반대해서
   ④ 군사를 모으다 실패해서

2. 고구려 역사상 가장 오랫동안 왕위에 있었던 왕은 누구인가요?
   ① 모본왕
   ② 태조왕
   ③ 차대왕
   ④ 신대왕

3. 5천의 군사로 한나라의 대군을 물리친 계략을 짠 사람은 누구인가요?
   ① 수성   ② 풍한   ③ 채풍   ④ 명림답부

4. 수성이 왕위를 빼앗으려 하자 태조왕은 어떻게 했나요?

   _____

5. 차대왕의 잔인한 성품을 알아채고 왕위 계승을 반대하다 죽임을 당한 충신은 누구인가요?
   ① 고복장
   ② 목도루
   ③ 어지류

역사 풀이

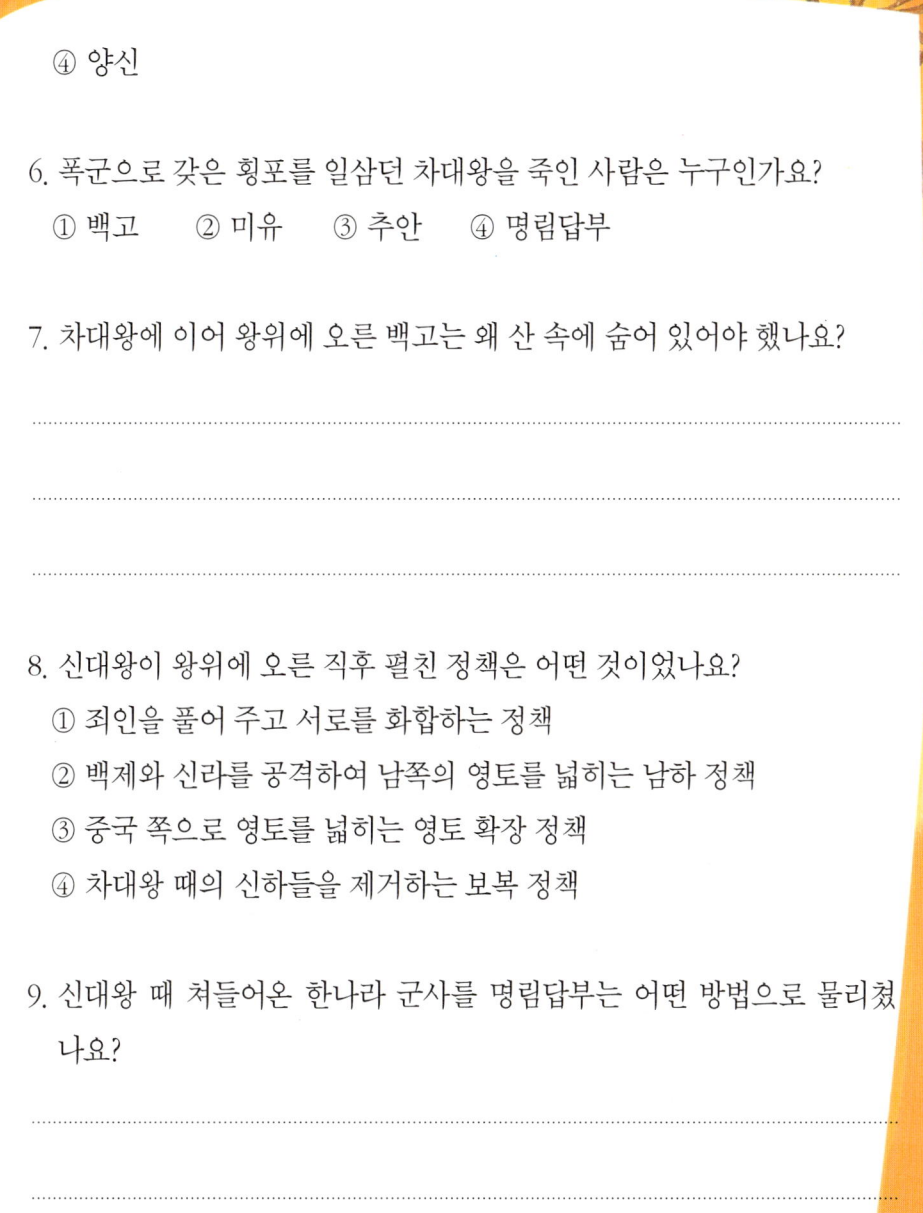

　　　④ 양신

6. 폭군으로 갖은 횡포를 일삼던 차대왕을 죽인 사람은 누구인가요?
　　① 백고　　② 미유　　③ 추안　　④ 명림답부

7. 차대왕에 이어 왕위에 오른 백고는 왜 산 속에 숨어 있어야 했나요?

　　　
　　　
　　　

8. 신대왕이 왕위에 오른 직후 펼친 정책은 어떤 것이었나요?
　　① 죄인을 풀어 주고 서로를 화합하는 정책
　　② 백제와 신라를 공격하여 남쪽의 영토를 넓히는 남하 정책
　　③ 중국 쪽으로 영토를 넓히는 영토 확장 정책
　　④ 차대왕 때의 신하들을 제거하는 보복 정책

9. 신대왕 때 쳐들어온 한나라 군사를 명림답부는 어떤 방법으로 물리쳤나요?

제 9 대
고국천왕

(?~197년)
재위 : 179~197년

　　이름은 남무라 하며 신대왕의 둘째 아들로 국양왕이라고도 합니다.
　　고국천왕은 초기에 형제와 외척의 반란으로 어지러웠던 나라를 잘 다스려 왕권을 안정시키고, 그 동안 독립되었던 각 부족을 왕의 밑에 두도록 고구려의 제도를 바꾸었으며 이로 인해 왕권이 강화되었습니다.
　　184년 한나라 요동 태수의 침입을 좌원에서 막아 싸워서 크게 이겼습니다.
　　또한 인재를 중요시 여겨 부족에 관계 없이 등용했으며, 명재상으로 일컫는 을파소에게 국상의 벼슬을 내려 백성을 위한 정치를 폈습니다.
　　을파소는 구휼 제도인 진대법을 펴 백성들이 편안히 살 수 있도록 노력했습니다.
　　나중에 고국천왕이 죽고 난 뒤 왕위를 형제에게 물려주는 방법이 문제가 되어, 고구려는 왕위 계승 방법이 형제 상속에서 부자 상속으로 바뀌게 되었습니다.

반란을 진압하다

"발기 왕자는 불초하여 왕의 자질이 모자랍니다. 그러니 둘째인 남무 왕자가 왕위를 이어야 합니다."

신대왕이 죽자 고구려의 가장 중요한 나라일을 결정하는 모임인 제가 회의가 열렸습니다.

신하들은 이 모임에서 신대왕의 둘째 아들인 남무를 왕으로 세웠습니다.

남무는 키가 9척으로 무쇠솥을 번쩍번쩍 들어올릴 만큼 힘이 장사였습니다. 거기다 현명함과 너그러움을 갖추고 있어 모두 그를 왕으로 삼자는 의견에 찬성을 했습니다.

그러나 첫째 왕자인 발기는 달랐습니다.

"왕위는 당연히 내 것인데 어째서 남무에게 돌아간단 말이냐?"

발기는 크게 화를 내며 소나부로 갔습니다.

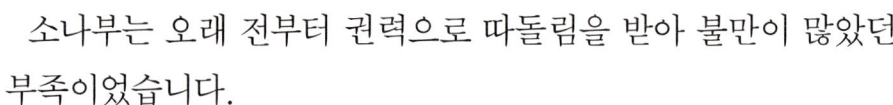

　소나부는 오래 전부터 권력으로 따돌림을 받아 불만이 많았던 부족이었습니다.

　발기는 소나부의 3만여 가구를 이끌고 요동 태수인 공손강에게 투항했습니다. 그러나 공손강은 발기의 투항을 거절하여 돌려보냈습니다.

　발기는 어쩔 수 없이 다시 고구려로 발길을 돌려 비류수 상류에 머물게 되었습니다.

　고국천왕은 발기가 반란을 도모했다는 것을 알았으나 그를 벌하지 않았습니다. 오히려 그를 용서하여 요동에 정착하여 살 수 있도록 해 주었습니다.

　고국천왕은 관대함과 현명한 판단력으로 나라를 잘 다스렸습니다.

　184년 한나라의 요동 태수가 군사를 이끌고 고구려를 침입했습니다.

　고국천왕은 동생인 계수를 시켜 한나라 군사를 막도록 했으나 그가 패배하자 손수 군사를 이끌고 나가 좌원이라는 곳에서 적을 물리쳤습니다.

　이 싸움이 고국천왕이 외침을 막아 낸 유일한 전쟁이었습니다.

　고국천왕은 비교적 편안하게 나라를 이끌어 갔습니다. 하지만 그에게도 골칫거리가 있었습니다.

그것은 왕후의 일가 친척이 함부로 날뛰어 백성들로부터 원성을 듣는 것이었습니다.

고국천왕은 왕위에 오른 다음 해, 연나부 족장 우소의 딸을 왕비로 맞아들였습니다. 그런데 왕비의 친척들 중에 중외대부의 벼슬에 패자를 겸하고 있던 어비류와 평자 좌가려 등은 백성들의 집과 땅을 빼앗고, 자녀를 약탈하는 등 온갖 횡포를 일삼았습니다.

이를 안 고국천왕은 화를 냈습니다.

"지금이라도 당장 그들을 없애는 것이 좋겠지만, 연나부의 군사력이 워낙 막강하니 계획을 치밀하게 세워야 할 것이오."

왕이 왕후의 외척을 없애려 한다는 소식을 들은 어비류와 좌가려는 4개의 부족을 모아 고국천왕을 없애기로 했습니다.

"우리 부족이라고 왕이 나오지 말란 법은 없다."

"왕을 죽여라!"

이들은 191년 군사를 모아 고국천왕이 있는 도성을 공격했습니다. 그러나 그들의 힘으로 고국천왕을 쓰러뜨리는 것은 무리였습니다.

"괘씸한 것들, 감히 반역을 꾀하다니……."

고국천왕은 이들의 난을 진압하고, 관련자를 철저하게 잡아 내 죽이거나 귀양을 보냈습니다.

반란을 진압하다

명재상 을파소와 진대법

외척의 반란을 물리친 고국천왕은 관리를 천거하는 신하들에게 말했습니다.

"요즘에 왕실과 인연이 있다 해서 관직을 받은 자들이 직책을 덕행으로 수행하지 않아 그 해독이 백성들에게 미치고 우리 왕실까지 흔들었도다. 이는 과인이 명철하지 못한 탓이니 동서남북의 사부에서는 현명하고 양심적인 사람을 추천하라."

고국천왕의 명을 받은 사부의 신하들은 모두 입을 모아 안류라는 사람을 추천했습니다.

그러나 왕 앞에 불려 온 안류는 정중하게 왕의 청을 거절했습니다. 대신 안류는 좌물촌에 있는 을파소를 추천했습니다.

압록 골짜기의 좌물촌이라는 곳에서 일생 동안 농부로 지내 온 을파소는 성품이 강직하고 지혜로웠습니다. 그는 유리왕 때 대신이었던 을소의 손자였습니다.

고국천왕은 을파소를 불렀습니다.

"그대의 높은 학식과 덕망은 내가 이미 들어서 알고 있소."

"보잘것 없는 저에게 그런 칭찬을 해 주시니 몸둘 바를 모르겠습니다."

"그대에게 우태의 벼슬을 줄 터이니 나라를 위해 일을 해 주시오."

우태라는 자리는 그다지 높지 않은 벼슬이었으나, 을파소는 이를 정중하게 거절했습니다.

"이 몸은 우둔하여 대왕께서 내리신 명을 감당할 수가 없사옵니다. 그러니 현명한 인물을 등용하시어 높은 자리를 주고, 그로 하여금 큰일을 이루도록 하시옵소서."

사실 을파소는 이미 나라일을 돌보기로 마음먹고 있었습니다. 그러나 우태라는 자리를 가지고서는 자신의 뜻을 마음대로 펴볼 수 없다고 여겨 그렇게 고한 것이었습니다.

이러한 을파소의 속뜻을 알아차린 고국천왕은 그에게 가장 높은 벼슬인 국상의 자리를 내주었습니다.

가문의 힘도 없고, 그 동안 조정에 들어와 벼슬을 했던 경력도 없는 을파소를 국상으로 임명하자 주위의 신하들은 어이가 없었습니다.

"어디서 굴러 온지도 모르는 을파소에게 최고 관직을 주다니 말도 안 돼."

"우리가 힘을 모아 을파소를 쫓아 냅시다!"

신하들은 모함을 통해 을파소를 쫓아 내려고 했습니다.

이런 움직임을 알아차린 고국천왕은 크게 화를 내며 모든 신하

명재상 을파소와 진대법

들에게 엄명을 내렸습니다.
"누구든 국상의 정책에 복종하지 않는 자는 일족을 없애 버릴 것이니 그리 알아라!"
고국천왕의 믿음을 바탕으로 드디어 을파소의 개혁 정치가 시작되었습니다.
"때를 만나지 못하면 숨어 지내고, 때를 만나면 세상에 나아가 벼슬을 하는 것이 선비로서 떳떳한 일입니다. 대왕이 저를 믿고 큰 힘을 주니 모든 일에 성심을 다할 것입니다."
을파소는 먼저 백성의 생활이 나아지도록 하기 위해 저수지를 만들고 황무지를 개간하는 등 농업을 일으켰습니다. 또한 나라의 기강을 바로잡기 위해 상과 벌을 엄격히 했습니다.
국상 을파소의 현명하고 바른 정치로 고구려는 점차 안정되어 갔습니다.
194년은 고국천왕이 왕위에 오른 지 16년이 되는 해였습니다. 그런데 그 해 여름에 때아닌 서리가 내려 농작물에 많은 피해를 입자 백성들은 굶주림으로 고통을 받게 되었습니다.
'대왕께서 농사를 지어 본 적이 없으니 굶주리는 백성들의 고통을 어찌 알겠는가?'
을파소는 사냥을 갔다 돌아오는 길에 이렇게 생각하고는 고국천왕에게 고했습니다.

고구려 왕조 700년

"이렇게 밖에 나오게 되었으니 백성들의 살림을 살펴보시는 게 어떨는지요?"

"좋은 생각이오."

고국천왕은 흔쾌히 허락하며 민가가 있는 쪽으로 말머리를 돌렸습니다.

그 때 청년 하나가 마을로 들어가는 길 옆에서 서럽게 울고 있는 것을 보았습니다. 고국천왕은 그 청년에게 물었습니다.

"무슨 일로 그토록 슬피 우는 게냐?"

젊은이가 대답했습니다.

"저는 집이 어려워 지금까지 품을 팔아서 어머니를 모셨습니다. 그런데 올해는 흉년이 들어 품조차 팔 수 없게 되었습니다. 굶고 계신 어머니를 보고도 쌀 한 톨 구할 수 없는 처지를 생각하다 보니 저절로 눈물이 나서 그만……."

그 말을 듣고 난 고국천왕은 한탄을 했습니다.

"백성이 이런 지경이 될 때까지 나는 뭘 하고 있었단 말인가?"

젊은이에게 옷과 음식을 주고 궁궐로 돌아온 고국천왕은 을파소와 함께 헐벗은 백성을 도울 방법에 대해 의논을 했습니다.

그 자리에서 을파소는 어려운 백성을 구할 방법으로 진대법을 내놓았습니다.

"진대법은 춘궁기인 3월에서 7월 사이에 나라에서 백성에게

고구려인들의 생활 모습을 담은 벽화(부엌과 고기 저장고 등의 집안 풍경을 통해 고구려인들의 주거 문화와 생활 방식을 알 수 있음.)

곡식을 빌려 주었다가 수확한 후인 10월에 갚게 하는 제도입니다."

고국천왕은 을파소의 뜻을 받아들여 진대법을 실시했습니다.

그리고 백성들의 살림을 보살피는 데 더욱 노력을 기울여 가난한 사람과 과부, 홀아비, 고아, 병든 노인 등을 찾아서 도와 주도록 했습니다.

고구려 왕조 700년

　을파소는 혁신적인 정치와 어진 마음씨로 백성을 위해 많은 일을 하여 고구려 역사상 가장 존경받는 재상이 되었습니다.
　203년, 을파소는 백성들의 아쉬움을 뒤로 한 채 숨을 거두었습니다.

제 10 대
산상왕

(?~227년)
재위 : 197~227년

　이름은 연우 또는 이이모입니다. 고구려의 제8대 왕이었던 신대왕의 아들이며, 제9대 왕인 고국천왕의 동생입니다.
　고국천왕이 아들 없이 죽게 되자, 왕후였던 우씨의 도움으로 연우가 왕위에 올랐습니다.
　이 일로 하여 형인 발기가 앙심을 품고 요동 태수 공손도에게서 군사 3만을 얻어 고구려로 쳐들어왔습니다.
　산상왕은 막내인 계수를 시켜 이를 막게 했습니다. 발기는 이 싸움에서 패하여 자살했습니다.
　209년 10월에 산상왕은 고구려의 수도를 지금의 중국 퉁커우 지방 지안 현인 환도로 옮겼습니다.
　217년 8월에 한나라 평주의 하요가 천여 가구의 백성을 거느리고 와서 항복했습니다. 그러자 산상왕은 그들을 받아들여 훈춘 지방의 책성이라는 곳에서 살게 했습니다.

왕후 우씨와 형제들의 왕위 다툼

고국천왕이 숨을 거두었을 때, 그의 죽음을 지키고 있었던 사람은 왕비인 우씨 부인뿐이었습니다. 그 날 우씨는 신하들을 모두 돌려보내고 혼자서 왕을 지켰습니다.

자식이 없었던 고국천왕은 유언도 남기지 못하고 눈을 감았습니다. 이 사실이 알려졌을 경우 왕위를 놓고 다툼이 일 것은 뻔한 일이었습니다.

그러한 상황을 누구보다도 잘 알고 있는 왕후 우씨는 숨을 거둔 고국천왕 앞에서 잠시 생각에 잠겼습니다.

'이렇게 허망하게 왕비 자리에서 물러날 수는 없어.'

고국천왕에게는 형인 발기, 동생인 연우와 계수가 있었습니다. 우씨 부인은 시녀에게 고국천왕이 죽었다는 사실을 절대 비밀로 하도록 이른 뒤 형인 발기를 찾아갔습니다.

"아니, 이 밤중에 어인 일로 절 찾아오셨습니까?"

못마땅한 얼굴로 우씨 부인을 맞은 발기가 퉁명스럽게 말했습니다.

"대왕께서 돌아가셨습니다. 그런데 뒤를 이을 아들이 없으니 왕위는 당연히 시숙께서 물려받아야 옳을 것으로 알고 이렇게 찾아왔습니다."

우씨 부인의 말을 들은 발기는 더욱 언짢은 표정을 지었습니다. 발기는 우씨 부인이 죽지도 않은 고국천왕을 두고 역모를 꾸미는 것으로 생각했습니다.

"그게 무슨 말씀이십니까? 돌아가시지도 않은 왕을 두고 왕위를 논하다니요. 그렇지 않아도 우 왕후의 친정 일가들이 설치는 바람에 말이 많습니다. 게다가 이런 밤중에 아녀자 혼자 나다니다니 다른 사람들이 뭐라고 하겠습니까?"

발기가 매몰차게 대하자, 우씨 부인은 자신도 모르게 얼굴이 빨개지고 말았습니다.

창피한 마음에 얼굴을 가린 채 서둘러 발기의 집을 빠져 나온 우씨 부인은 고국천왕의 동생인 연우의 집으로 향했습니다.

연우는 우씨 부인이 온다는 소식을 듣고는 의복을 입고 마중을 나오는 등 발기와는 다르게 정성을 다해 맞이했습니다.

"이 밤중에 무슨 일이십니까?"

고구려 왕조 700년

연우가 정중하게 물었습니다.

"대왕께서 아무런 유언도 남기지 않고 돌아가셨습니다."

"그게 정말입니까?"

"네. 저는 어찌해야 할지 몰라 형님인 발기의 집에 갔습니다. 그런데 제 말을 듣지도 않고 꾸짖기만 하더군요. 그래서 여기로 오게 된 것입니다."

연우는 우씨 부인의 마음을 재빨리 알아차렸습니다.

"아, 그러셨군요. 제가 돌보아 드릴 터이니 마음 놓고 쉬십시오."

연우는 우씨 부인을 위로하기 위해 음식을 준비하고 직접 고기를 썰다 손을 베고 말았습니다.

연우의 손가락에서 피가 흐르는 것을 본 우씨 부인은 얼른 허리에 매고 있던 치마끈을 찢어 손을 묶어 주었습니다.

그 날 밤, 연우는 우씨 부인을 궁궐까지 바래다 주었습니다.

그리고 헤어지기 전에 우씨 부인은 연우의 품에 안긴 채 물었습니다.

"당신이 왕이 되면 전 어떻게 될까요?"

그러자 연우는 그녀의 어깨를 감싸 주며 의미 있는 말을 남겼습니다.

"걱정할 것이 무엇입니까? 제가 왕이 되면 당신은 왕후가 될

것인데……."

다음 날 우씨 부인은 신하들이 모인 자리에서 말했습니다.

"어젯밤 대왕께서 돌아가시면서 왕위를 연우 왕자로 하여금 이어가도록 유언을 남기셨습니다."

연우는 우씨 부인의 도움으로 왕위에 올라 산상왕이 되었고, 우씨 부인은 또다시 왕후로 봉해졌습니다.

연우가 왕이 되었다는 소식이 전해지자, 발기는 곧 군사를 일으켜 궁궐로 쳐들어갔습니다.

"이놈, 연우야. 네가 내 왕위를 빼앗다니 하늘이 두렵지도 않느냐!"

당황한 산상왕은 어쩔 줄을 몰랐습니다.

그러자 우씨 부인은 성문을 걸어 잠그고 대항하지 않도록 했습니다.

발기는 사흘 동안 성을 포위한 채 산상왕의 처와 자식을 죽였습니다. 그런데도 산상왕이 전혀 움직이지 않자, 발기는 백성들에게 억울함을 호소했습니다. 그러나 모두 헛수고였습니다.

성을 공격하기에는 군사의 수가 적음을 깨달은 발기는 그 길로 요동 태수 공손도를 찾아가 3만의 군사를 청했습니다.

고국천왕 때 요동성을 잃은 공손도는 고구려를 차지할 좋은 기회라 여겨 흔쾌히 군사를 내주었습니다.

발기는 한나라 군사를 이끌고 다시 쳐들어왔습니다.

산상왕은 일이 걷잡을 수 없이 커지자, 막내 동생인 계수를 불렀습니다.

"형과 싸우긴 싫으나 일이 이렇게 되었으니 어찌하면 좋겠느냐?"

"제가 나가 싸우겠습니다."

계수는 왕위를 잃은 발기의 마음은 이해했지만, 남의 나라 군대를 끌어들여 나라를 위태롭게 하는 것은 용서할 수가 없었습니다.

계수는 군대를 이끌고 나아가 발기의 군사를 물리쳤습니다. 결국 발기는 동생인 계수에게 무릎을 꿇고 말았습니다.

"계수야, 너는 어찌하여 왕위를 빼앗은 연우의 편을 들어 나를 죽이려는 것이냐?"

"왕실의 법도를 따르지 않은 연우 형님도 잘못입니다. 그러나 요동의 오랑캐를 끌어들여 조국을 범하는 것은 더 큰 잘못입니다."

발기는 그제야 자신의 잘못을 깨닫고는 스스로 목숨을 끊었습니다.

계수는 형의 시체를 개천가에 묻어 주고 슬프게 울었습니다.

이 이야기를 들은 산상왕은 불쾌한 마음에 계수를 탓했습니다.

왕후 우씨와 형제들의 왕위 다툼

그러자 계수는 조금의 굴함도 없이 산상왕에게 말했습니다.

"대왕께서는 왕위를 형에게 양보하는 것이 왕실의 미덕이었으나 그리하지 않아 백성들에게 형제 간의 우애 없음을 보였습니다. 거기다 어쩔 수 없는 사정이기는 했으나 형을 죽음에 이르게 하기도 했습니다. 백성들이 대왕에게 덕이 없다고 생각하지 않겠습니까? 그래서 장례를 후하게 지내 주면 백성들이 대왕을 어진 분이라 생각할 것이라는 마음에서 그리한 것입니다."

계수의 말을 듣고 난 산상왕은 부끄러움에 고개를 떨구었습니다. 그리고 죽은 발기의 시신을 거두어 왕의 예로써 배령이라는 곳에 후하게 장례를 치러 주었습니다.

이리하여 왕위를 둘러싼 문제는 모두 해결이 되었습니다.

하지만 산상왕은 백성들의 비난을 피할 길이 없었습니다. 거기다 우씨 부인의 친척들이 중심이 된 외척들의 간섭도 무시할 수 없었습니다.

이를 해결하기 위해 산상왕은 을파소와 상의를 하여 도읍을 옮기기로 했습니다.

때마침 한나라는 혼란한 상황으로 힘이 약해져 있었습니다. 산상왕은 이 기회를 이용하여 영토를 넓히고 민심을 돌리려 했습니다.

203년 을파소가 죽어 산상왕은 한때 어려움을 겪기도 했으나

고구려 왕조 700년

도읍을 옮길 계획을 밀고 나가 209년 마침내 고구려의 도읍을 국내성에서 환도성으로 옮겼습니다.

주통촌 처녀

우여곡절 끝에 부부가 되긴 했지만 산상왕은 우씨를 지극히 사랑했고, 우씨 역시 산상왕을 진심으로 따랐습니다. 하지만 둘 사이에는 왕위를 이을 자식이 없었습니다.

산상왕은 자신이 형제들과 피 흘리는 싸움 끝에 겨우 왕위에 올랐기 때문에 더더욱 형제가 아닌 자식에게 왕위를 넘겨 주고 싶었습니다.

산상왕은 매일같이 하늘에 기도를 올렸습니다.

산상왕이 신하들을 데리고 높은 산에 올라가 아들을 낳게 해 달라고 제사를 지내고 온 날이었습니다.

산상왕은 피곤해서인지 몸을 뉘자마자 잠이 들었는데, 그 때 이상한 꿈을 꾸게 되었습니다.

꿈 속에서 수염이 하얀 산신령이 나타나더니 근엄한 목소리로

주통촌 처녀

슬픔에 빠진 산상왕을 타이르는 것이었습니다.

"후궁을 얻게 되면 그녀가 아들을 낳아 줄 것이다."

"네? 후궁을 들이라고요?"

산상왕은 고개를 들며 산신령에게 되물었습니다. 그런데 산신령은 어느 새 하얀 안개 속으로 사라지고 없었습니다.

잠에서 깨어난 산상왕은 기이한 꿈을 우씨 부인에게 말하고 싶었습니다. 하지만 우씨 부인의 도움으로 왕이 된 산상왕으로서는 다른 여자를 후궁으로 들이겠다는 말을 할 수가 없었습니다.

산상왕은 이제나저제나하며 시간을 보내야 했습니다.

얼마 뒤 208년 11월의 어느 날이었습니다. 그 날은 하늘에 제사를 지내기 위한 준비가 한창이었습니다.

"제물로 쓸 멧돼지는 잘 매어 두었느냐?"

제사에 쓰이는 제물을 관리하는 담당관이 일을 거드는 사람에게 물으며 뒤를 바라보았습니다. 바로 그 순간, 말뚝에 매어져 있던 멧돼지가 줄을 끊고 달아나는 것이었습니다.

"아니, 저런……, 잡아라! 멧돼지를 잡아라!"

제물 담당관은 까무러치게 놀라며 멧돼지를 쫓아갔습니다. 제물로 쓸 멧돼지를 놓치는 것은 목이 달아날 일이었습니다.

멧돼지는 사람들의 손을 요리조리 피해 마을을 벗어났습니다. 목숨이 위태롭게 된 신하들은 죽을 힘을 다해 멧돼지를 쫓아갔

우물에서 물을 긷고 있는 고구려 여인

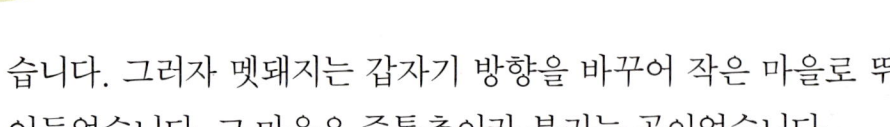

습니다. 그러자 멧돼지는 갑자기 방향을 바꾸어 작은 마을로 뛰어들었습니다. 그 마을은 주통촌이라 불리는 곳이었습니다.

　주통촌은 순식간에 아수라장이 되었습니다. 그런 소동이 벌어지자 우물가에서 물을 길어 오던 아낙네, 농사일을 돌보던 사내들은 물론 코흘리개 어린아이까지 우르르 몰려나왔습니다.

　그 중에는 스무 살 가량의 어여쁜 처녀도 끼여 있었습니다.

　"무슨 일이죠?"

　"제사에 쓸 멧돼지가 달아났는데 도무지 잡을 수가 없구려."

　제사 담당관은 하얗게 질린 얼굴로 처녀를 바라보았습니다.

　"제가 한 번 잡아 볼까요?"

　"날쌘 장정들도 못 잡는 멧돼지를 아가씨가 어찌 잡는단 말이오."

　"글쎄요. 그건 두고 봐야 알 일이지요."

　처녀는 빙그레 미소를 지어 보이더니 멧돼지가 달아난 쪽으로 뛰어갔습니다.

　그런데 처녀의 발걸음이 어찌나 빠른지 마치 번갯불이 하늘을 가르는 것 같았습니다.

　처녀는 순식간에 멧돼지를 앞질러 가 두 손을 벌리고 기다렸습니다.

　"얍, 잡았다!"

고구려 왕조 700년

처녀는 짧은 기합 소리를 내며, 달려오는 멧돼지의 목을 붙잡아 번쩍 들어올렸습니다. 멧돼지는 처녀의 센 힘에 기가 눌려 꼼짝을 못 했습니다.

"자, 이 멧돼지가 맞지요."

처녀는 제물 담당관에게 멧돼지를 건넸습니다.

"정말 대단하군요. 어쨌든 큰 신세를 졌습니다."

제물 담당관은 몇 번이고 고맙다는 인사를 하고 돌아왔습니다.

그 날 저녁 산상왕은 신하들로부터 이 이야기를 들었습니다.

산상왕은 멧돼지를 잡은 처녀가 어떤 여인인지 몹시 궁금했습니다. 유리왕 때에도 달아난 멧돼지가 인도하는 곳을 따라갔다가 고구려의 서울이 될 만한 자리를 발견하는 좋은 일이 생겼기 때문이었습니다.

"미복을 가져오너라."

밤이 되자 산상왕은 미복을 차려입고 궁궐 밖으로 나섰습니다. 미복이란 임금이나 높은 관리가 남모르게 거리에 나가 민심을 살피고자 할 때 신분을 숨기기 위해 입는 평범한 옷이었습니다.

산상왕은 신하 한 명만 데리고 멧돼지를 잡았다는 처녀의 집을 찾아갔습니다.

"여보시오, 안에 누구 없소?"

"이 밤중에 뉘시오?"

주통촌 처녀

"댁의 따님을 보고자 하는 분이 있어 모셔 왔소이다."
"대체 짐승들까지 모두 잠든 깊은 밤에 시집도 안 간 내 딸을 보고자 하는 자가 누구요?"
처녀의 아버지는 기분이 상했는지 신하에게 퉁명스럽게 물었습니다.
"그 분은 왕이십니다. 왕께서 댁의 따님을 보고자 합니다."
"아이고, 왕께서 무슨 일로 보잘것 없는 저희를 찾아오셨습니까?"
왕이라는 소리에 갑자기 태도가 바뀐 처녀의 아버지는 머리를 조아리며 집 안으로 산상왕을 인도했습니다.
"오늘 네 딸의 이야기를 듣고 어떤 아이인지 보고 싶어 들렀노라."
산상왕의 말을 들은 처녀의 아버지가 딸을 불렀습니다.
잠시 후 처녀는 산상왕 앞에 불려 나왔습니다. 처녀를 본 산상왕은 그녀에게 물었습니다.
"이름이 무엇이냐?"
"후녀라 하옵니다."
"후녀라? 이름이 특이한데 무슨 사연이라도 있느냐?"
처녀는 숙였던 고개를 들며 차분하게 자신의 이름에 얽힌 이야기를 들려 주었습니다.

처녀의 부모는 매우 다정했습니다. 그런데 결혼한 지 몇 해가 지나도록 아이가 없었습니다. 처녀의 어머니는 아이를 갖게 해 달라며 정성을 다해 기도를 올렸습니다.

그 날 밤, 처녀의 어머니는 꿈을 꾸게 되었습니다. 하늘에서 어여쁜 선녀가 내려오더니 그녀의 품으로 들어가는 꿈이었습니다.

얼마 뒤, 처녀의 어머니는 아이를 갖게 되었습니다.

그런데 어느 날 점쟁이가 찾아오더니 '딸을 낳으면 왕후가 될 것이오' 라는 말을 남기고는 홀연히 사라졌습니다.

그리하여 왕후가 될 여인이라는 뜻에서 처녀의 이름이 후녀가 되었다는 이야기였습니다.

처녀는 발그레해진 얼굴로 산상왕에게 말했습니다.

"왕이시여, 어쩐 일로 저를 찾으셨는지요?"

"신하에게 낮에 있었던 이야기를 듣고 네게 마음이 끌려 이 곳에까지 오게 되었구나."

처녀는 왕의 말이 무엇을 뜻하는지 알아차렸습니다.

"제가 대왕의 아들을 낳으면 어찌하실 작정이신지요?"

"만약 네가 아들을 낳는다면 그 아이를 태자로 삼을 것이다. 그러면 너는 왕후가 되겠지."

그 날 산상왕은 밤 늦게까지 처녀와 함께 있다가 새벽이 되어서야 궁궐로 돌아왔습니다.

주통촌 처녀

산상왕이 주통촌의 처녀를 만났다는 소문은 삽시간에 세상으로 퍼져 나갔습니다. 그러나 궁궐 담장이 아무리 높다고 해도 우씨 부인의 귀까지 막을 수는 없는 법, 이듬해 3월 우씨 부인도 이 사실을 알게 되었습니다.

우씨 부인은 너무나 분한 나머지 가슴을 쳤습니다.

"누구 덕분에 왕이 되었는데 나 몰래 다른 여자를 만나다니……. 당장에 대왕이 만난 여자를 없애 버려라!"

우씨 부인은 후녀를 없애기로 하고 병사를 보냈습니다.

아기를 가진 후녀는 자신의 운명이 어떻게 될지도 모른 채 잠을 자고 있었습니다.

그런데 꿈 속에서 수염과 머리카락이 하얀 노인이 나타나더니 다짜고짜 소리를 치는 것이었습니다.

"여기 있으면 목숨을 잃게 될 것이니 어서 달아나거라!"

소스라치게 놀라 잠에서 깨어난 후녀는 어머니 앞에 엎드렸습니다.

"제 목숨을 노리는 사람이 있어 떠나야겠습니다."

"뭐라고? 네가 뭘 잘못했다고 목숨을 빼앗으려 한단 말이냐."

어머니는 눈물을 흘리며 후녀를 붙잡았습니다.

"어머니, 걱정 마세요. 아기를 위해 피하는 것뿐이에요."

후녀는 남자의 복장으로 차려입고 집을 나섰습니다.

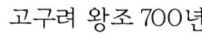

고구려 왕조 700년

　어머니는 어둠 속으로 사라져 가는 딸을 걱정하며 손을 흔들었습니다. 그런데 어머니가 딸을 향해 흔들던 손을 채 내리기도 전에 말발굽 소리가 들리더니 병사들이 들이닥쳤습니다.
　"네 딸은 어디 있느냐?"
　병사들의 고함 소리를 들은 후녀는 온힘을 다해 달아났습니다.
　그러나 병사들은 미리 후녀가 지나갈 길목으로 앞질러 가 그녀를 잡았습니다.
　"발칙한 것, 네가 달아나면 우리가 못 잡을 줄 알았더냐."
　병사를 이끄는 장수가 말에서 내려 후녀 앞에 우뚝 섰습니다. 그리고 칼을 뽑아 그녀의 목을 겨누었습니다.
　"네가 운이 없어 이렇게 된 것이니 날 원망하지 말아라!"
　장수가 칼을 번쩍 치켜들고 후녀의 목을 치려 할 때였습니다.
　"멈춰라! 내 몸 속엔 왕자가 자라고 있다!"
　"뭐라고?"
　장수가 멈칫하며 칼을 내려놓았습니다.
　"나를 죽이라고 한 자가 누구냐? 왕이냐, 아니면 왕후냐? 만약 왕이 아니라면 내가 죽음으로써 이 나라의 왕자도 죽게 될 것이니 너희들도 살아 남지 못할 것이다."
　후녀의 말에 겁을 먹은 병사들은 발길을 돌리고 말았습니다.
　일이 뜻대로 되지 않자 우씨 부인은 더욱더 화가 나 다시 한

주통촌 처녀

번 병사들을 보냈습니다.

그러나 이번에는 산상왕이 나서서 병사들을 가지 못하게 막았습니다.

산상왕은 후녀를 만나 그녀의 뱃속에 있는 아기가 자신의 아기임을 확인했습니다. 산상왕은 무척이나 기뻐하며 우씨 부인을 찾아갔습니다.

"당신을 생각하는 내 마음은 변함이 없소. 주통촌의 처녀가 아이를 낳으면 당신의 아들로 할 터이니 걱정하지 마시오."

산상왕의 진심어린 말을 듣고 난 우씨 부인은 그제야 노여움을 풀었습니다.

그 해 9월 산상왕은 꿈 속의 신령이 말한 대로 아들을 얻게 되었습니다.

산상왕은 매우 기뻐하며 후녀를 소후로 맞아들였습니다. 그리고 태어난 아기에게는 교체라는 이름을 지어 주었습니다.

교체는 교제(제사)에 쓸 돼지를 잡으려다 알게 되어 낳은 아이라는 뜻이었습니다.

고구려 시대의 항아리와 토기

①

②

① 고구려인들이 사용하던 토기

② 소박하면서도 고구려인의 기상이 느껴지는 항아리

동예는 어떤 나라였나?

동예는 고대에 한반도 중부 동해안 지역에 살았던 종족이었습니다.

이들은 스스로 고구려와 같은 족속이라고 생각했습니다. 실제로도 복장만 조금 달랐을 뿐 같은 말을 썼고 풍속도 비슷했습니다.

하지만 다른 사람들은 동예에 함부로 들어갈 수가 없었습니다. 3세기에도 동예는 산과 하천을 경계로 하여 다른 나라와 구분되어 있었습니다.

만약 다른 사람이 동예의 땅으로 허락 없이 들어오게 되면 소나 말을 바치도록 하거나 노예가 되어야 했습니다.

이것은 동예가 국가의 형태로 발전하지 못하고 여전히 부족 공동체로 남아 있었다는 것을 보여 줍니다.

동예의 사람들은 주로 농사를 지었으며, 마를 이용한 옷감과 명주솜을 만들기도 했고, 비단을 만드는 양잠 기술이 발달했습니다.

이들은 농사의 작황을 별자리 관찰로 점쳐 알아보았고, 매년 10월에는 하늘에 제사 지내고 밤낮으로 음식과 술을 마시며 노래 부르고 춤추는 제천 행사인 무천을 열었습니다.

동예의 청동 항아리

쏙쏙 역사 상식

고구려의 풍습(형수를 아내로 맞는 형사취수제)

형사취수제는 형이 죽게 되면 동생이 형수를 아내로 삼는 고대의 풍습을 말합니다. 이것은 동생이 먼저 죽게 되어도 마찬가지였습니다.

이러한 제도는 부여뿐 아니라 고구려, 동예, 옥저 등 아시아 지역에 널리 퍼져 있었습니다.

형사취수제는 남편을 잃은 여자가 다른 종족으로 시집 가는 것을 막기 위한 제도였습니다.

유목 사회의 남자들은 많은 정복 전쟁들을 겪으면서 일찍 죽는 일이 많았습니다. 때문에 남편을 잃은 여자들이 많이 생겨났는데, 이 여자들이 다른 종족에게 시집을 가게 되면 재산과 노동력을 한꺼번에 잃게 되기 때문이었습니다.

이 제도는 유목 생활을 하는 사회에서 재산과 종족을 보존하기 위해 여자들을 계속해서 자기 종족의 사회 안에 묶어 두려는 목적을 가지고 있었던 것입니다.

고구려의 왕 중에서 형수를 왕비로 삼은 왕에는 산상왕이 있습니다.

역사 풀이

1. 중앙 집권을 확립하기 위해 각 지방의 자치 조직인 나부를 중앙 행정 조직으로 바꾼 왕은 누구인가요?
   ① 차대왕   ② 신대왕   ③ 고국천왕   ④ 산상왕

2. 고국천왕 때 반역을 꾀한 두 신하는 누구인가요?
   ① 좌가려와 어비류
   ② 양신과 미유
   ③ 고복장과 목도루
   ④ 마로와 괴유

3. 나라를 이끌어 갈 뛰어난 인재를 쓰기 위해 고국천왕은 어떠한 명령을 내렸나요?

   ....

   ....

4. 명재상 을파소의 건의로 실시한 법으로 봄에 곡식을 빌려 주었다가 겨울에 돌려받는 빈민 구제책은 무엇인가요?
   ① 우대법   ② 진대법   ③ 환곡법   ④ 공제법

5. 고국천왕이 갑자기 죽자 부인인 우씨는 맨 먼저 누구를 찾아갔나요?
   ① 발기   ② 연우   ③ 계수   ④ 남무

역사 풀이

6. 우씨 부인은 왜 고국천왕의 형제들을 찾아갔나요?

   ....

   ....

7. 고국천왕에 이어 왕후 우씨의 도움을 받아 왕위에 오른 사람은 누구인가요?

   ....

8. 형이 죽으면 그의 부인을 동생이 아내로 삼는 고대 풍습을 무엇이라고 하나요?
   ① 민며느리제
   ② 데릴사위제
   ③ 제정일치제
   ④ 형사취수제

9. 산상왕은 고구려의 도읍을 국내성에서 어디로 옮겼나요?
   ① 졸본성
   ② 국내성
   ③ 환도성
   ④ 평양성

제 11 대
동천왕

(209~248년)
재위 : 227~248년

이름은 우위거, 어렸을 때는 교체라 불렸습니다.

산상왕의 아들로 동양왕이라고도 합니다.

동천왕은 너그러움과 덕행으로 신하들과 백성들로부터 존경을 받았습니다.

242년, 동천왕은 위나라의 서안평을 공격하다가 유주자사로 있던 관구검에게 반격을 당해 환도성을 빼앗긴 채 왕기 장군에게 쫓겨 남옥저로 달아나는 상황에 처했습니다.

이 때 동천왕은 목숨이 위태로운 지경에까지 이르렀으나 용감하고 충성스러운 장수 밀우와 유유의 계책으로 적을 물리칠 수 있었습니다.

그러나 환도성은 너무나 심하게 파괴되어 247년에 도읍을 평양성(장수왕 때의 평양성과는 다름)으로 옮겨야 했습니다.

신라와 화친을 맺은 248년, 40세의 나이로 그가 세상을 떠났을 때 많은 신하들이 따라 죽었습니다.

너그러운 마음씨

213년, 산상왕의 아들 교체는 우씨 부인의 반대에도 불구하고 다섯 살에 태자가 되었습니다. 그리고 14년 뒤인 227년 산상왕에 이어 동천왕으로 고구려의 왕위를 잇게 되었습니다.

그가 왕위에 오른 뒤에도 우씨 왕후는 동천왕이 아끼는 말의 갈기를 자르거나 하녀들로 하여금 수라상에 오르는 국물을 쏟게 하는 등 못마땅함을 드러냈습니다. 그러나 동천왕은 우씨 왕후를 태후로 봉하고 외척들도 너그럽게 대했습니다.

그토록 동천왕을 괴롭히던 우씨 왕후도 234년 죽음을 맞게 되었습니다.

"내가 덕이 모자라 고국천왕에게 큰 죄를 지었소. 죽어서도 그 분을 뵐 면목이 없으니 나를 산상왕 곁에 묻어 주시오."

동천왕은 유언대로 우씨 부인을 산상왕 곁에 묻어 주었습니다.

그런데 다음 날 나라의 무당이 동천왕을 찾아왔습니다.
"간밤에 고국천왕이 제게 찾아오셨습니다."
"무엇 때문에 그대를 찾아왔단 말이오?"
"고국천왕께서 어제 우씨 왕후가 산상왕 곁에 묻힌 것을 보고 산상왕과 크게 싸우셨다고 합니다. 그러고 나서 생각하니 백성들 보기가 민망하다고 무덤 주변을 가려 달라고 하셨습니다."
이 말을 들은 동천왕은 고국천왕의 무덤 주변에 일곱 겹으로 소나무를 심었습니다.

고구려의 위기

동천왕 때 중국은 위, 촉, 오 세 나라가 먼저 주도권을 잡기 위해 싸움을 벌이고 있었습니다.

동천왕은 234년에 위나라에 사신을 보내 화친을 맺었습니다. 그러자 2년 뒤인 236년 2월, 오나라의 손권이 고구려에 사신을 보내 국교를 맺자고 제의해 왔습니다.

아무런 대답 없이 여섯 달을 보낸 동천왕은 돌연 손권이 보낸 사신의 목을 베어 위나라에 보냈습니다. 이것은 고구려가 오나라와 국교를 맺지 않을 것이며, 위나라와 화친을 계속 유지하겠다는 뜻이었습니다.

"뭐, 우리 오나라 사신의 목을 베어 위나라에 보냈다고!"

이 사실을 알고 화가 난 손권은 당장 고구려를 치려 했습니다.

그러나 위나라의 공격을 막아 내야 하는 상황이었으므로 섣불리 군사를 움직일 수 없었습니다. 손권은 직접 고구려를 치는 방법을 버리고 요동 지방의 실제적인 지배자였던 공손연과 손을 잡고 위나라와 고구려를 견제하기로 했습니다.

위나라로부터 요동 태수의 벼슬을 받고 있던 공손연은 오나라와 꾐에 넘어가 군사를 일으켜 나라를 세우고 스스로를 연왕이라 칭하게 되었습니다.

그러자 위나라는 238년 사마의를 보내 공손연과 그 아들의 목을 베었습니다. 동천왕도 1천여 명의 군사를 보내 위나라를 도왔습니다. 동천왕이 이 싸움에 군사를 보낸 것은 위나라의 군사력을 가늠해 보기 위해서였습니다.

요동 정벌에서 어느 정도 자신감을 얻은 동천왕은 위나라 군이 철수하기를 기다렸다가 242년 요동 서안평을 점령했습니다.

동천왕은 크게 기뻐하며 승리를 축하했습니다. 그러나 득래 장군만은 위나라와의 전쟁을 위험한 일로 여겼습니다. 득래 장군

고구려의 위기

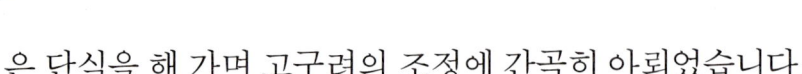

은 단식을 해 가며 고구려의 조정에 간곡히 아뢰었습니다.

"우리 고구려는 위나라에 비해 군사도 적을 뿐더러 경험도 없습니다. 그러니 위나라와 일부러 전쟁을 해서는 안 됩니다."

그러나 승리에 취해 있던 고구려 사람들은 아무도 득래 장군의 말을 듣지 않았습니다.

"머지않아 이 땅에는 쑥대만 무성하게 자랄 것이다."

득래 장군은 끝내 이 말만을 남긴 채 죽고 말았습니다.

위나라는 고구려의 공격에 바로 대응하지 않았습니다. 오나라와 촉나라가 연합하여 위협해 오기 때문이었습니다.

하지만 4년 뒤인 246년, 득래 장군의 말대로 위나라는 유주 자사로 있던 관구검에게 군사를 주어 고구려를 치도록 했습니다.

동천왕은 먼저 공격을 하여 기선을 제압하자는 신하들의 의견을 받아들여 현도군을 거쳐 진격해 오는 관구검의 군사와 비류수 계곡에서 전투를 벌였습니다.

이 싸움에서 낯선 지형에 당황한 관구검은 3천 명이나 되는 병사의 목을 고구려군에게 바쳐야 했습니다.

고구려군은 이어 양맥골에서도 3천의 위나라 군사를 죽음으로 몰아넣었습니다.

"하하하, 관구검이 위나라의 명장이라더니 이제 그의 목숨은 나의 손에 달려 있도다!"

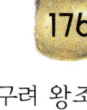

　큰 승리에 취한 동천왕은 2만 명의 군사를 이끌고 관구검을 쫓았습니다.
　"비굴하게 살아 남느니 죽기를 각오하고 싸워라!"
　관구검은 목숨을 아끼지 않고 싸울 것을 명령한 뒤, 명장답게 동천왕이 예상하지 못한 전술을 펼쳤습니다.
　그 결과 고구려 군사 1만 8천이 목숨을 잃고 말았습니다.
　수많은 군사를 잃은 동천왕은 철기군 1천여 명만을 거느리고 압록강 위쪽으로 달아나야 했습니다.
　관구검은 병사가 없는 고구려 땅을 제 마음대로 휘젓고 다니며

환도 산성에서 내려다본 압록강 쪽 전경

고구려의 위기

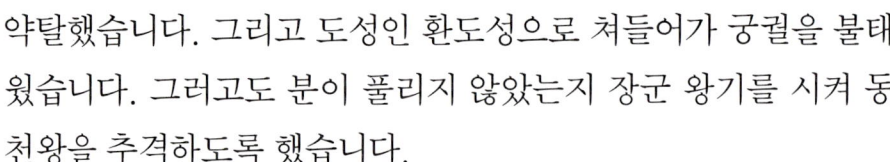

약탈했습니다. 그리고 도성인 환도성으로 쳐들어가 궁궐을 불태웠습니다. 그러고도 분이 풀리지 않았는지 장군 왕기를 시켜 동천왕을 추격하도록 했습니다.

"고구려 왕을 쫓아 그의 목을 가져와라!"

왕기는 죽령이라는 곳에서 마침내 동천왕과 만나게 되었습니다. 동천왕이 이끄는 고구려군은 그 때 이미 산산이 흩어져 거의 사라져 버렸고, 동부 출신의 장수인 밀우만이 왕을 호위하고 있었습니다.

"대왕마마, 적군의 추격을 벗어날 수가 없사옵니다. 제가 나아가 막을 것이니 그 사이 몸을 피하십시오."

밀우는 결사대를 모아 적진으로 뛰어들었습니다.

그는 적들을 이리저리 유인하며 용감하게 싸웠습니다. 그 사이 동천왕은 다른 곳에서 흩어진 병사들을 모아 새롭게 진영을 갖추었습니다. 멀리서 용감하게 싸우는 밀우의 모습을 안타깝게 바라보던 동천왕이 말했습니다.

"누구든 밀우를 구해 오는 사람에게는 후한 상을 주겠다."

동천왕의 마음을 헤아린 하부 출신의 유옥구가 나섰습니다.

"신이 가도록 하겠습니다."

유옥구는 쏜살같이 달려가 피투성이가 되어 쓰러져 있는 밀우를 구해 왔습니다. 동천왕은 안타까운 마음으로 밀우를 안아 바

닥에 내려놓고는 정성껏 상처를 닦아 주었습니다.

얼마 뒤 정신을 차린 밀우는 자신이 왕의 무릎을 베고 있다는 것을 알고 깜짝 놀랐습니다.

"그대가 나를 살렸소. 이 은혜 평생 잊지 않겠소."

밀우의 도움으로 한순간의 위기는 넘겼지만, 왕기는 추격을 늦추지 않았습니다.

"대왕마마, 적군이 코앞에까지 다가왔습니다. 어서 몸을 피하십시오."

동천왕은 서둘러 남옥저로 향했습니다. 하지만 적군은 더욱더 맹렬한 기세로 쫓아왔습니다.

"아, 더 이상 갈 곳이 없구나. 끝내 항복을 해야 한단 말인가?"

절망에 빠진 동천왕 앞에 동부 사람인 유유가 나섰습니다.

"이대로 가다가는 적에게 잡히고 말 것입니다."

"그러니 어찌하면 좋단 말이오?"

"제게 왕기를 죽일 계략이 있사옵니다."

"그것이 무엇이오?"

유유는 동천왕에게 자신의 계략을 말했습니다.

"제가 먹을 것을 가지고 왕기를 만나겠습니다. 대왕께서 항복을 하기로 했다면서 음식을 내어 놓으면 적은 방심을 하게 될 것이옵니다. 그 때 제가 왕기를 찔러 죽이겠습니다."

고구려의 위기

"하지만, 그러다가는 그대의 목숨이……."
동천왕은 말을 잇지 못했습니다.
"이래도 죽고, 저래도 죽게 되었으니 제게 맡겨 주십시오."
유유는 음식을 챙긴 뒤 적진으로 향했습니다.
"하하하, 왕이 항복을 한다니 목숨만은 살려 주도록 하겠소."
오랫동안 전장에서 싸우느라 맛있는 음식을 보지 못한 왕기는 경계심을 풀고 음식을 받았습니다.
순간 유유는 식기 밑에 숨겼던 칼을 꺼내 왕기의 가슴을 찔렀습니다. 그리고 나서 유유도 스스로 목숨을 끊었습니다. 장수를 잃은 위나라 군사들은 우왕좌왕하며 어찌할 바를 몰랐습니다. 결국 위나라 군사들은 고구려군에 쫓겨 낙랑으로 달아나고 말았습니다.
동천왕은 유유의 희생 덕분에 다시 환도성으로 돌아올 수 있었습니다. 그러나 환도성은 관구검의 약탈과 방화로 이미 폐허가 되어 있었습니다.
오래 전 득래 장군이 예견했던 대로 위나라에 짓밟힌 고구려 전체가 잡초들로 무성하게 덮여 있었던 것입니다.
동천왕은 할 수 없이 도성을 평양성으로 옮겼습니다. 그리고 목숨을 걸고 자신을 구한 밀우, 유유, 유옥구 등에게 많은 상을 내렸습니다.

고구려 왕조 700년

5미터가 넘는 북쪽 성벽(환도 산성 중 가장 높은 곳)

　동천왕은 전쟁의 패배를 끝내 털어 버리지 못하고 왕위에 오른 지 22년 만인 248년 마흔 살의 나이로 죽고 말았습니다.
　그러나 성품이 너그럽고 인자했던 동천왕은 백성들로부터 존경을 받았습니다. 그가 죽었을 때 능 앞에 와서 죽은 신하들이 너무 많아, 모두 장례를 지내 주지 못하고 땔감으로 쓰는 풀로 덮어 주었다고 합니다.

고구려의 위기

제 12 대
중천왕

(224~270년)
재위 : 248~270년

이름은 연불이며 동천왕의 맏아들입니다.

24세의 나이로 왕위에 오른 중천왕은 왕위에 오르자마자 절노부 출신의 연씨와 혼인을 올렸습니다.

전쟁에 지고 나라를 완전히 일으켜 세우지 못한 채 동천왕이 죽자 왕위를 둘러싼 형제들의 다툼도 있었습니다. 중천왕은 이러한 상황에서 동생인 예물과 사구가 일으킨 반란을 제압하고 왕권을 다졌습니다.

그러나 절노부 출신의 명림어수 등과 같은 외척들에게 나라일을 맡기고 자신은 사냥을 하며 세월을 보냈습니다.

259년 위나라의 장수 위지계와 양맥 골짜기에서 싸움을 벌여 승리한 뒤 이렇다 할 업적 없이 270년 숨을 거두었습니다.

신하들은 중천원이라는 곳에 그의 묘를 마련했습니다.

중천왕과 관나 부인

중천왕은 왕위에 오르자마자 절노부 출신의 연씨와 결혼을 하였습니다. 연씨와 중천왕은 별다른 문제 없이 지냈습니다.
그러던 어느 날, 한 신하가 말했습니다.
"대왕마마, 관나부의 어느 농촌에 아주 아리따운 여인이 살고 있다고 하옵니다."
"그래, 얼마나 아름답길래 궁궐에까지 소문이 돈단 말이냐?"
"얼굴도 예쁘지만 머리카락이 아주 길어 보는 사람의 마음을 흔든다 하옵니다."
그 말을 들은 중천왕은 그 여인을 궁궐로 불러들였습니다. 중천왕은 그녀를 보는 순간 한눈에 반해 버리고 말았습니다.
"머리카락이 정말 아름답구나. 너를 작은 왕비로 맞을 것이니 궁궐에 머물도록 하여라."

중천왕은 그녀를 관나부 출신의 여인이란 뜻에서 관나 부인으로 부르며 매일같이 그녀의 방을 찾아갔습니다.
관나 부인은 땅에 끌릴 듯 치렁치렁한 머리를 곱게 땋아 얹은 다음 끝부분을 어깨까지 빗어 내렸습니다. 바람이 불면 그 머리카락들은 하늘하늘 흔들리며 중천왕의 눈을 부시게 했습니다. 중천왕은 관나 부인과 함께 있는 것만으로도 행복해했습니다.
그러자 왕비 연씨는 관나 부인을 시기하게 되었습니다.
왕비는 중천왕을 찾아가 말했습니다.
"대왕, 옛날 선왕께서 위나라와 싸우다가 나라를 잃을 뻔한 일을 기억하시는지요?"
"물론 알고 있소. 그런데 갑자기 그 이야기는 왜 하시오?"
"제가 듣기로 위나라에서는 긴 머리카락을 천금을 주어도 바꾸지 않는다고 하옵니다."
왕비는 심각한 얼굴로 중천왕을 바라보며 말을 이었습니다.
"위나라는 아직도 우리에게는 위협적인 나라이니 이번 기회에 긴 머리카락을 지닌 여인을 사신과 함께 보내 그들의 환심을 사는 것이 어떨지요."
중천왕은 그제야 왕비의 속뜻을 알아차리고는 아무 말도 하지 않았습니다.
이 이야기를 전해 들은 관나 부인은 몹시 불안해졌습니다.

고구려 왕조 700년

'궁궐에 있다가는 왕비의 시샘에 목숨이 위태롭겠구나.'

어느 날 왕은 기마 무사들과 함께 사냥을 하고 돌아왔습니다. 많은 짐승들을 잡은 왕은 사냥에 만족하여 흡족한 얼굴로 궁궐 안으로 들어섰습니다.

그 때였습니다.

성 안으로 들어서는 왕 앞에 관나 부인이 쓰러지듯 안기며 울음을 터뜨렸습니다.

"어째서 우는 것이냐?"

"무섭고 두려워 울음이 저절로 나옵니다."

"아니, 그게 무슨 말이냐?"

"왕비께서 시골 계집이 궁궐에 있다가는 큰 화를 당할 것이니 내쫓으라고 하셨다 합니다."

관나 부인은 중천왕의 품에 안겨 서럽게 울었습니다.

중천왕은 관나 부인이 왕비가 한 말을 그대로 옮기는 것이 이상했습니다. 그것은 관나 부인이 왕비의 말을 엿들었다는 얘기밖에 되지 않았던 것입니다.

하지만 중천왕은 관나 부인을 달랬습니다.

"설마 왕비가 너를 해치기야 하겠느냐. 걱정 말고 울음을 그치도록 하여라."

얼마 뒤, 중천왕은 기구라는 곳으로 사냥을 갔다가 돌아오게

중천왕과 관나 부인

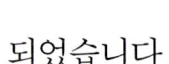

되었습니다.

　그런데 왕이 궁궐의 문에 들어서자마자 관나 부인이 긴 머리카락 사이로 눈물을 보이며 중천왕 앞으로 달려왔습니다. 그녀의 손에는 커다란 가죽 부대가 들려 있었습니다.

　"대왕마마, 제발 저를 집으로 돌려 보내 주십시오."

　중천왕은 깜짝 놀라 관나 부인을 바라보았습니다.

　"갑자기 왜 그러느냐?"

　"왕비께서 저를 이 가죽 부대에 넣어 바다에 버리겠다고 하셨답니다."

　관나 부인이 손에 들고 있던 가죽 부대를 중천왕에게 내보였습니다. 그런데 이상하게도 가죽 부대를 꿰맨 모양이 왕비의 솜씨가 아니었습니다.

　"이 가죽 부대를 정말 왕비가 가져왔느냐?"

　"네. 저는 왕비가 무서워 더 이상 궁궐에서 살 수가 없습니다."

　중천왕은 설마하면서 사람들을 불러 알아보았습니다. 그가 예상했던 대로 관나 부인의 말은 모두 거짓이었음이 드러났습니다.

　중천왕의 눈은 순간 분노로 이글거렸습니다.

　'관나 부인은 얼굴은 예쁘지만 마음씨가 아름답지 않구나. 저런 모함을 받아 주다가는 왕비도 가만히 있지 않겠군.'

고구려 왕조 700년

중천왕은 마침내 관나 부인을 벌하기로 마음먹었습니다.

"네가 왕비의 말을 엿듣고 모함하는 것을 더 이상 볼 수가 없구나. 네가 왕비를 모함한 대로 가죽 부대에 넣어 바다에 던져 주마."

"대왕마마, 잘못했습니다. 살려 주십시오."

관나 부인은 그제야 자신의 잘못을 깨닫고 빌었지만, 중천왕은 그녀를 용서하지 않았습니다.

결국 관나 부인은 가죽 부대에 담긴 채 물귀신이 되고 말았습니다.

중천왕과 관나 부인

제 13 대
서천왕

(?~292년)
재위 : 270~292년

　이름은 약로, 혹은 약우였습니다. 중천왕의 아들로 둘째였지만 어려서부터 총명하고 바른 마음과 인자한 성품을 갖고 있어 8세 때 태자가 되었습니다.
　왕이 된 다음 해인 271년, 서부 출신으로 대사자의 벼슬을 하고 있던 우수의 딸을 왕비로 맞아들였습니다.
　그는 280년, 부여를 함락한 숙신이 쳐들어오자 동생인 달가를 보내 이를 물리치고, 여러 성을 빼앗았습니다. 달가는 이 공로를 인정받아 자신이 정벌한 숙신을 다스리게 되었습니다.
　또한 286년에는 동생인 일우와 소발이 왕위를 빼앗기 위해 음모를 꾸미며 나라를 어지럽혔습니다. 그러나 서천왕은 이들을 잡아 죽이고 반란을 사전에 막았습니다.
　왕위에 오른 지 23년 만인 292년에 세상을 떠난 서천왕은 서천원에 묻히게 되었습니다.

달가의 숙신 정벌

   서천왕이 왕위에 올랐을 당시, 중국에는 진나라와 오나라가 서로 패권을 다투고 있었습니다. 중국 대륙에서 자기들끼리 다투느라 정신이 없는 사이 고구려는 나름대로 평화로운 시기를 보내고 있었습니다.

   거기다가 고구려는 위나라가 망한 뒤 동천왕 때 관구검에 의해 빼앗겼던 땅을 다시 찾을 수 있었습니다.

   이러한 상황은 숙신도 마찬가지였습니다. 숙신은 고대 중국의 북동 방면에 살던 민족으로, 고조선 시대에는 만주의 북동쪽에서 수렵 생활을 하며 살아 오던 민족이었습니다.

   중국 대륙이 어지러운 틈을 타 세력을 키운 숙신은 부여를 함락한 여세를 몰아 고구려로 진격해 들어왔습니다.

   숙신은 전면적으로 고구려를 공격하지는 않았지만 고구려의

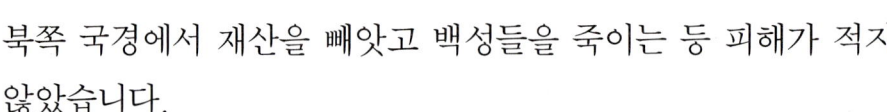

북쪽 국경에서 재산을 빼앗고 백성들을 죽이는 등 피해가 적지 않았습니다.

그러자 고구려의 조정에서는 숙신을 어떻게 처리할 것인지에 대한 회의가 열렸습니다.

"북쪽 변방이기는 하오나 숙신을 그냥 두었다가는 큰 화근이 될 것이옵니다."

"맞습니다. 이번 기회에 군사를 모아 숙신을 쳐야 합니다."

신하들의 의견에 서천왕도 고개를 끄덕였습니다.

"좋소, 그럼 누가 가서 숙신을 정벌하고 오겠소?"

서천왕이 묻자, 신하들은 입을 모아 왕의 동생인 달가를 천거했습니다.

"용맹하면서 지략이 뛰어난 달가 장군이 적임자이옵니다."

이렇게 해서 달가는 대장군이 되어 숙신 정벌에 나섰습니다.

달가는 발빠른 기병들을 데리고 숙신의 근거지인 단로성을 기습했습니다. 고구려의 느슨한 대응에 방심하고 있던 단로성은 쉽게 무너지고 말았습니다.

병사들을 잘 활용하여 싸움에서 승리한 달가는 숙신의 추장을 죽였습니다. 그리고 숙신 600가구를 부여 남쪽에 있는 오천이라는 곳으로 강제 이주시켰습니다.

서천왕은 달가의 승리에 크게 기뻐하며 그에게 내외병마사의

벼슬을 내리고 안국군으로 봉해 자신이 정벌한 숙신과 양맥 등의 지역을 다스리도록 했습니다.
　고구려의 위상을 높이고 평화를 가져온 달가는 그 후 백성들로부터 존경을 받았습니다.

역모를 물리치다

서천왕에게는 일우와 소발이라는 동생이 있었습니다.
286년 이들은 왕위를 노리며 역모를 꾸미기에 이르렀습니다.
"이대로 있어서는 왕위가 우리에게 돌아올 리 만무하니 형을 죽입시다."
"좋다. 너와 내가 힘을 합친다면 못 할 것도 없겠지."
일우와 소발은 왕을 없애기로 하고 우선 치밀한 계획을 세우기로 했습니다.
"궁궐 안에서는 아무리 조심해도 비밀을 지키기 어렵습니다. 우리와 뜻을 같이할 사람들이 있는 온천으로 가시지요."
"그게 좋겠구나!"

191

역모를 물리치다

일우와 소발은 서천왕에게는 건강을 핑계 삼아 휴양을 하겠다고 알리고 궁궐을 나와 온천으로 향했습니다.

온천에 다다른 일우와 소발은 자신을 따르는 무리를 모으며 역모를 준비해 갔습니다. 그들은 스스로 왕이 될 것이라며 무리들을 부추겼습니다.

"나는 왕이 될 몸이다. 너희들이 나를 따른다면 부귀 영화를 누릴 것이다."

그러나 이들의 경솔한 행동 때문에 끝까지 숨겨야 할 역모는 곧 서천왕의 귀에 들어가게 되었습니다.

"이런 고약한 것들이 있나. 당장 녀석들을 없애 버리겠다!"

화가 난 서천왕이 자리에서 벌떡 일어났습니다.

그러나 서천왕은 곧 평정을 되찾고 곰곰이 생각해 보았습니다.

'괜히 군사를 이끌고 갔다가는 나라 안이 혼란해지기만 할 뿐 실속이 없이 당할 수도 있겠군.'

서천왕은 신하를 시켜 일우와 소발을 궁궐로 불러들였습니다.

"대왕께서 궁궐로 들어오시어 나라일을 돌보라 하십니다."

일우와 소발은 나라일을 돌보게 되면 자신들의 계획이 훨씬 쉬워질 것으로 여겨 아무런 경계심도 없이 궁궐로 들어갔습니다.

서천왕은 방심한 채 궁궐로 들어온 일우와 소발을 붙잡아 당장 처형해 버렸습니다.

고구려의 기와와 벽돌

①

① 명문 벽돌(글씨가 새겨진 고구려의 벽돌)

② 수막새(고구려 시대에 지어진 기와집의 모습을 짐작할 수 있음.)

②

환도성은 어땠나?

국내성은 고구려의 두 번째 도성으로 왕이 평상시에 사는 곳이었습니다. 전쟁이 일어나게 되면 왕은 환도성에 머물며 군사를 지휘했습니다.

환도성은 국내성 북쪽 2.5킬로미터 되는 지점에 있었습니다. 처음에는 위나암성으로 불렸는데 산상왕 때부터 환도성이라 칭하게 되었습니다.

환도성은 험한 산으로 둘러싸인 오목한 지형에 있었으므로 누구도 쉽게 함락하지 못할 철옹성이었습니다. 성벽은 산봉우리의 등성을 따라 쌓았는데 총길이가 7킬로미터에 이르렀습니다.

특이한 것은 환도성 안에는 잉어가 자라는 연못이 있었습니다.

대무신왕 때 요동 태수가 환도성을 둘러싸고 전쟁을 오래 끌자 이 연못의 잉어를 가져다가 물풀에 싸서 한나라의 진영에 보내 적군을 물러가게 하기도 했습니다.

산성의 바깥에는 농사를 지을 수 있는 넓은 땅이 있었습니다.

그러나 철옹성이라는 환도성도 고구려 역사상 두 번 함락의 치욕을 당한 적이 있습니다.

첫번째는 3세기 동천왕 때 위나라의 장수 관구검에 의해서였고, 두 번째는 4세기 고국원왕 때 전연의 침입에 의해서였습니다. 특히 전연의 침입 때에는 도성이 불타고 파괴되는 아픔을 겪기도 했습니다.

쏙쏙 역사 상식

고구려의 5부족

초기 고구려에는 계루부, 순노부, 소노부, 관노부, 절노부의 5부족이 있었습니다.

이들 5부족 중에서 가장 힘이 막강했던 부족은 소노부였습니다. 소노부는 처음에 왕위를 이어가며 세력을 확장했습니다. 유리왕은 이 5부족을 계루부, 환나부(순노부), 소나부(소노부), 관나부(관노부), 연나부(절노부)로 바꾸었습니다.

이어 태조 대왕 때부터는 계루부의 고씨가 왕위를 잇게 되었고, 절노부가 왕비를 내는 부족이 되었습니다.

한편 전 왕족인 소노부, 왕족인 계루부·절노부의 대가에게는 고추가라는 특별 칭호를 주었습니다.

고구려는 건국 초기부터 정복 전쟁을 펼쳐 영토를 확장했습니다. 이 때 정복된 나라들은 각 나부에 속하게 되었습니다.

그리고 잡혀 온 전쟁 포로들은 대부분 노예로 살아가야 했습니다.

한편 이 나부를 통치하는 최고의 우두머리를 패자라 불렀습니다. 부족장이라고 할 수 있는 패자의 밑에는 주부, 우태, 조의 등의 벼슬이 있었습니다.

각 부족의 패자나 벼슬아치들은 그 능력에 따라 중앙의 관리를 겸하기도 했습니다.

역사 풀이

1. 동천왕은 왜 고국천왕의 무덤 주변에 일곱 겹의 소나무를 심었나요?

　

2. 동천왕 때 한나라가 망하고 중국 대륙에 들어선 나라들을 나열한 것을 고르세요.
   ① 진한, 변한, 마한
   ② 위, 촉, 오
   ③ 양나라, 동위, 서위, 북위
   ④ 진나라, 당나라

3. 동천왕 때 환도성을 함락한 위나라의 장수는 누구인가요?
   ① 제갈공명
   ② 공손연
   ③ 왕기
   ④ 관구검

4. 위기에 빠진 동천왕을 구한 고구려의 장수들은 누구인가요?

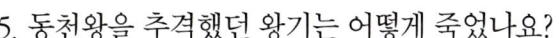

역사 풀이

5. 동천왕을 추격했던 왕기는 어떻게 죽었나요?

   ....

6. 왕후를 시기하다 가죽 부대에 담겨 죽임을 당한, 머리카락이 아름다웠던 중천왕이 사랑한 여인은 누구인가요?

   ....

7. 파괴된 환도성으로 돌아가지 못한 동천왕이 간 곳은 어디였나요?
   ① 평양성
   ② 요동성
   ③ 안시성
   ④ 국내성

8. 중천왕 때의 관나부인은 어느 부족 출신인가요?
   ① 연나부
   ② 소나부
   ③ 환나부
   ④ 관나부

9. 왕에 대항하여 모반을 꾀한 서천왕의 두 동생은 누구인가요?

   ....

제 14 대
봉상왕

(?~300년)
재위 : 292~300년

　이름은 상부, 혹은 삽시루로 불렸습니다. 서천왕의 아들로 치갈왕이라고도 했던 봉상왕은 어릴 때부터 교만하고 시기심이 강해 꺼리는 사람들이 많았습니다.
　그는 사람들의 염려대로 왕위에 오르자 숙부인 안국군 달가를 살해하고, 동생인 돌고를 죽이는 일을 저질렀습니다.
　중국의 동북쪽에서 세력을 넓히던 선비족 모용외의 침입을 받았으나 신성태수 고노자의 활약과 서천왕릉의 기적으로 물리쳤습니다.
　그러나 이후 사치와 방탕을 일삼아 백성들의 원성을 사게 되었습니다. 이를 지켜 보다 못한 신하 창조리는 무리를 모아 봉상왕을 폐위시키게 되었습니다.
　봉상왕은 창조리에 의해 왕위에서 물러나게 된 뒤, 후환을 두려워하다 스스로 목숨을 끊고 말았습니다. 무덤은 봉산원에 있습니다.

의심 많은 봉상왕

23년 동안 고구려를 이끌던 서천왕이 죽자 태자 상부가 왕위에 오르니 그가 바로 봉상왕이었습니다.

봉상왕은 어려서부터 교만하고 의심이 많았습니다. 그런 그가 왕위에 오르자 고구려의 조정은 불안에 휩싸이게 되었습니다.

"감히 왕의 권위에 도전하는 자가 누구냐?"

"대왕마마, 그런 사람은 없사옵니다."

"없긴 왜 없어. 안국군은 백성들의 존경을 받으며 나라의 군사를 마음대로 움직일 수 있는 병권까지 잡고 있지 않느냐!"

왕으로서의 막강한 권력을 휘두르고 싶은 봉상왕의 눈에 가장 거슬리는 것은 안국군이었습니다.

안국군은 서천왕의 동생으로 숙신을 정벌한 이후 백성들로부터 존경과 지지를 한몸에 받고 있는 인물이었습니다.

"안 되겠다. 안국군이 언제 반란을 일으킬지 모르니 당장 없애야겠다."

봉상왕은 자신을 따르는 무리를 모아 안국군을 없앨 방법을 찾았습니다.

"대왕마마, 안국군을 따르는 백성들이 너무도 많습니다. 그러니 쥐도 새도 모르게 없애야 할 것입니다."

"그렇습니다. 안국군을 아무도 모르게 궁궐로 불러들여 단칼에 처치해야 합니다."

봉상왕은 간신들의 말대로 안국군을 궁궐로 불러들였습니다. 아무것도 모르는 안국군은 험상궂게 생긴 문지기가 지키는 성문을 지나 궁궐에 발을 들여놓자마자 비참한 죽음을 맞이하고 말았습니다.

"으윽, 이럴 수가……. 너희가 어떻게 나를 죽일 수 있단 말이냐!"

자신이 죽어야 하는 이유도 모른 채 안국군이 살해당하자, 백성들은 슬픔의 눈물을 흘리며 봉상왕을 원망했습니다.

그러나 봉상왕의 의심은 거기서 끝나지 않았습니다.

293년 중국의 동북쪽에서 일어나 세력을 키워 가던 모용씨가 고구려의 북쪽 지방을 짓밟고 도성인 평양성 근처까지 쳐들어왔습니다.

문지기(긴 칼을 어깨 위로 올리고 당당하게 서 있는 문지기의 모습)

의심 많은 봉상왕

그러자 봉상왕은 평양성을 버리고 달아났습니다.

봉상왕이 추격하는 모용씨를 피해 죽기 살기로 달아나고 있을 때, 마침 500여 명의 기병을 데리고 왕을 마중나왔던 신성의 관리 고노자가 모용씨와 마주치게 되었습니다. 고노자는 용맹하게 싸워 모용씨를 몰아 냈습니다.

고노자의 활약 덕분에 모용씨를 몰아 낸 봉상왕은 평양성으로 돌아오게 되었습니다. 하지만 왕이 도성을 버리고 도망간 데 대한 백성들의 원성은 봉상왕에게 큰 부담이었습니다.

그렇지 않아도 의심이 많던 봉상왕은 이 일로 왕위에서 쫓겨나지 않을까 노심초사하더니 마침내 그 화살이 동생인 돌고에게 날아들었습니다.

'이렇게 민심이 어수선할 때 돌고가 백성들을 꼬드긴다면 나는 왕위에서 쫓겨날 게 분명해.'

봉상왕은 돌고에게 역모를 꾸며 왕위를 빼앗으려 했다는 누명을 씌웠습니다.

"돌고가 반역을 꾀했으니 사약을 내려 없애도록 하라!"

결국 돌고는 의심 많은 왕을 형으로 둔 죄로 억울하게 죽임을 당했습니다. 이렇게 허망하게 죽은 돌고에게는 을불이라는 아들이 있었습니다.

을불은 봉상왕의 의심 때문에 아버지가 죽는 것을 보고 자신에

202

고구려 왕조 700년

게도 화가 미칠까 두려워 아무도 몰래 도망쳐 목숨만은 겨우 건질 수 있었습니다.

이 일로 봉상왕은 백성들로부터 더욱더 미움과 원망을 받는 군주가 되었습니다.

서천왕릉의 기적

평양 부근의 고구려 고분군

296년 8월 선비족이 세운 연나라의 왕 모용외가 군사 2만 명을 거느리고 고구려로 쳐들어왔습니다. 고구려는 이렇다 할 싸움도 못 해 보고 길을 내줘 모용외는 고국원이라는 곳에 진을 칠 수가 있었습니다.

고국원은 서천왕의 무덤이 있는 지역이었습니다.

이를 알게 된 장수 하나가 모용외에게 말했습니다.

"평양성을 직접 치지 않고도 고구려의 항복을 받아 낼 묘안이 있습니다."

"그것이 무엇이냐?"

"가까이에 있는 서천왕의 무덤을 파헤치겠다고 협박을 하는 것입니다."

모용외는 장수의 말을 받아들여 고구려의 봉상왕에게 협박 편지를 썼습니다.

'항복을 하지 않으면 지금 왕의 아비인 서천왕의 무덤을 파헤치겠다.'

얼마 뒤 고구려에서 회답이 왔습니다.

'고구려는 항복할 수 없다.'

편지를 읽고 난 모용외는 화가 나 2천의 군사를 뽑아 서천왕의 무덤을 파헤치도록 했습니다.

그런데 이상한 일이 벌어졌습니다. 서천왕의 무덤을 파헤치던 모용외의 군사들이 자꾸만 사고로 죽는 것이었습니다. 얼마 뒤에는 원인을 알 수 없는 병이 돌아 많은 군사들이 죽기까지 했습니다. 무덤에서는 괴이한 음악 소리까지 들려 왔습니다.

"고구려 왕이 귀신으로 둔갑한 게 분명해."

모용외의 군사들은 두렵고 불안하여 더 이상 무덤을 파헤칠 수 없었습니다.

고구려 왕조 700년

　모용외는 하는 수 없이 군사들을 이끌고 돌아가 다음 기회를 노리기로 했습니다.
　그러나 모용외가 돌아가자 봉상왕은 고노자를 신성의 태수로 임명하고, 그로 하여금 모용외를 막도록 했습니다. 모용외는 고노자의 지략과 용맹함을 알고 있는 터라 다시는 고구려에 쳐들어오지 않았습니다.

창조리의 반정

　고노자의 명성 덕분에 모용외의 침입에 대한 걱정이 없어지자, 봉상왕은 사치스러운 본성을 드러내기 시작했습니다.
　"궁궐이 초라하니 다시 짓도록 하라!"
　봉상왕은 계속되는 흉년과 천재지변으로 굶주리는 백성들에게는 아무런 관심도 없었습니다. 이러한 사실을 알고 있는 신하들은 봉상왕을 말리고 나섰습니다.
　"대왕마마, 지금 백성들은 지진과 연이은 흉년으로 시름하고 있사옵니다. 이럴 때 궁궐을 다시 짓는 것은 나라를 위태롭게

하는 일이옵니다."

신하들 중 국상 창조리가 가장 완강하게 반대를 했습니다.

"지금은 나라의 창고를 열어 백성을 도와야 할 때입니다. 그런데도 굶주린 백성을 시켜 궁궐을 다시 짓도록 하는 것은 백성을 보살펴야 하는 왕이 할 일이 아니옵니다. 더군다나 이웃 나라들은 우리 나라를 삼키려 기회만 엿보고 있습니다. 대왕마마, 왕으로서 나라와 백성을 먼저 돌보시옵소서."

그러나 봉상왕은 창조리의 충심에 찬 말을 듣지 않고 백성들에게 궁궐을 짓도록 했습니다.

봉상왕의 포악한 정치에 지친 백성들은 하나 둘 마을을 떠났습니다. 궁궐을 짓는 공사장에는 일할 사람이 줄어들고, 봉상왕은 사람의 숫자를 채우기 위해 15세가 넘은 젊은이들을 모두 끌어들였습니다.

하지만 그들 역시 배고픔과 고달픈 일을 견뎌 내지 못하고 틈만 나면 작업장에서 달아났습니다.

300년, 가뭄으로 흉년이 들자 백성들의 고통은 더했습니다.

'이대로 가다가 고구려는 망하고 말 것이다.'

이러한 백성들의 모습을 지켜 보던 창조리는 마침내 봉상왕을 몰아 내기로 마음먹었습니다.

그는 우선 자신과 뜻을 같이하는 신하들을 모았습니다.

206

고구려 왕조 700년

"백성을 죽이고, 나라를 망치는 왕을 몰아 냅시다."

"국상과 뜻을 같이하겠습니다. 하지만 봉상왕을 몰아 내고 누구를 왕으로 모신단 말입니까?"

창조리와 신하들은 새로운 왕으로 누굴 세울 것인지 고민하기에 이르렀습니다. 그러다가 한 신하가 말했습니다.

"돌고 왕자의 아들인 을불 공자가 아직 살아 있으니 그 분을 왕으로 모시도록 하지요."

창조리는 부하를 시켜 은밀하게 을불을 찾아 나섰습니다. 그리고 우여곡절 끝에 을불을 찾아 조맥이라는 곳의 어느 집에 그를 숨겼습니다.

그리고 그 해 9월 봉상왕이 후산에서 사냥을 할 때를 기회로 삼아 반정을 꾀했습니다. 창조리는 조용히 군사들을 모아 봉상왕을 에워싼 뒤 말했습니다.

"나와 뜻을 같이하는 사람은 관에 갈잎을 꽂으시오."

그러자 모든 사람이 갈잎을 꺾어 자신의 관에 꽂았습니다. 이로써 백성의 뜻을 알게 된 창조리는 봉상왕을 사로잡아 궁궐의 별실에 가두었습니다.

얼마 뒤 별실에 갇힌 봉상왕은 복수를 두려워한 나머지 두 아들과 함께 스스로 목숨을 끊어 8년 간의 포악한 정치를 마감했습니다.

207

창조리의 반정

제 15 대
미천왕

(?~331년)
재위 : 300~331년

이름은 을불, 또는 우불이라 불렸습니다.
서천왕의 손자로 봉상왕에 의해 죽임을 당한 돌고의 아들입니다. 국상인 창조리의 도움으로 왕위에 오르게 되었습니다.
미천왕은 왕위에 오른 뒤 무엇보다도 백성들의 안정과 국토 확장에 힘썼습니다.
그 결과 302년, 3만의 군사를 이끌고 현도군을 공격하여 적군 8천 명을 사로잡았습니다. 그리고 311년에는 요동 서안평을 빼앗았습니다.
그리고 313년에는 낙랑군을 멸망시킨 뒤 314년 대방군을 정벌함으로써 고조선의 옛 땅을 되찾았습니다.
331년 31년 간 왕위를 지키며 끊임없이 영토 확장을 위해 노력하다 숨을 거둔 미천왕은 미천지원이라는 곳에 묻혔습니다.

소금 장수에서 왕으로

　미천왕은 서천왕의 손자이며 봉상왕의 조카로 엄연한 왕족이었습니다. 하지만 왕족이라는 이유 때문에 그는 젊은 날을 불안과 두려움으로 보내야만 했습니다.
　"큰아버지가 왕위를 빼앗길까 봐 아버지의 목숨을 빼앗았으니 다음은 내 차례일 거야. 가만히 앉아서 죽을 수는 없으니 도망을 칠 수밖에……."
　을불은 압록강 수실촌으로 도망쳐 음무라는 농부의 집에서 머슴살이를 하게 되었습니다.
　봄부터 음무와 함께 일을 하게 된 을불은 고생이 이만저만이 아니었습니다. 거기다 여름이 되자 음무가 을불을 불러 말했습니다.
　"난 시끄러운 소리가 들리면 잠을 잘 수가 없다. 너는 저 개구

리들이 울지 않도록 연못에 돌을 던져라."

음무의 집 앞에는 조그마한 연못이 있었습니다. 여름이 되자 그 연못에서는 밤새 개구리들이 울어 댔습니다. 음무는 을불을 시켜 개구리들이 울지 못하도록 밤새 연못에 돌을 던지도록 했습니다. 가끔 을불이 잠들기라도 하면 음무는 주먹을 휘두르며 혼을 냈습니다.

을불은 낮에는 고된 일을 해야 했고, 밤에는 쏟아지는 잠과 싸우며 연못에 돌을 던져야 했습니다.

또 다음 날이 되면 음무는 나무를 해 오라며 을불을 산으로 내몰았습니다.

1년 동안 음무에게 시달려 만신창이가 된 을불은 결국 수실촌을 뛰쳐나왔습니다. 머슴살이를 그만두고 이리저리 떠돌아다니던 을불은 동촌이라는 곳에서 온 대로를 만나 소금을 팔러 다녔습니다.

배를 타고 압록강을 따라 오르내리며 소금을 파는 일은 그래도 머슴살이보다 한결 수월했습니다. 하지만 소금 장수 일도 쉬운 것만은 아니었습니다.

어느 날 소금을 지고 가던 을불은 날이 저물자 사수촌이라는 곳의 소금 도가에 머물게 되었습니다. 소금 도가는 소금을 맡아 주는 대신 얼마간의 보관료를 받는 집이었습니다.

유유히 흐르는 압록강

그 도갓집의 주인은 욕심 많은 할머니였습니다.

"이것 가지고는 모자라니 보관료를 더 내시우."

할머니는 을불을 훑어보며 소금을 더 내라고 요구했습니다. 을불은 갑자기 화가 치밀어올랐습니다.

"할머니도 참 너무하시는군요. 자꾸 더 달라고 하시면 우리는 어떻게 살란 말이에요."

을불이 화를 내자 할머니는 하는 수 없이 물러갔습니다. 그러나 심통이 난 할머니는 을불을 가만 내버려두지 않았습니다.

소금 장수에서 왕으로

'괘씸한 녀석, 어디 골탕 좀 먹어 봐라.'

할머니는 을불이 잠든 사이 소금짐 속에 자신의 신을 몰래 넣어 두었습니다.

다음 날 아무것도 모르는 을불은 평소 때처럼 소금짐을 지고 마을로 나갔습니다.

"소금 사려!"

을불이 막 소금 장사를 시작하려는데 갑자기 고함 소리가 들려왔습니다.

"도둑 잡아라!"

뒤를 돌아보니 도갓집 할머니가 사람들을 몰고 달려오는 것이었습니다.

"내가 신을 잃어버렸는데 저 소금 장수가 훔친 게 분명하오."

"할머니, 전 도둑이 아니에요."

"시끄러워. 어서 내 신을 내놔, 이 도둑놈아!"

을불은 어이가 없었습니다.

그러나 할머니가 사람을 시켜 소금짐을 뒤지게 하자, 그 속에서 신발이 나왔습니다.

"억울해요. 이건 누가 꾸민 짓이 분명해요."

을불은 자기에게 죄가 없음을 주장했지만, 증거가 있는 이상 관가로 끌려가지 않을 수 없었습니다.

관가에 끌려간 을불은 억울하게 곤장 30대를 맞고, 소금을 할머니에게 모두 내어 준 뒤에야 풀려날 수 있었습니다.

소금 장수를 하며 겨우 살아가던 을불은 이 일로 해서 또다시 이곳 저곳을 떠돌아다니는 거지가 되고 말았습니다.

한편 봉상왕의 횡포를 보다 못해 반정을 꾸민 창조리와 신하들은 왕으로 추대할 인물을 찾느라 고민을 하고 있었습니다.

"봉상왕의 친족 중에 하나를 왕으로 추대해야 합니다."

"그렇습니다. 하지만 왕의 아들들은 나중에 원수를 갚으려 할 것이고, 동생인 돌고는 죽었으니 어찌한단 말이오."

신하들의 말을 가만히 듣고 있던 창조리가 입을 떼었습니다.

"을불 공자가 적당할 것 같소. 본래 을불은 똑똑하여 봉상왕도 그를 죽이려 하질 않았소."

"하지만 이미 행방을 감춘 지 오래 되었는데 어디 가서 찾는단 말입니까?"

"우리의 뜻이 옳다면 하늘이 도울 것이오."

을불을 왕으로 세우기로 한 창조리는 조불과 숙우라는 두 신하를 시켜 을불을 찾아오도록 했습니다. 명령에 따라 조불과 숙우는 을불을 찾아나섰습니다. 그러나 넓은 고구려 땅에서 을불을 찾아내기란 쉽지가 않았습니다.

두 신하는 머리를 맞대고 생각한 끝에 젊은 떠돌이들을 중심으

소금 장수에서 왕으로

로 을불을 찾아 나섰습니다.

그러던 어느 날 두 신하가 비류수 가에 이르렀을 때였습니다. 강가의 작은 배에서 누더기를 걸친 젊은 거지가 쉬고 있는 것을 발견했습니다.

순간 두 신하는 눈이 번쩍 뜨였습니다. 비록 초라한 차림이었지만 차분한 모습에서 두 신하는 그가 바로 을불이라는 것을 확신할 수 있었기 때문이었습니다.

두 신하는 재빨리 다가가 그 거지를 살폈습니다. 그리고는 바닥에 넓죽 엎드려 절을 했습니다.

"공자님, 을불 공자님!"

그 소리에 을불은 깜짝 놀라며 일어섰습니다.

"뭐라고요? 난 그런 사람 몰라요. 사람을 잘못 보았소."

을불은 그들이 자기의 신분을 알고 죽일까 봐 겁이 났습니다.

"염려 마십시오. 저희는 을불 공자님의 신하이옵니다."

두 신하는 이렇게 말하고는 갑자기 달려들어 을불의 귀 뒤를 살펴보았습니다.

"이것 보십시오. 귀 뒤에 조그마한 혹이 있지 않습니까?"

두 신하는 을불의 귀 뒤에 작은 혹이 있다는 것을 알고 확인을 해 본 것이었습니다. 이렇게 되자 을불도 더 이상 부인할 수가 없었습니다.

을불은 두 신하를 따라 창조리에게로 갔습니다.

"저희는 백성을 위협하는 왕을 더 이상 따를 수 없어 새로운 왕을 모시려 합니다. 그 새로운 왕이 바로 을불 공자님이십니다. 저희를 믿고 잠시만 기다리십시오."

창조리는 을불을 자기 집 근처에 은밀하게 숨겨 두고 때를 기다렸습니다.

얼마 뒤 창조리는 사냥을 나간 봉상왕을 붙잡아 가두고 을불을 왕으로 모셨습니다.

왕위에서 쫓겨난 봉상왕은 스스로 목을 매어 죽고, 그의 두 아들도 아버지를 따라서 죽고 말았습니다.

이렇게 온갖 고생 끝에 왕위에 오르게 된 을불이 바로 미천왕이었습니다.

미천왕의 영토 확장

갖은 고생을 하다 창조리의 도움으로 왕이 된 미천왕은 백성을 살피는 데 모든 정성을 쏟았습니다.

미천왕의 영토 확장

그리고 잦은 외적의 침입에 대비해 나라의 힘을 키우고 영토를 넓히는 데 전념했습니다.

302년 미천왕은 3만여 명의 군사를 이끌고 현도군을 공격했습니다. 또 처음으로 벌인 정복 전쟁을 승리로 이끌고 포로로 잡은 8천여 명을 평양으로 이주시켰습니다.

그리고 10여 년 간 중국의 상황을 살피며 백성들의 생활을 안정시키고 정치의 기반을 튼튼히 다진 뒤 311년에는 서안평을 공격해 성을 빼앗았습니다.

서안평은 중국과 한나라 때 설치한 낙랑군과 대방군을 잇는 요동의 관문으로 매우 중요한 지역이었습니다.

미천왕은 이러한 서안평을 점령하자 여세를 모아 313년에 낙랑군을, 314년에는 대방군을 빼앗았습니다.

이로써 400여 년 동안 한반도에 남아 있던 중국의 군현을 모두 몰아 내고 고조선의 옛 땅을 회복하게 되었습니다.

미천왕의 정복 전쟁이 점차 서쪽으로 나아가자 모용씨는 단씨, 우문씨 등의 선비족이 세운 연나라와 빈번하게 충돌을 일으켰습니다.

연나라가 고구려를 치려 한다는 사실을 알게 되자 미천왕은 미리 준비를 하고 있었습니다. 때마침 멸망한 서진의 평주 자사 최비가 찾아와 말했습니다.

고구려 왕조 700년

"지금 선비족은 서로 세력 다툼을 하고 있는데 그 중에서도 모용씨의 세력이 강해 단씨와 우문씨에게는 위협이 되고 있습니다. 이 때 단씨와 우문씨를 끌어들여 모용씨를 친다면 승리할 수 있을 것입니다."

"좋은 생각이오. 그렇게 합시다."

미천왕의 결정에 따라 최비는 단씨와 우문씨를 설득해 고구려와 연합군을 만들었습니다. 연합군은 모용씨의 근거지인 극성으로 쳐들어갔습니다.

그러자 모용씨의 우두머리인 모용외가 우문씨에게 선물을 보내며 자기편으로 끌어들여 연합군을 이간질시키려 했습니다.

이 사실을 안 고구려와 단씨는 군사를 돌렸고 우문씨만이 남아 모용씨와 싸움을 벌였으나 패하고 말았습니다.

그 뒤 연나라의 우두머리인 모용외가 요동의 하성을 공격하여 빼앗게 되면서 선비족과 고구려의 요동 지역 쟁탈전이 치열하게 벌어지게 되었습니다.

미천왕은 요동 지역에서 연나라를 내몰기 위해 싸움을 벌였으나 331년 돌연 숨을 거둠으로써 뜻을 이루지 못했습니다.

제 16 대 고국원왕

(?~371년)
재위 : 331~371년

이름은 사유 또는 쇠라고 불렸습니다.

미천왕의 아들로 314년 태자로 책봉되었고, 미천왕에 이어 즉위했습니다. 국강상왕으로도 불리는 고국원왕은 평양성을 고쳐 쌓았으며 국내성을 쌓았습니다.

그러나 4만 군사를 거느리고 쳐들어온 연나라의 모용황에게 패하여 미천왕의 시체를 빼앗기고, 어머니와 왕비를 적의 손에 내주는 수모를 당했습니다.

결국 343년 자신의 동생을 연나라에 보내 조공을 바치고 나서야 미천왕의 시체와 왕비를 찾아올 수 있었습니다. 그리고 10여 년이 흐른 355년 다시 조공을 바쳐 어머니를 찾아왔습니다.

평생 동안 전쟁 속에 살면서 수없이 패하여 갖은 수모를 겪은 고국원왕은 369년 2만 군대로 백제를 공격했으나 패한 뒤, 371년 백제 근초고왕과 평양성에서 싸우다가 끝내 전쟁터에서 죽고 말았습니다.

전쟁 속에 살다

고국원왕은 331년에 왕위에 올랐습니다.

당시 중국에서는 5호 16국이 저마다의 세력을 키우느라 매우 혼란스러웠습니다. 그 가운데 북쪽에서는 선비족이 연나라를 세우고 모용황이 왕위에 올랐습니다.

모용황은 고구려는 물론 중국의 남쪽에 이르기까지 영토를 확장하려는 야심찬 계획을 가지고 있었습니다.

모용황이 이러한 계획을 뒤로 미루고 고구려에 쳐들어오지 못한 것은 고구려 진격의 길목에 있는 신성을 고노자가 지키고 있었기 때문이었습니다. 그러다 고노자가 죽자 모용황은 고구려의 침공을 본격적으로 시작했습니다.

고국원왕도 이 사실을 미리 알고 평양성을 높이고, 신성을 보수하는 등 연나라의 침입에 대비했습니다.

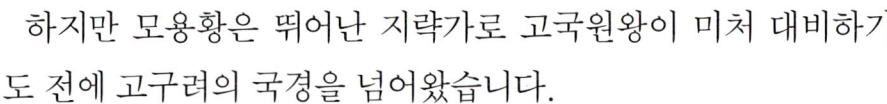

하지만 모용황은 뛰어난 지략가로 고국원왕이 미처 대비하기도 전에 고구려의 국경을 넘어왔습니다.

339년, 고국원왕은 어쩔 수 없이 고개를 숙이고 화친을 요청한 다음 왕자를 볼모로 보내게 되었습니다.

"비록 이번 싸움에서는 패했으나 이 빚은 꼭 갚고야 말겠다."

고국원왕은 연나라를 치기 위해 도읍을 환도성으로 옮기고 만반의 준비를 갖추어 나갔습니다.

연나라의 모용황은 고구려가 조공을 보내지 않자 이러한 움직임을 알아채고 먼저 공격을 하게 했습니다.

"고구려로 가는 길은 북쪽 길과 남쪽 길 두 가지가 있다. 북쪽 길은 평야로 이루어져 있어 많은 군사가 움직이기 쉽고, 남쪽 길은 산이 많고 험하여 군사들이 움직이기 어렵다. 어느 길로 가는 것이 좋겠는가?"

모용황의 말에 부하 장수가 대답했습니다.

"군사가 많으니 넓고 평탄한 북쪽 길로 가야 할 것입니다."

그러자 모용한이 나섰습니다.

"고구려에서도 그 정도는 알고 있을 것입니다. 우리는 오히려 이 점을 이용하여 험한 남쪽 길로 진격하여 고구려의 허를 찌르는 것이 좋을 것입니다."

모용황은 생각을 거듭한 끝에 모용한의 주장대로 남쪽 길을 택

했습니다.

고국원왕은 모용황이 4만이나 되는 대군을 이끌고 남쪽 길로 쳐들어오리라고는 예상하지 못했습니다.

고국원왕은 국내성을 수리하고 자신은 1만의 군사와 환도성으로 옮긴 다음 동생인 무에게 5만의 군사를 주어 북쪽 길을 막도록 했습니다.

하지만 고국원왕은 모용황의 대군과 마주하고 나서야 자신의 작전이 잘못되었음을 깨달았습니다.

고구려군은 4만이나 되는 모용황의 군대를 막을 수가 없었습니다. 고국원왕은 환도성을 버리고 단웅 골짜기로 몸을 피했습니다. 불길에 휩싸인 환도성에서는 백성들의 통곡 소리가 하늘을 찔렀습니다.

왕의 어머니 주씨와 왕비까지 사로잡은 모용황은 단웅 골짜기를 에워싸고 고국원왕에게 항복을 요구했습니다.

그러나 고국원왕은 가슴이 찢어지는 슬픔을 참으며 끝내 항복하지 않았습니다.

다행히 북쪽 길을 막고 있던 고국원왕의 동생 무가 연나라 장군 왕우의 군대를 무찔러 모용황도 마음을 놓고 있을 수는 없는 상황이었습니다.

다급해진 모용황은 더 이상 고국원왕을 쫓지 않고 돌아가기로

전쟁 속에 살다

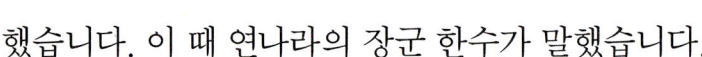

했습니다. 이 때 연나라의 장군 한수가 말했습니다.

"고구려는 전쟁에 이기더라도 지키기는 어려운 나라입니다. 게다가 북쪽의 대군이 도착하면 산 속에 숨어 있는 군사들과 힘을 합쳐 반격을 해 올 것입니다."

"그렇다고 이대로 물러가면 성과가 너무 없지 않은가?"

"사로잡은 왕의 어머니 주씨와 왕비를 데려가고 선왕인 미천왕의 무덤을 파서 시체를 가져가 항복을 요구하십시오. 그러면 쉽게 반격을 하지 못할 것입니다."

모용황은 한수의 의견을 받아들여 미천왕의 무덤을 파헤쳐 시체를 꺼냈습니다. 그리고 궁궐에 있던 보물과 5만이나 되는 남녀 포로와 왕의 어머니, 왕비와 함께 연나라로 끌고 갔습니다.

고구려가 생긴 이후로 가장 큰 치욕을 겪은 고국원왕은 잿더미로 변한 궁궐로 돌아와 이를 갈며 복수를 계획했습니다.

그러나 볼모로 잡혀 간 왕족이 염려되어 연나라를 공격할 수가 없었습니다.

결국 고국원왕은 다음 해 동생 무를 연나라로 보내 많은 선물을 주고 미천왕의 시체를 찾아올 수 있었고, 어머니는 10년 후에야 모셔 올 수 있었습니다.

이후 고국원왕은 연나라에 계속해서 볼모를 보내며 눈치를 보아야 했습니다.

고국원왕은 연나라로 인해 서북쪽으로의 진출이 막히자 눈을 남쪽으로 돌려 백제로 쳐들어갔습니다. 그러나 369년, 백제로 진격했던 2만의 군사는 패배했고, 2년 뒤 고국원왕은 평양성에서 근초고왕이 이끈 막강한 3만 군사의 반격을 막아 내야만 했습니다.

이 평양성 싸움에서 고국원왕은 끝내 전사하고 말았습니다.

미천왕릉으로 추정되는 무덤(가운데 움푹 들어간 것이 모용황의 군사들에 의해 파헤쳐진 것으로 보여짐.)

고구려의 고분 벽화로 무엇을 알 수 있나?

　예전의 도읍지였던 국내성 주변(지안 지역)의 신분이 높은 사람들의 무덤은 장대한 규모와 내부에 화려한 벽화가 그려져 있습니다. 벽화가 있는 무덤은 왕족이나 힘 있는 귀족의 것이었습니다.

　고구려 사람들이 무덤에 벽화를 그리게 된 이유는 무덤을 죽은 다음에 사는 집이라 여겼기 때문이었습니다. 따뜻한 기후와 풍부한 농산물로 다른 곳 사람들보다 훨씬 풍요롭게 살 수 있었던 여유가 이러한 문화를 만들어 내게 된 것이지요.

　그들은 살아서 누리는 부귀 영화가 죽은 다음에도 이어지기를 바라는 마음에서 평소에 즐기던 생활 모습을 무덤의 벽에 그렸습니다. 그래서 고구려의 벽화를 살펴보면 고구려인들이 입었던 복장, 풍습, 예절, 종교관까지 엿볼 수가 있습니다.

　고구려 고분 벽화는 초기에 사냥이나 씨름, 수박을 하는 모습 등 많은 사람들이 등장하는 수렵도나 기마행렬도가 유행했습니다.

　시간이 지나면서 차츰 도가 사상과 음양오행설이 유행하게 되었는데, 이에 따라 벽화 역시 청룡, 백호, 주작, 현무의 사신을 네 벽에 그려 넣는 종교적인 분위기의 사신도가 많이 그려졌습니다.

쏙쏙 역사 상식

고구려의 신분 제도

고구려는 크게 지배 계급과 피지배 계급으로 나누어진 계급 사회로 그 구분이 철저했습니다.

지배 계급인 왕과 귀족, 관리는 정치, 군사, 교육 등을 담당하여 고구려 사회 전체를 이끌었으며 생산 활동은 하지 않았습니다.

피지배 계급에는 하호라 하여 농사를 짓는 농민과 왕족과 귀족의 노예인 노비가 있었습니다.

또한 천민 집단으로 부곡민이 있었는데, 이들은 고구려와의 전쟁에서 정복당한 나라의 백성들로 이루어져 있었습니다.

노비는 농민이 높은 이자의 돈을 빌렸다가 이를 갚지 못하면서 신분이 추락하여 노비가 되는 경우가 많았는데, 이러한 고리대금업은 삼국 시대부터 유행한 것입니다.

이러한 폐단을 막기 위해 고국천왕 때 을파소는 진대법을 마련하여 빈민 구제에 힘쓰기도 했습니다.

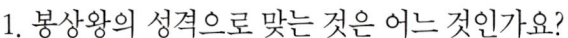

역사 풀이

1. 봉상왕의 성격으로 맞는 것은 어느 것인가요?
   ① 침착하고 예의를 중요시했습니다
   ② 늠름한 체격에 용감하고 과감했습니다
   ③ 교만하고 의심이 많았습니다
   ④ 게으르고 화를 잘 냈습니다

2. 안국군 달가는 왜 봉상왕에게 억울한 죽임을 당했나요?
   ① 봉상왕이 의심이 많아 안국군이 왕위를 노리고 있다고 여겼기 때문에
   ② 신하들의 모함으로
   ③ 역모를 꾸미다가 실패해서
   ④ 싸움에서 패했기 때문에

3. 봉상왕을 죽인 재상은 누구인가요?
   ① 모용외   ② 돌고   ③ 고노자   ④ 창조리

4. 봉상왕의 칼을 피해 소금 장수가 되었다가 창조리에 의해 왕위에 오른 사람은 누구인가요?
   ① 돌고   ② 을불   ③ 달가   ④ 사마염

5. 서천왕의 묘를 파헤치려던 모용외가 겁을 먹고 도망친 이유는 무엇인가요?

역사 풀이

6. 모용씨, 단씨, 우문씨로 갈라져 싸우고 있던 세력은 어느 민족인가요?
   ① 말갈족   ② 선비족   ③ 예맥족   ④ 거란족

7. 고국원왕 때 전연과 고구려가 서로 차지하려고 했던 지역은 어디인가요?
   ① 한강 유역
   ② 평안도 지역
   ③ 요동 지역
   ④ 두만강 유역

8. 고국원왕이 모용황에게 패하게 된 이유는 무엇인가요?

   ----

9. 환도성을 점령한 모용황은 어떻게 했나요?

제 17 대
소수림왕

(?~384년)
재위 : 371~384년

　이름은 구부입니다. 고국원왕의 아들로 소해주류왕이라고도 합니다.
　355년에 태자로 책봉되었다가 371년 고국원왕이 백제의 근초고왕과 평양성에서 싸우다가 백제군의 화살아 맞아 죽게 되자, 왕의 자리에 올랐습니다.
　소수림왕은 연나라에 볼모로 갔을 때 보았던 전진의 제도와 문화에 대해 깊이 생각하고 고구려에도 이 같은 문물을 들여오려 노력했습니다. 그 결과 태학이라는 우리 나라 최초의 교육 기관을 세우고 처음으로 불교를 받아들였습니다.
　우선 나라를 안정시키고 체계를 갖추기 위해 373년에는 헌법과도 같은 율령을 반포하여 고대 국가의 체제를 정비했습니다.
　375년 소수림왕은 백제의 수곡성을 빼앗았으며, 377년에는 3만의 군사를 이끌고 백제로 쳐들어가 북변을 공격하여 점령했으나, 다음 해 거란에게 빼앗기고 말았습니다.

불교를 받아들이다

　고국원왕이 평양성 싸움에서 백제군의 화살을 맞고 숨을 거두자, 그 뒤를 이어 태자 구부가 왕위에 오르니 그가 고구려 17대 왕인 소수림왕입니다.
　왕위에 오른 소수림왕은 우선 나라 안 사정부터 살폈습니다.
　고구려는 미천왕 때부터 영토 확장을 위해 노력해 왔습니다. 그 결과 수많은 전쟁을 치르면서 많은 영토를 점령할 수 있었습니다.
　그러나 비운의 왕 고국원왕은 선왕의 시체를 빼앗기고 모용황에게 조공을 하는 수모를 겪었으며, 적의 화살에 맞아 결국 숨을 거두고 말았습니다.
　소수림왕은 왕위에 오르자 먼저 사회를 안정시키기 위해 노력했습니다. 과거 연나라에 볼모로 잡혀 있으면서 많은 것을 보고

들은 것이 큰 힘이 되었습니다.

"나라 안이 똑바로 서지 않는 한 넓은 영토는 아무것도 아니다."

소수림왕은 연나라가 전진에게 망하는 것을 보며 나라의 기틀을 튼튼하게 다지는 것이 얼마나 중요한지를 알게 되었습니다.

그는 나라를 안정시키기 위해 먼저 백제와 화친을 맺었습니다. 그리고 평양에 있던 도읍을 국내성으로 옮겼습니다. 국내성은

고구려 소수림왕 때 창건된 전등사 대웅전

230

고구려 왕조 700년

압록강 건너편에 있는 고구려의 중앙부였습니다.

372년, 전진의 왕 부견이 사신을 보내 왔는데 그 일행 중에는 순도라는 스님이 있었습니다. 그 스님은 불상과 경문을 가지고 왔습니다.

"그것은 무엇이오?"

소수림왕이 처음 보는 불상과 경문을 보고 순도에게 물었습니다.

"이것은 부처의 모습을 나타낸 불상과 가르침을 적은 경전입니다."

"부처를 믿으면 나라에 어떤 도움이 되오?"

"부처님은 백성들의 마음을 편안하게 해 주며, 미신의 어리석음에서 벗어나게 해 줍니다."

소수림왕은 불교에 대해 듣는 순간 자신이 찾고 있던 것임을 알아차렸습니다.

'그렇다. 백성을 편안하게 하고 나라를 안정시키기 위해서는 불교가 필요하다.'

소수림왕은 불교를 받아들이고 백성들에게 이를 널리 장려했습니다.

그리고 3년 뒤, 동진에서 승려 아도가 오자 소수림왕은 그에게 절을 지어 주었습니다. 이것이 순도가 세운 성문사(초문사)와 함

불교를 받아들이다

께 해동 불교의 중심지가 되는 이불란사입니다.

태학 설립과 율령 반포

372년, 소수림왕은 전진에서 온 사신에게 물었습니다.
"당신네 나라가 이토록 강해진 것은 무슨 이유요?"
"그것은 뛰어난 인재들이 있었기 때문입니다."
"인재라? 그렇다면 전진에서는 인재를 어떻게 키우시오?"
"나라에서 학교를 세워 키워 내고 있습니다."
소수림왕은 전진의 사신에게서 얻은 인재 양성 방법을 정리하여 태학을 세웠습니다.
태학은 우리 나라 최초로 세워진 국립 교육 기관이었습니다. 중앙 관리나 귀족의 자제들에게 유교의 경전이나 문학, 그리고 무예까지 가르쳐 고구려를 이끌 인재들을 키워 냈습니다.
이어 다음 해인 373년, 소수림왕은 왕권을 강화하고 국가의 권위를 높이기 위해 최초의 법률인 율령을 반포했습니다.
이렇게 나라의 틀을 새롭게 정비한 소수림왕의 노력 덕분에 고구려는 과거의 혼란스러웠던 체제를 바로잡고, 왕을 중심으로 강력한 나라를 만들 수 있는 기틀을 다졌습니다.

　연나라의 멸망으로 잠시나마 영토 싸움을 중단하고, 중국 대륙의 새로운 강자로 등장한 전진과 외교 관계를 맺으면서 나라를 안정시킨 소수림왕은 376년 드디어 백제를 공격하기에 이르렀습니다.

　"백제를 쳐서 아버님의 원수를 갚으리라!"

　소수림왕은 백제에게 빼앗겼던 남쪽 땅의 일부를 다시 찾았습니다.

　이에 근초고왕에 이어 백제를 이끌던 근구수왕은 크게 노하여 377년 3만의 군사를 이끌고 평양성까지 진격해 들어왔습니다.

　하지만 그 동안 힘을 키워 온 소수림왕은 백제군을 물리치고 큰 승리를 이루어 냈습니다.

태학 설립과 율령 반포

제 18 대
고국양왕

(?~391년)
재위 : 384~391년

이름은 이련, 또는 어지지입니다.

소수림왕은 아들이 없이 숨을 거두었습니다. 그러자 동생인 이련이 왕위에 올랐는데 그가 바로 고국양왕이었습니다.

고국양왕은 처음부터 소수림왕의 정책을 이어받아 불교를 장려하고 사직을 세웠으며 종묘를 수리해 백성들을 한뜻으로 뭉치게 했습니다.

아울러 안정된 국력을 바탕으로 대외 정복 활동을 활발히 벌여 나갔습니다.

특히 385년부터는 모용황의 후손이 세운 후연과 요동 지방을 사이에 두고 치열한 전투를 벌였습니다.

또한 남쪽의 백제와도 전쟁을 벌여 고구려의 세력과 힘을 키워 나갔습니다.

후연을 치고 신라와 수교하다

384년 소수림왕이 아들 없이 숨을 거두자, 동생인 이련이 고국양왕으로 왕위에 올랐습니다. 고국양왕은 소수림왕의 정책을 이어받아 더욱더 튼튼한 나라를 만들려고 했습니다.

"선왕의 뜻을 이어받아 불교를 장려하라."

고국양왕은 백성들이 편안한 마음으로 살아갈 수 있도록 불교를 장려했습니다. 또한 나라가 하나로 뭉치도록 하기 위해 사직을 세우고 종묘를 고쳤습니다.

소수림왕이 왕으로 있던 14년 동안 나라의 기틀이 다져졌고, 고국양왕은 이를 보완하여 더욱 발전시켰습니다.

거기다 주변 나라들이 혼란기를 겪는 바람에 고구려는 특별한 외침 없이 나라를 안정시킬 수 있었습니다.

"나라의 힘이 이만큼 강해졌으니 이제 아버님의 원한을 풀어

드려야겠다."

고국양왕은 전쟁 속에서 살다 비참하게 죽은 고국원왕의 한을 풀어 주기 위해 요동 땅을 살폈습니다.

그 무렵 요동에는 모용황의 아들 모용수가 세운 후연이 고구려의 땅이었던 유주와 기주를 점령하고 있었습니다.

그러지 않아도 다져진 국력을 바탕으로 정복 전쟁을 계획하고 있던 고국양왕에게 후연의 출현은 군사를 일으키는 데 큰 이유가 되었습니다.

"후연의 모용수가 우리의 점령지를 함부로 차지하고 있으니 당장 몰아 내야겠다."

고국양왕은 군사를 일으켰습니다. 후연이 건국한 지 얼마 되지 않아 나라가 불안정할 것이었으므로 재빨리 공격하려는 것이었습니다.

한편, 후연에서도 고구려의 움직임을 알고 성을 쌓고 군사들을 모았습니다.

385년, 드디어 후연에 대한 고구려의 공격이 시작되었습니다. 4만여 명의 고구려군은 물밀듯이 후연의 요동성을 쳤습니다.

고구려군이 갑자기 쳐들어오자 요동성에서는 구원병을 보내 달라고 요청했습니다. 이에 당황한 모용수는 장군 학경을 보내 막도록 했습니다.

"이번에야말로 지난날의 치욕을 갚아 주마."

하지만 학경도 예전에 모용씨에게 당했던 수모를 갚으려는 고구려군의 의지를 꺾지는 못했습니다.

고구려군은 학경의 구원병을 물리치고 요동과 현도성을 함락했습니다.

이 전쟁에서 승리한 고구려군은 1만여 명의 포로를 잡아 영광스럽게 돌아왔습니다.

하지만 그 해 11월 고구려는 후연의 모용농에게 요동을 다시 빼앗겼습니다.

고구려가 이렇게 요동 땅을 두고 후연과 힘겨루기를 하고 있는 사이, 남쪽에서는 진사왕이 이끄는 백제군이 쳐들어왔습니다.

389년 백제는 고구려의 국경 지역에 쳐들어와 약탈을 하고 돌아갔으며, 다음 해에는 도압성을 함락하고 2백여 명의 포로를 잡아갔습니다.

고국양왕은 이렇게 남쪽의 국경을 침범하는 백제를 견제하기 위해 신라에 사신을 보냈습니다. 신라는 당시 배를 타고 바다를 건너와 약탈을 해 가는 왜인들에게 시달리고 있었습니다. 이에 신라의 내물왕은 조카인 실성을 고구려에 볼모로 보내고 고구려의 도움을 받게 되었습니다.

후연을 치고 신라와 수교하다

고구려의 벽화

수박도(고구려의 전통 무예인 수박을 하고 있는 모습)

곡예를 하고 있는 사람과 이를 구경하고 있는 귀족

평양성의 모습은 어땠나?

대동강 주변의 비옥한 땅인 평양은 신라와 백제를 견제하기에 가까운 거리였으며, 서해 바다를 통해 교역을 나누기에 적합했습니다.

따라서 평양으로 도성을 옮긴 것은 영토 확장의 의지를 보여 주는 것이었습니다.

평양성은 평평한 땅 위에 세워진 평지성의 장점과 산성의 장점을 두루 생각하여 쌓은 성입니다. 성은 모두 종합 내성·외성·북성·중성으로 이루어졌으며, 성벽의 길이는 총 23킬로미터입니다.

내성은 대동문 아래에서 서북쪽으로 남산 고개를 지나 만수대까지입니다. 평지성인 외성은 대동강과 보통강으로 싸여 있습니다.

북성은 만수대 북쪽과 모란봉이 감싸고 있는 부분입니다.

평양성의 성벽은 돌로 쌓거나 돌과 흙을 섞어 쌓기도 하였는데, 산이 험한 곳에서는 바깥쪽만 쌓는 외면법을 썼고, 평지에서는 안팎으로 쌓는 양면 축조법을 사용했습니다.

을밀대(고구려 시대 평양성의 군사 지휘소로 사용되던 것을 조선 시대인 1714년에 고쳐 세움.)

쏙쏙 역사 상식

고구려의 제도와 법률

고구려 사회의 법률은 매우 엄격했습니다.

고구려는 건국 초기부터 수많은 전쟁을 겪으며 영토를 넓혀 왔으므로 전쟁의 승패는 곧 나라의 운명과도 직결되어 있었습니다. 그래서 고구려에서는 전쟁에 패한 자는 목을 잘라 책임을 엄하게 물었습니다.

나라에 가장 해가 되는 범죄자인 반역자에 대해서는 불로 태우고 목을 잘랐습니다.

이 밖에 사형을 내릴 수 있는 다른 범죄는 살인이었습니다. 즉 살인을 한 사람은 전쟁에서 패한 자와 같이 목을 잘랐습니다.

그리고 도둑질을 한 자는 자신이 훔친 것의 12배를 배상해야 했습니다.

만일 실수로 남의 소나 말을 죽게 하면 그 가축의 주인에게 속한 노비가 되어야 했습니다. 이는 고구려 사회에서 소나 말을 얼마나 중요하게 여겼는지를 말해 주는 것입니다.

고구려는 이렇게 엄격한 법률을 통해 더욱더 강력하게 사회를 통제할 수 있었습니다.

세금을 거두어들이는 방식인 조세 제도에는 조와 인두세가 있었습니다.

조는 집집마다 곡식으로 받는 세금이었으며, 인두세는 사람마다 베나 곡식으로 받는 세금이었습니다.

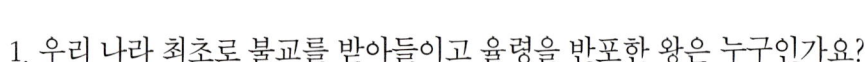

역사 풀이

1. 우리 나라 최초로 불교를 받아들이고 율령을 반포한 왕은 누구인가요?
   ① 봉상왕   ② 소수림왕   ③ 고국원왕   ④ 고국양왕

2. 우리 나라 최초의 국립 교육 기관은 무엇인가요?
   ① 태학   ② 경당   ③ 서원   ④ 서당

3. 고구려에 세워진 최초의 절 이름은 무엇인가요?
   ① 성문사
   ② 불국사
   ③ 황룡사
   ④ 수덕사

4. 불교를 믿게 됨으로써 백성들에게는 어떤 변화가 생겼나요?

   ----

5. 소수림왕 때 평양성을 공격한 나라는 어디이며 왕은 누구인가요?
   ① 신라의 내물 마립간
   ② 전진의 부견
   ③ 연나라의 모용위
   ④ 백제의 근구수왕

6. 소수림왕이 전진과 동진 두 나라에 모두 승려를 요청한 이유는 무엇인

역사 풀이

가요?

----

7. 후연을 세운 모용수가 차지하고 있던 고구려 땅은 어디인가요?
   ① 유주와 기주
   ② 경주와 상주
   ③ 황산과 웅진
   ④ 평양과 졸본

8. 고국양왕이 후연을 공격한 이유는 무엇인가요?

----

9. 고국양왕이 왕위에 오른 이유는 무엇인가요?
   ① 고구려에 인재가 없어서
   ② 신하들이 반란을 일으켜 왕으로 추대했기 때문에
   ③ 선왕인 소수림왕에게 아들이 없었으므로
   ④ 자기 스스로 역모를 꾀해 왕이라 부르길 강요했으므로

제 19 대
광개토 대왕

(375~413년)
재위 : 391~413년

이름은 담덕입니다.

소수림왕과 고국양왕이 이루어 놓은 기반 위에서 고구려의 영토를 가장 크게 넓힌 왕입니다.

396년 수군을 거느리고 백제를 정벌하여 58개의 성을 빼앗았으며, 왕의 동생 및 신하 10명을 볼모로 잡고 돌아왔습니다. 이어 한강 이북과 예성강 동쪽을 차지한 광개토 대왕은 400년에는 신라의 내물왕이 왜의 침입을 받고 구원을 요청하자, 5만의 군사를 보내 왜구를 물리쳤습니다.

410년 남쪽으로는 동예를 점령하고 동부여를 점령하였으며, 서쪽으로는 후연을 격파하고 요동 지역을 정벌하여 만주 지역을 장악하게 되었습니다.

활발한 정복 정책으로 넓은 영토를 지배했던 광개토 대왕은 413년 숨을 거두었습니다. 지금까지 능은 발견되지 않았으나, 국내성이 있던 부근에 있는 장군총이 광개토 대왕의 능으로 추정되고 있습니다. 장수왕 때 세워진 광개토 대왕비에는 그의 화려한 업적이 기록으로 남아 있습니다.

백제와의 싸움

　391년, 고국양왕에 이어 고구려의 19대 왕이 된 광개토 대왕은 5년 전 태자로 책봉되던 때를 떠올렸습니다.
　386년, 고국양왕은 왕자 담덕을 태자로 삼았습니다. 후에 광개토 대왕이 되어 고구려의 전성기를 일구는 태자 담덕은 어려서부터 총명하고 용감하여 왕이 될 재목으로 여겨졌습니다.
　고국양왕은 태자로 책봉된 담덕에게 특별한 말을 남겼습니다.
　"태자는 할아버님인 고국원왕이 어떻게 돌아가셨나 하는 것을 한시도 잊어서는 안 될 것이다. 조상이 겪은 수모를 꼭 갚아 한을 풀어 드리도록 하여라."
　광개토 대왕은 이 말을 가슴에 새기고 왕위에 오르자마자 백제를 칠 준비를 했습니다.
　그는 어느 날 신하들을 모두 모이게 했습니다.

　신하들의 앞에는 커다란 상이 있었고, 그 위에는 여러 종류의 무기들이 놓여져 있었습니다.
　신하들은 깜짝 놀랐습니다. 이러한 의식은 왕이 신하에게 자결을 하도록 할 때나 역모를 꾀할 때에 열곤 하던 의식이었기 때문이었습니다.
　겁에 질려 서로 눈치만 보고 있는 신하들에게 광개토 대왕이 말했습니다.
　"상 위에 있는 무기들 중에서 하나씩을 고르시오."
　무기가 신하들의 손에 쥐어지자, 광개토 대왕은 갑옷을 가져오게 했습니다. 그리고는 신하들에게 갑옷을 나누어 주었습니다.
　"내가 무기와 갑옷을 준 것은 우리들이 편하게 세월을 보낼 때가 아니기 때문이오."
　신하들은 그제야 광개토 대왕의 속마음을 알아차렸습니다.
　"나는 이제부터 백제를 치려 하오. 그대들은 나를 도와 죽음을 각오하고 싸움에 임하시오."
　체격이 크고 의지가 굳을 뿐더러 활로 호랑이를 잡는 용맹함까지 갖춘 광개토 대왕은 4만의 군사로 백제를 공격했습니다.
　광개토 대왕은 치밀하고 대담한 작전으로 단숨에 백제의 10개 성을 점령해 버렸습니다.
　그러자 백제의 진사왕은 신하들을 불러 물었습니다.

"고구려의 왕이 어떤 인물이길래 이토록 쉽게 성을 내준단 말이냐?"

"고구려의 왕은 담덕이라 하옵는데, 지략이 뛰어나 군사를 잘 쓴다 하옵니다."

이 말을 들은 진사왕은 광개토 대왕과 싸우기를 포기하고 성문을 굳게 걸어 잠갔습니다.

"대왕마마, 북쪽에서 거란군이 침입했습니다."

광개토 대왕이 여세를 몰아 백제를 공격하려 할 때 북쪽에서 거란이 쳐들어와 재물을 약탈하고 백성들을 잡아갔다는 소식이 들려 왔습니다.

광개토 대왕은 재빨리 북쪽을 향해 달려갔습니다. 그러자 거란군은 광대토 대왕이 온다는 소식을 듣고 미리 겁을 먹고 달아났습니다.

"고구려군이 돌아갔다니 이제야 안심이구나."

진사왕은 거란의 침입 덕분에 겨우 숨을 돌리는가 싶었습니다. 하지만 거란을 정벌하고 그들에게 잡혀 갔던 1만여 명의 고구려 인들을 데리고 온 광개토 대왕은 다시 백제를 공격했습니다.

광개토 대왕이 제일 먼저 목표로 한 곳은 백제의 관미성이었습니다. 관미성은 지금의 강화도 부근으로 추정되는 성으로 백제가 자랑하는 수군의 전진 기지인 동시에 대규모의 조선소가 있

는 곳이었습니다.

백제는 삼국 중에서 해군의 힘이 가장 우수했습니다. 광개토 대왕은 고구려가 해전에 약한 것을 알고 해군의 힘을 키우고 배 만드는 기술을 확보하기 위해서도 관미성이 꼭 필요하다고 생각했습니다.

그러나 관미성은 사면이 바다로 둘러싸인 천연 요새였습니다.

"관미성은 험준한 산과 바다를 끼고 있어 쉽게 함락되지 않을 것이다."

진사왕은 감히 광개토 대왕과 맞서 싸우지는 못했으나 관미성의 튼튼함만은 굳게 믿었습니다.

"부대를 7개로 나누어 끝까지 공격하라!"

하지만 광개토 대왕은 모든 군사를 동원하여 20일 동안 쉴새없이 공격을 퍼부어 마침내 관미성을 함락시키고 말았습니다.

이 일로 백제의 진사왕은 충격에 휩싸였으며, 진사왕이 죽고 조카인 아신왕이 왕위에 오르게 되었습니다.

아신왕은 빼앗긴 영토를 되찾기 위해 관미성과 수곡성 등을 3년 동안 쉬지 않고 공격했지만 허사였습니다.

광개토 대왕이 백제군 사이에 첩자를 심어 그들의 움직임을 훤히 알고 있었기 때문이었습니다.

오히려 395년에는 패수에서 크게 패해 8천여 명이 고구려의 포

고구려 왕조 700년

로가 되었습니다.

다음 해인 396년 광개토 대왕은 자신이 직접 백제 정벌에 나서 58개의 성과 700여 개의 마을을 정복하고 백제의 수도인 하남 위례성을 포위했습니다.

고구려 군사의 전투

아신왕은 왜병까지 끌어들여 온힘을 다해 방어했지만, 막강한 고구려군을 막아 내지는 못했습니다.

광개토 대왕은 마침내 위례성을 함락하고 아신왕으로부터 평생 신하가 되겠다는 항복을 받아 냈습니다. 광개토 대왕은 아신왕의 동생과 대신 등 10명의 볼모를 잡아 돌아왔습니다.

백제와의 싸움

후연과 싸우다

광개토 대왕은 백제와 싸우느라 전력을 많이 소비했음을 깨닫고 후연에 사신을 보내 화친을 청했습니다.

'고구려에서 화친을 하자는 것은 힘이 약해졌기 때문일 것이다. 이 때를 놓치지 말고 공격해야 한다.'

후연의 왕 모용희는 고구려에서 보낸 조공을 받지 않고 사신이 무례했다는 거짓 이유를 들어 공격해 왔습니다.

400년 광개토 대왕은 모용희를 반격하여 신성과 남소성을 함락시켰습니다.

한편 백제와 왜군이 연합해 신라를 치려 한다는 소문이 들려 왔습니다.

광개토 대왕은 곧 5만 명의 기병을 보냈습니다. 고구려군은 왜군의 본거지까지 쳐들어가 전멸시켰습니다.

그 후 왜군은 고구려가 두려워 바다를 건너오지 못하게 되었습니다.

처음부터 큰 뜻을 품고 '영락'이라는 연호를 썼던 광개토 대왕은 402년 후연에 대한 반격을 본격적으로 시작했습니다.

광개토 대왕은 요하를 건너 후연의 평주 지방의 중심지인 숙군

성을 공격했습니다. 그러자 유주 자사인 모용귀는 지레 겁을 먹고 달아났습니다.

광개토 대왕은 이 숙군성을 기반으로 요동성을 비롯한 요동 지방의 성들을 격파하고 영토를 확장해 갔습니다.

405년 후연의 왕 모용희는 더 이상 물러설 수 없음을 알고 모득을 보내 요동성을 공격하도록 했습니다. 그러나 고구려군은 모득에게 처참한 패배를 안겨 주었습니다.

막강한 고구려의 군사력을 확인한 모용희는 생각을 바꾸어 먼저 거란을 치기로 했습니다.

하지만 모용희는 거란의 힘에 밀려 고구려 쪽으로 쫓겨 오게 되었습니다.

"군사들이 추위와 굶주림으로 쓰러지고 있습니다. 어서 돌아가는 것이 좋을 듯합니다."

"이대로 돌아갈 수는 없다. 고구려에게 빼앗긴 목저성을 공격하라."

모용희는 신하들의 권유를 뿌리치고 목저성을 공격했으나 끝내 고구려군에게 패하고 발길을 돌려야 했습니다.

결국 고구려와의 전쟁에서 패한 후연은 407년에 멸망하게 되었습니다.

후연이 망하고 중국에는 북연과 남연이 일어났습니다.

후연과 싸우다

만주벌의 광활한 영토를 차지한 광개토 대왕은 남연의 왕 모용 초에게 천리마를 보내 화친을 도모하는 외교술을 폈습니다. 그리고 북연의 왕 고운에게도 사신을 보냈습니다.
　그러자 고운은 본래 고구려의 후손인 점을 내세워 화친을 제의했고 광개토 대왕이 이 제의를 받아들였습니다.
　이로써 서쪽으로의 영토 확장은 마무리를 짓게 되었습니다.
　이후 광개토 대왕은 남쪽으로 눈을 돌려 동부여의 64개 성을 함락시켰습니다.

작은 산처럼 보일 만큼 큰 광개토 대왕의 무덤

광개토 대왕은 413년 10월, 39세의 나이로 세상을 떠났습니다. 1년 뒤 장수왕이 고구려의 건국과 광개토 대왕의 업적을 새긴 광개토 대왕비를 세워 동북 아시아의 최강국을 일구어 낸 그의 업적을 기렸습니다.

제 20 대
장수왕

(394~491년)
재위 : 413~491년

이름은 거련입니다.

광개토 대왕의 맏아들로 408년에 태자로 책봉되었다가 부왕에 이어 고구려 제20대 왕이 되었습니다.

체격이 크고 위엄 있는 모습에 대장부의 기질을 지녔던 장수왕은 왕위에 오르자 뛰어난 외교술을 발휘하여 중국의 진·송·위 나라 등에 사신을 파견하여 국교를 맺었습니다.

427년에는 서울을 만주 퉁커우 지방에 있던 국내성에서 평양으로 옮기고 백제로 쳐들어갔습니다. 그 결과 장수왕은 백제의 수도인 한성을 함락하고 백제의 개로왕을 사로잡아 죽였습니다.

이어 480년 말갈의 군사와 함께 고명성을 비롯한 신라의 7성을 빼앗았습니다. 이로써 고구려의 영토는 나라를 세운 이후 가장 넓은 지역을 차지하게 되었습니다.

뛰어난 외교술을 펼치다

  413년 태자 거련이 왕위에 올랐을 시기 중국은 매우 혼란스러운 상황이었습니다.
  당시 중국은 5호 16국 시대에서 남북조 시대로 넘어가 동진이 망한 뒤 중국의 남쪽에 세워진 송, 제 , 양, 진의 남조와 북위, 동위, 서위, 북제, 북주의 북조가 서로 각축을 벌이고 있었습니다.
  이런 형세 속에서 고구려는 남쪽의 백제와 북쪽의 북위라는 두 나라를 견제해 가며 나라를 지켜 내야 하는 상황이었습니다.
  장수왕은 주변의 여러 나라와 화친을 해 가며 넓은 영토를 지켜 나가고자 했습니다.
  그러다가 420년에 동진이 망하고 북위가 새로운 강국으로 떠올랐습니다.
  장수왕은 북위에 사신을 보냄으로써 좋은 관계를 유지하고자 했습니다. 그러나 북연의 처리를 놓고 장수왕은 북위와 충돌하게 되었습니다.

북연은 선비족 모용씨의 후손들이 주축이 되어 세운 나라였습니다. 중국의 용성 지역을 근거지로 삼고 있던 북연은 서쪽으로는 후연, 동쪽으로는 거란의 세력에 눌려 겨우 나라의 이름만 유지하고 있는 상황이었습니다.

북연은 장수왕에게 사신을 보냈습니다.

"전쟁이 일어나면 북연을 도와 주십시오."

"북연은 선왕 때부터 우리와 가까운 사이였으니 그리하겠소."

장수왕은 내키지 않았지만 북연의 요청을 받아들였습니다.

그러던 중 강력한 북위 군사가 북연으로 진군해 들어오게 되었습니다.

"뭐라고! 북위의 군사를 더 이상 막아낼 수가 없다고?"

북연의 왕 풍홍은 고구려에 도움을 요청했습니다.

"북위가 북연을 멸망시키고 난 뒤에는 반드시 그 칼을 우리 고구려를 향해 돌릴 것이다. 그렇다고 북연을 도와 점점 강해지는 북위와 맞서게 해도 이로울 것이 없다."

잠시 고민에 빠졌던 장수왕은 묘안을 짜냈습니다.

장수왕은 풍홍의 요청을 받고 갈로와 맹광을 불렀습니다.

"그대들은 군사를 이끌고 가 북위와 싸우라. 하지만 군사들에

고구려 왕조 700년

게 북연의 군복을 입히고 무기를 들게 해야 한다."

갈로와 맹광은 4만여 명의 군사를 이끌고 북연으로 가 장수왕의 명령대로 했습니다.

장수왕은 북연을 돕는다는 명분을 내세워 중국 땅의 중심으로 진출하려는 생각까지 하고 있었습니다. 그러나 북위와의 싸움이 길어지자 그 생각을 바꾸어 군사들을 불러들였습니다.

고구려군은 북연의 궁궐에 불을 지르고 풍홍을 비롯하여 성에 남아 있던 사람들을 데리고 고구려로 왔습니다.

이 때 북연의 궁궐은 한 달 동안이나 연기를 피워 올렸으며, 고구려를 향해 오는 행렬의 길이는 80리나 되었습니다.

"고구려가 구원병을 보내 북연을 돕다니 용서할 수 없다."

이 일은 곧 북위의 왕에게 전해졌습니다. 북위의 왕은 고구려에 사신을 보냈습니다.

"우리와 적이 되어 싸우기 싫다면 북연의 왕 풍홍을 넘기도록 하시오."

그러나 장수왕은 이 요구마저 거절했습니다. 북위의 왕은 불같이 화를 내며 신하들을 불러 모았습니다.

"고구려가 감히 내 요구를 거절하다니 당장 공격하여 버릇을 고쳐 주리라!"

이 때 한 신하가 나섰습니다.

뛰어난 외교술을 펼치다

"폐하, 고구려의 군사들은 북연 군사의 옷과 무기를 들고 싸웠습니다. 이는 고구려가 우리를 적으로 생각하고 있지 않다는 뜻입니다. 그런데도 공격을 한다면 고구려는 북연의 세력을 다시 모아 군사를 일으킬 것입니다."

북위 왕은 신하의 말을 들어 고구려를 공격하지 않았습니다.

덕분에 북연의 왕 풍홍은 무사히 요동 지방으로 피신할 수 있었습니다.

장수왕은 사신을 보내 풍홍을 위로했습니다.

"용성왕은 나라를 잃어 마음이 아프겠지만 북풍을 다스리며 후일을 도모하시오."

사신의 말을 들은 풍홍은 펄쩍 뛰며 화를 냈습니다.

"나를 북연의 왕이라 부르지 않고 북풍같이 조그만 땅이나 다스리며 살라니 받아들일 수 없소."

거기다 풍홍은 남의 나라에 몸을 피해 있으면서도 거드름을 피웠습니다.

장수왕은 풍홍을 괘씸하게 여겨 노비와 시녀들을 모두 거두고, 아들을 인질로 잡았습니다.

풍홍은 이에 고구려에는 더 이상 머물 수 없음을 알고 송나라 태조에게 자신을 받아 달라는 요청을 했습니다.

그러자 송나라 태조는 사신 왕백구를 장수왕에게 보냈습니다.

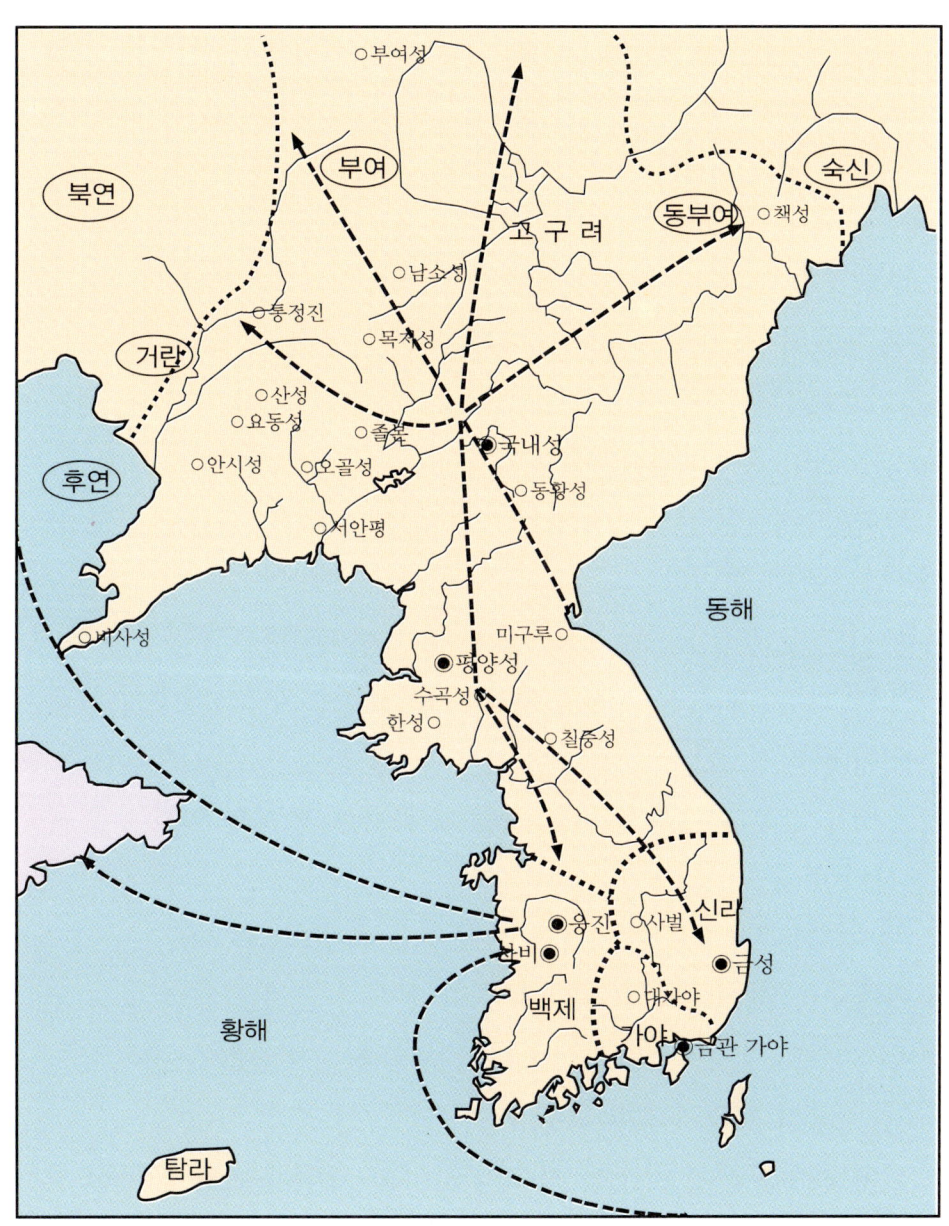

전성기 때의 고구려 영토

"북연의 왕이 송나라로 오길 바라니 고구려에서는 그의 뜻을 들어 주시오."

송나라 태조가 여비까지 보내며 풍홍을 건네 주길 원하는 것은 북연의 세력을 통해 북위와 고구려를 견제하려는 뜻이었습니다.

장수왕은 송나라 태조의 속셈을 알아차렸지만, 남조의 강자인 송나라까지 적으로 만들 수는 없었습니다.

그렇다고 풍홍을 순순히 송나라로 보낸다면 북위와의 관계가 껄끄러워질 것이 뻔했습니다.

장수왕은 우선 왕백구에게 풍홍을 건네 주었습니다. 그리고 풍홍 일행이 북풍이라는 곳에 닿자 곧바로 손수와 고구를 불렀습니다.

"그대들은 지금 당장 북풍으로 달려가 풍홍과 그 가족의 목을 베어 버리시오."

왕명을 받은 손수와 고구는 북풍에서 풍홍과 그의 일가족을 몰살시켜 버렸습니다.

"뭣이라고? 고구려의 장수들이 풍홍을 죽였다고!"

왕백구는 자신이 인솔하던 풍홍의 일행이 죽자, 7천여 명의 군사를 이끌고 달려와 고구를 죽이고 손수를 사로잡았습니다.

"왕백구가 계략에 걸려들었군."

장수왕은 회심의 미소를 지으며 군사를 보내 송나라 군사를 꺾

고 왕백구를 붙잡았습니다.

　장수왕은 송나라 태조에게 왕백구를 보냈습니다.

　'왕백구는 고구려 장수를 죽인 살인자이니 송나라에서 엄벌로 다스려 주길 바랍니다.'

　송나라 태조는 장수왕이 풍홍을 보내지 않기 위해 꾸민 일임을 알면서도 어쩔 수 없이 왕백구를 옥에 가두었습니다. 송나라로서도 강력한 고구려와 적대하기는 어려웠던 것입니다.

　장수왕은 왕백구를 옥에 가두었다는 소식을 듣고 사신을 보내 송나라와 화친을 했습니다. 그리고 나서 한동안 좋지 않은 사이로 남아 있던 북위와도 화친을 하게 되었습니다.

　몇 년 뒤 북위는 그 세력이 더욱 강해졌습니다.

　그러자 466년 고구려를 칠 속셈으로 북위를 실질적으로 다스리고 있던 문명 태후가 사신을 보냈습니다.

　"북위 왕실의 번영을 위해 왕이 여섯 후궁을 맞으려 하니 고구려에서도 공주를 보내 혼인하도록 하시오."

　장수왕은 곧 답을 했습니다.

　"공주는 이미 시집을 갔으니 조카딸을 보내도록 하겠소."

　문명 태후가 이를 받아들이자, 장수왕은 신하들을 시켜 신부측에서 예물을 준비해 신랑측으로 보내는 폐백을 준비하도록 했습니다.

뛰어난 외교술을 펼치다

그런데 이를 지켜 본 한 신하가 장수왕에게 아뢰었습니다.
"과거 위나라는 연나라와 혼인을 했지만 얼마 안 되어 군사를 일으켜 연나라를 쳤습니다."
"그것이 사실이오?"
"그렇습니다. 연나라에게 했던 것과 마찬가지로 혼인을 핑계로 보내 온 북위의 사신은 우리 나라의 지형과 조정의 상황을 염탐하기 위한 것이옵니다. 그러니 이 혼인은 거절하셔야 하옵니다."
장수왕은 신하의 말을 받아들여 혼인을 거절하기로 했습니다.
'조카딸이 갑자기 죽었으니 혼인을 할 수가 없게 되었습니다.'
그러나 북위에서는 조카딸이 죽었다면 왕실의 다른 처녀하고라도 혼인을 하겠다고 한사코 우겼습니다.
장수왕은 이를 받아들이는 척하면서 차일피일 시간을 끌었습니다.
그 때 마침 북위의 왕이었던 현조가 죽음으로써 혼인은 흐지부지 끝나 버리고 말았습니다.
장수왕은 이렇듯 탁월한 외교술을 발휘하여 중국 대륙의 여러 나라와 유연한 관계를 유지했습니다.

262

고구려 왕조 700년

장수왕의 남하 정책

후연이 망하고 북쪽의 정세가 어느 정도 안정되자 장수왕은 427년 도읍을 평양으로 옮겼습니다. 그것은 남쪽의 백제와 신라

평양성 내성의 북문에 해당하는 칠성문(현재의 누각은 1712년에 새로 지은 것임.)

를 견제하기 위한 것이었습니다.

그러자 백제의 비유왕과 신라의 눌지왕은 동맹을 맺고 고구려의 침입에 대비했습니다.

그러던 중 장수왕이 왕위에 오른 지 28년이 되는 해인 440년, 고구려의 변방을 지키던 장수가 신라 사람에 의해 죽는 일이 벌어졌습니다. 이에 신라의 눌지왕은 위기를 느끼고 장수왕에게 사신을 보내 사과를 했습니다.

그럼에도 불구하고 장수왕은 점점 강해지는 신라를 견제하기 위해 468년 말갈의 군사 1만 명을 보내 신라의 실직주를 점령하도록 했습니다. 그러자 백제의 개로왕은 고구려의 남쪽을 친 다음 북위에 도움을 청했습니다.

이 사실을 안 장수왕은 북위에 화친을 강화하여 백제의 청을 거절하도록 했습니다.

장수왕은 백제를 칠 결심을 굳히고 승려 도림을 보내 백제를 염탐하고 조정을 교란시키도록 했습니다.

475년, 장수왕은 3만의 군사를 이끌고 마침내 백제로 쳐들어갔습니다. 장수왕의 군대는 파죽지세로 남하하여 백제의 수도인 한성을 에워쌌습니다.

"태자는 신라에 도움을 요청하라!"

개로왕은 성문을 걸어 잠그고 문주 태자를 신라에 보내 구원병

고구려 왕조 700년

을 요청했습니다.

그러나 장수왕은 신라의 구원병이 도착하기 전에 한성을 함락한 뒤 탈출하려는 개로왕을 붙잡아 아차산성 아래에서 목을 베었습니다.

이로써 고국원왕 이래 백제에 맺혔던 한을 씻은 장수왕은 8천여 명의 백제 사람을 붙잡아 돌아왔습니다.

탁월한 외교력과 판단력으로 건국 이래 가장 넓은 영토를 다스렸던 장수왕은 491년 99세의 나이로 숨을 거두었습니다.

장수왕의 무덤으로 추정되는 장군 무덤

제 21 대
문자왕

(?~519년)
재위 : 491~519년

이름은 나운입니다.
장수왕의 손자이며 고추대가 조다의 아들로 문자명왕, 혹은 명치호왕이라고도 합니다.
장수왕이 79년 동안 왕위에 있자 그의 아들인 조다가 왕위를 잇지 못하고 죽게 되었습니다. 따라서 장수왕이 죽은 이후 왕위는 손자인 나운이 이어받게 되었습니다.
문자왕은 고구려의 넓은 영토를 다스리기 위해 외교에 치중하고, 나라를 안정시키기 위해 불교를 장려하였습니다.
또한 494년에는 물길족에 의해 부여가 멸망하자 왕족과 유민들을 받아들여 고구려 땅에 정착시켰습니다.
나제 군사 동맹을 맺고 남쪽에서 올라오는 백제와 신라의 연합군을 잘 막아 내는 한편, 497년에는 신라의 우산성을, 512년에는 백제의 가불성과 원산성을 점령하였습니다.

신라와 백제의 연합

　문자왕은 장수왕의 정책을 그대로 이어받았습니다.

　문자왕이 고구려를 다스리던 시기에 중국은 여러 세력으로 나누어져 있었습니다. 특히 북쪽에는 기존의 강대국인 북위가 있었고, 남쪽에는 새롭게 일어난 양나라가 있었습니다.

　문자왕은 이러한 나라들과 굳이 적을 만들지 않고 친하게 지내며 장수왕이 넓혀 놓은 영토를 평화롭게 다스리기 위한 외교를 펼쳤습니다.

　한편, 백성들을 안정시키기 위해 평양에 금강사라는 절을 짓고 불교를 장려했습니다.

　494년, 800여 년 동안 지속되었던 부여 왕조가 물길족에게 망하는 일이 생겼습니다.

　물길족은 숙신의 한 부족이었습니다. 나라를 잃은 부여 왕과

왕족, 백성들은 고구려로 찾아와 자신들을 받아 줄 것을 부탁해 왔습니다.

문자왕은 영토를 넓히기보다는 나라를 안정적으로 이끌어 가고자 했지만, 남쪽의 신라와 백제는 상황이 달랐습니다.

신라와 백제는 서로 동맹을 맺고 장수왕 때 빼앗긴 영토를 회복하기 위해 국경을 자주 침범하고 있었습니다.

493년, 신라는 고구려의 국경을 점차로 압박하면서 북쪽으로 진군하여 대동강을 넘게 되었습니다.

문자왕은 이러한 신라군을 막기 위해 반격을 시작했습니다.

"신라군을 몰아 내라! 더 이상 땅을 내 주어선 안 된다."

고구려의 장수는 왕명을 받들어 군사를 이끌고 신라군과 싸움을 벌였습니다. 싸움에서 밀린 신라군은 견아성으로 후퇴를 했습니다.

"견아성을 포위하라."

견아성에 갇혀 방어에 급급했던 신라군은 황급히 백제에 구원병을 보내 달라고 부탁했습니다.

백제와 신라는 고구려가 침입하면 서로 군사를 보내 주기로 동맹을 맺고 있는 상태였습니다. 백제에서는 곧 3천의 군사를 견아성으로 보냈습니다.

"백제군 3천 명이 우리 진영의 후방에서 공격해 들어오고 있습

니다."

백제의 구원병을 확인한 신라군은 사기가 올라 강력한 반격을 해 왔습니다. 고구려 군사들은 양쪽에서 공격해 오는 신라와 백제군을 함께 막아 낼 수가 없었습니다.

"후퇴하라!"

고구려 군사들은 끝내 후퇴를 하고 말았습니다.

백제로 인해 신라와의 싸움에서 밀린 문자왕은 497년 다시 한 번 신라를 공격했습니다.

"이번에는 기필고 신라군을 꺾고 말리라."

문자왕의 대대적인 공격을 막아 내던 신라는 군사력의 열세를 이겨 내지 못하고 우산성을 빼앗기게 되었습니다.

신라는 곧 고구려에 사신을 보냈습니다.

"신라는 고구려와 전쟁을 중지하고 평화롭게 지내기를 원합니다."

결국 고구려는 신라의 뜻을 받아들여 휴전 협정을 맺었습니다.

한편, 신라가 오랫동안 지속되었던 동맹을 깨고 고구려와 휴전을 했다는 사실을 안 백제는 배신감을 느꼈습니다.

하지만 백제는 가뭄으로 사정이 어려워 군사를 일으킬 상황이 아니었습니다.

문자왕은 이 틈에 백제를 칠 계획이었습니다. 그러나 신하들이

신라와 백제의 연합

수많은 신하들을 거느리고 행차하는 고구려 왕의 모습

그를 막았습니다.

"대왕마마, 지금은 때가 아니오옵니다."

"나라의 힘을 키운 뒤 백제를 쳐도 늦지 않습니다."

백제에 대한 공격을 미루던 고구려는 502년 메뚜기 떼의 창궐과 지진으로 농사를 망치고 백성들이 죽는 일을 겪게 되었습니다. 백제는 이 틈을 타 고구려의 국경을 위협해 왔습니다.

506년 문자왕은 백제를 치기 위해 군사를 일으켰으나, 그 해 겨울 눈이 많이 내려 싸움 한 번 제대로 하지 못하고 말머리를 돌리고 말았습니다.

이후 512년 문자왕은 안정된 국력을 바탕으로 다시 한 번 군사를 일으켜 백제의 원산성과 가불성을 함락하기에 이르렀습니다.

문자왕은 이 싸움을 끝으로 고구려를 평화롭게 다스려 나갔습니다. 이러한 그의 정책은 영토를 더 넓히기보다는 안정되게 나라를 이끌어 가고자 하는 의지에서 나온 것이었습니다.

문자왕은 28년 간 고구려를 이끌다가 519년에 세상을 떠났습니다.

신라와 백제의 연합

고구려인들은 어떤 집에서 살았나?

고구려의 가옥은 기와집과 초가집으로 나눌 수 있습니다.
기와집이 우리 나라에 언제 들어왔는지는 정확하지 않습니다.
다만 서기전 2~1세기경 한나라의 무제가 위만 조선을 멸망시키고 한사군을 설치한 시기에 한반도 북쪽에서부터 등장한 것으로 보고 있습니다.
이러한 기와집은 왕궁과 관청·사원 등에만 쓰였습니다.
한편 일반 백성의 집은 초가집이었습니다.
초가집은 보통 온돌을 사용하였는데 온돌 바닥에 평평한 돌인 구들을 깔고 그 밑에 연기가 지나가는 길을 만든 다음 굴뚝으로 빠져 나가도록 한 것이었습니다. 아궁이에 땔감을 태우면 이 때 생기는 열기가 바닥의 구들을 데

아궁이와 굴뚝의 모습이 뚜렷한 철제 부뚜막

우는 난방법이라고 할 수 있습니다.

　온돌은 오랫동안 열을 간직할 수 있어 적은 연료로도 난방을 효과적으로 할 수 있었습니다.

　고구려에서 온돌이 발달하게 된 것은 한반도의 북쪽이 남쪽에 비해 겨울이 춥고 길기 때문이었습니다.

　날씨가 더운 남쪽에서는 온돌 대신 마루를 만들어 좀더 시원한 집을 지었습니다.

고구려의 수막새(고구려인들이 기와집을 지었음을 보여 줌.)

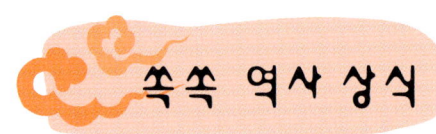
쏙쏙 역사 상식

광개토 대왕비의 비밀

　광개토 대왕비는 고구려 19대 왕인 광개토 대왕의 업적을 기념하기 위해 아들인 장수왕이 414년에 세운 비석입니다.

　'국강상광개토경평안호태왕'이라는 광개토 대왕의 긴 묘호의 끝의 세 글자를 따서 '호태왕비'라고도 부릅니다.

　광개토 대왕비는 중국의 길림성 통화전구 집안현의 통구성에서 약 4.5km 지점에 있는데, 이 곳에서 300m 떨어진 곳에 태왕릉이 있고, 1.5km 되는 곳에는 장군총이 있습니다. 이 두 개의 무덤은 광개토 대왕의 묘로 추정되고 있지만, 어느 것이 진짜인지는 밝혀 내지 못하고 있습니다.

　광개토 대왕비는 고구려가 멸망한 뒤에 땅 속에 묻혀 있다가 1880년경에 땅을 일구던 농부에 의해 발견되었습니다.

　비가 발견되자 그 곳의 지사로 있던 장월이라는 사람이 탁본을 떠서 북경에 보내면서 세상에 소개되었습니다.

　그 이후 아시아 점령을 꿈꾸던 일본 참모 본부는 이 비석이 매우 중요하다는 것을 알고 일부를 조작했다는 의혹을 받고 있습니다.

　고대 일본이 바다를 건너와 백제와 신라를 정복했다는 내용을 넣기 위한 것이었다고 하지만 사실은 고구려가 백제와 신라를 정복했다는 내용인 것으로 알려져 있습니다.

　너비 1.35m, 높이 6.39m인 광개토 대왕비는 아직도 이러한 비밀을 간직한 채 중국의 땅에 의연하게 서 있습니다.

광개토 대왕비(장수왕이 광개토 대왕의 업적을 기리기 위해 세운 것)

역사 풀이

1. 광개토 대왕의 왕위에 오르기 전 이름은 무엇인가요?
   ① 연불   ② 거련   ③ 이련   ④ 담덕

2. 광개토 대왕이 신하들 앞에 무기를 내놓은 이유는 무엇인가요?
   ① 자결을 하라고
   ② 죽음을 각오하고 싸우라고
   ③ 반역을 하지 말라고
   ④ 새로운 무기를 개발하라고

3. 광개토 대왕이 백제를 멸하기 위해 제일 먼저 차지하려고 한 성은 어느 성인가요?
   ① 요동성   ② 한성   ③ 자비성   ④ 관미성

4. 백제는 고구려와의 싸움에서 불리해지자 어떻게 했나요?

   ----

5. 광개토 대왕이 점령한 나라가 아닌 것을 찾아보세요.
   ① 백제
   ② 거란
   ③ 동부여
   ④ 신라

역사 풀이

6. 광개토 대왕의 업적을 기려 장수왕이 세운 비석의 이름은 무엇인가요?

   ----

7. 장수왕 때 중국의 패권 다툼에서 밀려나 고구려로 들어온 풍홍은 어느 나라 왕이었나요?
   ① 북위　　② 송나라　　③ 북연　　④ 동진

8. 장수왕이 신라에 대한 공격을 시작하자 신라는 어떻게 했나요?

   ----

9. 장수왕 때 백제로 들어가 정보를 빼 온 고구려의 승려는 누구인가요?
   ① 아도　　② 도림　　③ 순도　　④ 대구

10. 우리 나라 역사상 가장 넓은 영토를 이룬 왕은 누구인가요?
    ① 소수림왕
    ② 광개토 대왕
    ③ 장수왕
    ④ 문자왕

제 22 대
안장왕

(?~531년)
재위 : 519~531년

　이름은 흥안입니다. 문자왕의 맏아들로 498년에 태자로 책봉되었다가 519년에 왕위에 올랐습니다.
　안장왕은 고구려 특유의 외교 정책을 유지하여 중국의 북위, 양나라와 화친하였습니다. 북위에서는 한때 양나라와의 외교 관계를 끊으라고 요구해 왔습니다. 안장왕은 이러한 요구를 거절하고 계속해서 양나라와 우호적인 관계를 유지했습니다.
　한편, 안장왕은 백제와 전쟁을 벌여 밀고 밀리는 싸움을 계속했습니다. 529년 안장왕은 영토 확장을 노리는 백제와 또다시 전쟁을 벌였습니다. 거의 2년 간이나 지속된 이 싸움에서 안장왕은 오곡성을 빼앗는 성과를 올렸습니다.
　이후 안장왕은 백제를 줄기차게 몰아붙였으나 531년 숨을 거둠으로써 전쟁은 끝이 나게 되었습니다.

안장왕과 한씨 미인의 사랑

문자왕 때 일이었습니다.

고구려의 태자는 백성들이 사는 모습을 살피고자 상인의 옷을 입고 여행을 하게 되었습니다.

그러던 어느 날 태자는 한강 하류 백제 땅에 있는 작은 마을에 도착하게 되었습니다.

날은 벌써 어두워져 더 이상 길을 갈 수 없게 된 태자는 하룻밤 묵을 곳을 찾았습니다.

마침 태자의 앞에는 아담한 집이 보였습니다.

"지나가는 상인인데 하룻밤 묵어 갈 수 있겠소?"

태자는 문 앞에서 정중히 말했습니다.

주인은 태자를 상냥하게 맞았습니다. 그런데 방에 들어선 태자는 두 눈이 번쩍 뜨이고 말았습니다.

'아니, 저토록 아름다운 여인이 있을 줄이야.'
태자는 그 여인이 곧 그 집의 딸임을 알게 되었습니다.
"아가씨, 이름이 무엇이오?"
"한주라고 하옵니다."
한주도 태자를 처음 보는 순간 마음이 끌렸습니다.
태자는 얼마 동안 그 곳에 머물면서 한주와 점점 가까워졌고, 마침내 사랑하는 사이가 되었습니다.
그러나 태자는 그 곳에 오래 머물 수가 없었습니다.
"사실 나는 고구려의 태자로 한 곳에 오래 머물 수 없는 사람이오. 이제 떠나야겠소."
한주는 한참 동안 말이 없다가 드디어 입을 떼었습니다.
"돌아오실 건가요?"
"물론이오. 꼭 돌아와 당신을 데려가겠소."
한주는 태자의 품에 얼굴을 묻으며 눈물을 흘렸습니다.
다음 날 태자는 한주와 이별을 하고 고구려로 돌아갔습니다.
고구려로 돌아간 태자는 문자왕에 이어 안장왕으로 고구려를 이끌게 되었습니다.
'아, 한주가 그립구나!'
안장왕은 한주를 그리워하며 군사를 보내 한주가 있는 마을을 빼앗으러 했습니다. 그러나 군사들은 번번이 패한 채 돌아오기

만 했습니다.

한편, 한주가 있는 마을에는 새로운 태수가 부임했습니다.

태수 역시 한주의 아름다움에 반해 급기야 청혼을 하기에 이르렀습니다.

"나와 혼인해 주시오."

"저는 이미 마음에 품고 있는 사람이 있습니다. 청혼을 거두어 주십시오."

한주는 청혼을 거절했지만 태수는 뜻을 굽히지 않았습니다. 한주는 그 때마다 안장왕을 그리워하며 산마루에 올랐습니다.

'좀더 높은 곳에 오르면 그 분의 모습이 보일지 몰라.'

한주의 속마음을 알 길 없는 태수는 자신의 청혼이 몇 번이나 거절당하자 화가 났습니다.

"한주를 잡아다 옥에 가두어라!"

감옥에 갇혀 오직 안장왕만을 그리워하는 한주 이야기는 입에서 입으로 전해져 끝내는 안장왕에게까지 전해졌습니다.

"나로 인해 그런 고통을 받다니, 당장 당신을 구해 주겠소."

안장왕은 직접 군대를 이끌고 백제로 쳐들어갔습니다.

한주를 구하기 위해 결사적으로 싸우는 안장왕을 백제군은 당해 낼 수가 없었습니다.

백제군을 물리친 안장왕은 날쌘 장수를 시켜 한주를 데려오도

안장왕과 한씨 미인의 사랑

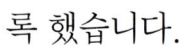

록 했습니다.

그러나 잠시 후 장수 혼자 돌아왔습니다.

"한주는 어찌하고 그대 혼자 돌아왔는가?"

"그 분께서는 항상 대왕마마를 기다리던 봉우리에 계시겠답니다. 그 곳에서 봉화를 올리고 대왕마마를 맞이하고 싶다고 하셨습니다."

안장왕은 주변의 산을 살펴보았습니다.

그러자 산봉우리 하나에서 흰 연기가 오르고 있었습니다. 안장왕은 서둘러 말을 몰아 그 산으로 달려갔습니다.

산마루에는 한주가 다소곳이 앉아 있었습니다.

"내가 왔소. 어서 돌아보시오!"

안장왕이 한주를 불렀습니다.

한주가 천천히 몸을 돌렸습니다. 안장왕은 그런 한주를 꼭 껴안아 주었습니다.

"정말 돌아오셨군요, 고마워요."

안장왕의 품에 안긴 한주의 두 눈에서는 기쁨의 눈물이 흘러내렸습니다.

사람들은 그 뒤 한주가 안장왕을 맞이한 그 곳을 고봉이라고 불렀습니다.

백제와의 싸움

  안장왕은 중국의 양나라와 북위를 모두 중요하게 여겨 화친을 도모했습니다. 그러자 북위에서는 양나라와의 외교 관계를 끊을 것을 요구해 왔습니다. 북위와 양나라는 서로 대립하고 있었기 때문이었습니다.
  '위나라는 양나라보다 먼저 생겼고, 거리도 가까우니 고구려는 양나라와의 외교 관계를 끊어야 하오.'
  북위의 황제는 사신을 보내 그 뜻을 전했습니다.
  안장왕은 이에 북위의 요구는 부당하여 받아들일 수 없다고 답하며 520년 양나라에 사신을 보냈습니다.
  양나라에서는 한 달 후 고구려에 답례를 했습니다.
  "양나라가 고구려와 화친을 하고 있으니 두고 볼 수 없다. 당장 양나라의 사신을 잡아들여라!"
  북위의 황제는 고구려와 화친을 도모하는 양나라에 화가 나 사신을 붙잡았습니다.
  이 일로 북위와 양나라는 더욱 대립하게 되었습니다. 거기다 두 나라 모두 나라 안 사정이 혼란스러웠습니다.
  고구려는 이 점을 충분히 활용하여 두 나라 사이에서 중립적인

외교를 펼치며 나라의 이익을 꾀했습니다.

중국과 안정적인 관계가 유지되자, 안장왕은 남쪽으로 백제에 눈을 돌렸습니다.

당시 백제는 말갈과 몇 년에 걸친 전쟁을 치른 뒤였습니다.

뿐만 아니라 자연 재해로 흉년이 들어 백성들이 동요하고 있었습니다.

고구려의 벽화 각저도(각저는 지금의 씨름과 같은 힘겨루기 시합으로 고구려인들이 즐겨했던 것으로 추측됨.)

안장왕은 532년 백제로 쳐들어갔습니다. 그러나 백제 장군 지충의 1만 군사에 밀리고 말았습니다.

고구려의 공격을 받은 백제의 성왕은 급히 신라의 법흥왕과 끊어졌던 동맹을 다시 맺었습니다. 그리고 흩어졌던 민심을 다시 모아 나라를 안정시켰습니다.

백제의 성왕은 다져진 국력을 바탕으로 서서히 영토를 확장하려 했습니다.

이를 눈치챈 안장왕은 529년 수만의 군사를 이끌고 백제의 혈성을 함락시키고, 오곡벌에서 치열한 전투를 벌였습니다.

이 싸움에서 백제군은 2천여 명이 죽고, 수천 명이 부상을 입고 후퇴하게 되었습니다.

안장왕은 이 승리의 여세를 몰아 백제를 밀어붙였습니다.

그러나 531년 안장왕은 숨을 거두고 말았습니다. 이와 함께 고구려의 백제 공격도 일단 끝이 나게 되었습니다.

백제와의 싸움

제 23 대
안원왕

(?~545년)
재위 : 531~545년

이름은 보연입니다.
문자왕의 둘째 아들로 안원왕에 이어 왕위에 올랐습니다.
안원왕은 키가 7척 5촌(2미터)에 이르고, 마음이 넓어 선왕인 안장왕이 특별히 아꼈습니다.
중국 대륙에서 치열하게 대립하고 있던 북위와 양나라 사이에서 중립 외교를 펼쳐 외교적 안정을 꾀했습니다.
또한 신라와 동맹을 맺고 올라오는 백제의 공격을 540년 우산성에서 막아 냈습니다.
하지만 국내 사정은 좋지 않아 재난과 흉년이 계속되었습니다.
안원왕은 추군과 세군이라는 두 왕비가 태자 자리를 놓고 다투다 내전이 일어나 혼란스러웠던 시기인 545년에 세상을 떠났습니다.

왕비들의 권력 다툼

안원왕은 키가 크고 인품이 뛰어나 따르는 사람이 많았습니다.
534년, 그가 왕위에 오른 지 얼마 안 되어서 중국의 북위는 동과 서로 분열되었습니다.

안원왕은 이러한 정세를 잘 이용하여 거리상으로 가까운 동위와 화친하였습니다. 남쪽의 양나라와도 외교 관계를 유지하며 중국 대륙의 나라들과 원만하게 지냈습니다.

특히 백제의 성왕이 요동 반도의 진출을 노리자, 동위로 하여금 백제를 치도록 했습니다.

백제는 국력이 약해진 탓에 동위를 막지 못하고 양나라에 도움을 청했습니다.

양나라는 강력한 나라인 고구려와 동위가 화친을 하고 있었기 때문에 백제를 도울 수 없었습니다.

결국 백제는 대륙에 진출하기 위한 기반을 잃게 되었습니다.
이후 백제의 성왕은 538년 서울을 사비로 옮기고 신라와 단절되었던 동맹을 맺고 나라의 힘을 키웠습니다.
백제의 힘이 커지는 것과는 다르게 고구려에는 가뭄이 들고, 태풍이 오는가 하면 해충이 농작물을 뒤덮어 백성들의 살림이 어려워졌습니다.
성왕은 이 기회를 놓치지 않고 군사를 일으켜 고구려의 우산성으로 진격해 왔습니다.
우산성은 고구려가 남쪽을 견제하는 전략기지였습니다. 따라서 고구려는 우산성을 기필코 지켜야 했습니다.
안원왕은 정예 기

우교차도(마차를 끌고 가는 고구려 병사로 보아 고구려의 교통 수단으로 마차가 중요한 역할을 했음을 알 수 있음.)

병 5천을 급히 우산성으로 보냈습니다.

　고구려는 죽기 살기로 우산성을 지키던 군사들과 잘 훈련된 기병의 협공으로 성을 빼앗기기 직전에 백제군을 겨우 물리칠 수 있었습니다.

　안원왕은 이 싸움 이후로는 다른 나라와 전쟁을 치르지 않았습니다.

　그러나 전쟁보다 더 무서운 내란이 일어났습니다.

　안원왕에게는 세 명의 왕비가 있었습니다. 아이를 갖지 못한 첫째 부인 이후에 두 명의 왕비를 더 들인 것이었습니다.

　그런데 둘째와 셋째 부인은 모두 아들을 낳았습니다.

　두 부인은 서로 자신의 아들을 왕으로 세우기 위해 신하와 귀족들을 끌어들였습니다.

　이러한 상황에서 545년 안원왕이 별안간 세상을 떠나자, 두 편으로 나뉜 고구려의 조정에서는 급기야 내란이 일어났습니다.

　결국 2천여 명이나 죽는 희생을 치른 뒤에야 둘째 부인의 승리로 싸움이 끝났습니다.

왕비들의 권력 다툼

제 24 대
양원왕

(?~559년)
재위 : 545~559년

이름은 평성입니다.

안원왕의 맏아들로 533년 태자로 책봉되었습니다.

어려서부터 호탕한 성격에 총명하고 지혜로웠으나 두 왕비가 왕위를 놓고 다투는 바람에 힘겹게 왕이 되었습니다.

양원왕은 극도로 혼란한 조정과 신하들의 득세로 강력한 왕권을 세우지 못했습니다.

주변 나라들의 상황도 하루가 다르게 변하여, 돌궐과 같이 고구려를 적대시하는 세력들이 곳곳에서 나타나 영토 수비도 매우 불안했습니다.

양원왕은 이러한 정세를 파악하고 전쟁을 준비했습니다. 하지만 국력이 약해져 신라에게 10개의 성을 빼앗기고 말았습니다.

혼란한 내외 정세

  8살의 나이에 내란의 소용돌이 속에서 왕위에 오른 양원왕은 안팎으로 혼란한 정세를 뚫고 고구려를 이끌어 가야 했습니다.
  당시 고구려를 둘러싼 여러 나라의 움직임은 한 치도 예측할 수 없는 안개 속과 같았습니다.
  중국의 북위는 둘로 갈라져 힘겨루기를 하고 있었고, 그 틈에 돌궐이 세력을 키웠습니다.
  북쪽엔 물길과 말갈이 일어나 남진을 하고 있었고, 남쪽에서는 백제가 신라와 손을 잡고 고구려의 국경을 위협하는가 하면, 진흥왕 시대에 들어선 신라는 빠른 속도로 성장하고 있었습니다.
  이러한 흐름을 간파한 양원왕은 전쟁을 대비하는 데 힘을 기울였습니다.
  547년 백암성과 신성을 정비하고, 다음 해에는 백제의 기를 꺾

고구려 성의 웅장함을 잘 보여 주는 백암성

기 위해 6천의 군사로 독산성을 선제 공격했습니다.

독산성 싸움에서는 신라가 구원군을 보내는 바람에 고구려는 어쩔 수 없이 물러나야 했습니다.

551년 돌궐이 백암성과 신성을 공격해 왔습니다. 고구려에서는 고흘 장군이 1만의 군사를 이끌고 나가 적을 물리쳤습니다.

그 틈에 신라의 거칠부 장군은 고구려 남쪽에 있던 10개의 성을 빼앗았습니다.

고구려인의 성 쌓는 기술을 잘 보여 주는 치성(들여쌓기 기법으로 성은 튼튼하면서도 아름다운 조형미까지 갖추고 있음.)

고구려 왕조 700년

　신라는 그 이전에도 백제와 고구려가 싸우다 지친 사이에 금현성과 도살성을 공격하여 함락시킨 적이 있었습니다.
　이렇게 해서 백제와 신라의 동맹은 깨어지고 말았습니다.
　554년 양원왕은 백제의 웅천성을 공격했습니다.
　백제의 왕자 창은 결사적으로 고구려를 막았습니다.
　"나를 따라 끝까지 싸우라."
　고구려는 창 왕자의 결사적인 저항으로 군사를 되돌리고 말았습니다.
　557년 고구려에는 또다시 반란이 일어났습니다.
　환도성의 장수였던 간주리가 왕위를 노리고 일으켰던 반란은 다행히 진압되었지만, 양원왕은 이후 국력이 약해진 탓에 더 이상의 전쟁을 치르지 못하고 559년 숨을 거두고 말았습니다.

혼란한 내외 정세

제 25 대
평원왕

(?~590년)
재위 : 559~590년

이름은 양성, 혹은 탕성입니다. 양원왕의 맏아들로 평강상호왕, 평강왕, 평국왕이라고도 합니다.

말타기와 활쏘기를 잘했으며 담력이 컸던 평원왕은 왕권을 바로세우기 위해 노력하였습니다. 또한 백성을 정성으로 돌보기 위해 검소한 생활을 하기도 했습니다.

중국의 진나라, 수나라, 북제, 후주 등 여러 나라와 외교 관계를 맺으며 전쟁에 대비해 양원왕 때부터 시작된 장안성을 완성시켰습니다.

572년 평원왕은 세력이 강해지는 신라를 견제하기 위해 왜에 사신을 보냈습니다. 왜에 간 사신들은 그 곳에서 극진한 대접을 받고 572년 여름에 돌아왔습니다.

수나라가 중국을 통일하자 평원왕은 머지않아 수나라가 고구려를 침입할 것으로 여겨 전쟁 준비에 적극적으로 나섰습니다. 그러나 평원왕은 수나라와의 전쟁을 치르기 위한 준비를 끝내지 못하고 590년 세상을 떠나고 말았습니다.

고구려 왕조 700년

왕의 권위를 세우고 백성을 살피다

평원왕이 왕위에 오른 다음 해였습니다.
"졸본에 있는 동명성왕의 사당에 다녀올 것이니 차비를 하여라!"
평원왕은 일행들을 데리고 졸본의 동명성왕의 사당을 찾아갔습니다.
'땅에 떨어진 왕의 권위를 높이고, 영토를 지킬 수 있도록 도와 주십시오.'
평원왕이 이렇게 고구려를 세운 동명성왕의 사당을 찾은 것은 땅에 떨어진 왕의 권위를 세워 보겠다는 강력한 의지를 나타낸 것이었습니다.
평원왕은 졸본에서 돌아오는 길에 백성

동명성왕릉(평안남도 중화 진파리 고분군)

들의 마음을 하나로 모으기 위해 신하를 불러 명을 내렸습니다.

"이 곳의 죄수들을 풀어 주도록 하여라."

평양에 돌아온 평원왕은 나라의 방비를 튼튼하게 하기 위해 양원왕 때 시작한 장안성 공사를 하루빨리 마치도록 했습니다.

그러나 고구려에는 561년 홍수가 나더니, 563년에는 가뭄이 오랫동안 지속되어 흉년이 들었습니다. 계속되는 흉년으로 인해 백성들의 마음이 불안해지자, 평원왕은 그들과 함께 고통을 겪고자 음식을 줄이고 산천에서 기우제를 지냈습니다.

평원왕은 이렇게 백성을 살피고, 왕의 힘을 키우는 데 노력했습니다. 그러나 귀족들의 힘이 너무 거세어 많은 제약을 받을 수밖에 없었습니다. 이러한 어려움을 이겨 내가며 평원왕은 고구려를 지켜 내기 위해 온 힘을 기울였습니다.

당시 고구려의 국력은 광개토 대왕 이후로 가장 약해 있었습니다. 거기다 주변의 여러 나라들이 고구려를 위협하고 있는 상태였습니다.

특히, 무서운 기세로 힘을 키워 온 신라는 이미 함경도 지방까지 밀고 올라왔으며, 서쪽에서는 북주와 돌궐이 고구려와 맞서고 있었습니다.

평원왕은 신라를 견제하기 위하여 570년 왜에 사신을 보내고, 북제와 진나라 등과 화친을 도모했습니다.

572년에는 가뭄과 메뚜기 떼들이 농작물에 큰 피해를 주었습니다. 그러자 평원왕은 스스로 사냥을 금하고 장안성 공사를 잠시 동안 중단시켜 백성들의 어려움을 덜어 주었습니다.

평원왕의 노력으로 나라가 어느 정도 안정되어 갈 즈음, 북주의 군사가 고구려로 쳐들어왔습니다. 이에 평원왕은 군사를 이끌고 나가 배산에서 북주군을 물리쳤습니다.

이 싸움에서 큰 공을 세운 장군이 바로 온달이었습니다.

577년 북주에서는 양견이 왕을 죽이고 수나라를 세웠습니다.

평원왕은 수나라에 사신을 보내 정세를 살피도록 했습니다.

"양견이라는 인물의 사람됨이 어떠하더냐?"

수나라에서 돌아온 사신들에게 평원왕이 물었습니다.

"양견은 호탕하고 대담한 인물이옵니다."

"그뿐만 아니오라 양견은 야심찬 사람으로 중국을 통일하려는 계획을 가지고 있습니다."

평원왕은 사신들의 보고를 받고 얼마 안 되어 양견이 고구려에 화를 미치게 되리라 짐작했습니다.

"양견이 지금은 우리와 화친을 하고 있으나 중국을 통일하고 나면 다음 상대는 고구려로 생각할 것이오."

"저희들의 생각도 그러하옵니다."

신하들도 입을 모아 양견을 경계하는 듯했습니다.

왕의 권위를 세우고 백성을 살피다

대동강 북쪽의 대성산을 중심으로 쌓은 대성 산성(전쟁이 일어나면 왕이 머물며 싸웠음.)

"그렇다면 하루빨리 전쟁에 대비하도록 하시오."

평원왕은 백성들에게 부역을 줄여 주고 양잠과 농사를 장려하였습니다. 또한 식량을 모아 두고 군사를 늘렸으며 훼손된 성들을 고쳤습니다.

586년 궁궐도 대성 산성에서 새로이 완성된 장안성으로 옮겼습니다.

평원왕의 예상은 들어맞아 590년 진나라를 멸망시키고 중국을 통일한 수나라는 고구려에 조공을 요구해 왔습니다.

평원왕은 조공을 보내지 않았습니다.

이 일로 수나라에서는 협박과 다를 바 없는 편지를 보내 왔습니다. 하지만 평원왕은 수나라에 대한 뚜렷한 정책을 세우지 못한 채 590년 숨을 거두고 말았습니다.

바보 온달과 평강 공주

고구려 평양 변두리의 다 기울어 가는 초가집에 온달이라는 아이가 살고 있었습니다.

　눈먼 홀어머니와 함께 살고 있는 온달은 마음씨가 착했지만 바보였습니다.
　가난한 살림을 꾸려 나가기 위해 온달은 나무를 해다 팔았습니다. 그러나 나무를 하지 못할 때면 거지처럼 밥을 구걸하기도 했습니다.
　"밥 좀 주세요."
　온달이 바가지를 들고 지나가면 아이들이 쪼르르 달려와 뒤를 따랐습니다.
　"와아, 바보 온달이다!"
　"온달이는 바보래요!"
　아이들은 가끔 돌이나 나뭇가지를 던지기도 하면서 온달을 놀렸습니다.
　그래도 온달은 묵묵히 제 할 일을 했습니다.
　바가지에 한가득 음식을 얻어 온 온달은 밥은 밥대로, 나물은 나물대로 정성껏 나누어 담았습니다. 그리고 나면 초라하기는 하지만 찬이 있는 밥상이 차려졌습니다.
　"어머니, 진지드세요."
　온달은 정성껏 차린 밥상을 놓고 눈먼 어머니의 손에 숟가락을 쥐어 주었습니다.
　어머니가 숟가락으로 밥을 한 술 뜨면 온달은 밥 위에 반찬을

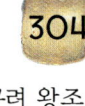

304

고구려 왕조 700년

올려놓았습니다.

　어머니가 맛있게 밥 먹는 것을 바라보면서 흐뭇한 미소를 짓는 온달은 비록 바보였지만 효성은 누구보다도 지극했습니다.

　한편, 평원왕에게는 평강이라는 딸이 있었습니다.

　그런데 평강 공주는 아무도 못 말리는 울보였습니다.

　"으아앙!"

　울음소리 또한 커서 한 번 울면 궁궐이 떠나갈 듯한 데다 쉽게 그치지도 않았습니다.

　"아니, 평강아. 오늘은 왜 또 우느냐?"

　"몰라, 몰라. 으앙, 으앙!"

　평강 공주는 특별한 이유도 없이 울어 댔습니다. 그러자 평원왕이 말했습니다.

　"너, 자꾸만 울면 바보 온달에게 시집 보낼 거야."

　그러자 신기하게도 평강 공주는 울음을 그쳤습니다.

　그 뒤부터 평강 공주가 울기만 하면 평원왕은 '바보 온달에게 시집 보낸다' 는 말을 입버릇처럼 했습니다.

　어느덧 세월이 흘러 평강 공주는 열여섯 살이 되었습니다.

　평강 공주는 더 이상 울보가 아니었습니다. 어여쁘고 총명한 공주를 바라보던 평원왕이 말했습니다.

　"우리 평강이도 이제 시집을 가야겠구나."

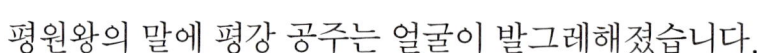

　평원왕의 말에 평강 공주는 얼굴이 발그레해졌습니다.

　얼마 뒤 평원왕은 귀족의 자제에 인물이며 성품이 고구려 제일인 부마감을 골라 평강 공주에게 보였습니다.

　"네 남편이 될 사람이다."

　평강 공주는 고개를 다소곳하게 돌리며 평원왕의 귀에 대고 속삭였습니다.

　"저 분이 온달님인가요?"

　"뭐, 뭐라고?"

　평원왕은 깜짝 놀랐습니다.

　"온달이라면 평양에서 제일 가는 바보이거늘 어찌 저 청년과 온달을 견줄 수 있단 말이냐?"

　그러자 평강 공주 역시 평원왕만큼이나 놀라는 것이었습니다.

　"아니, 저는 이미 온달님에게 시집가기로 한 몸이거늘 어찌 다른 남자와 혼인할 수 있단 말입니까?"

　"하하하, 그것은 네가 울보였을 때 울음을 달래려고 한 말이었단다."

　"그러면 거짓이었단 말씀이세요?"

　"거짓말이 아니라 농담이었지."

　평강 공주는 평원왕을 노려보며 고개를 저었습니다.

　"한 나라의 왕께서 이런 일에 농담을 하셨다니 저는 믿을 수가

없어요. 아버님과 저를 위해서라도 저는 꼭 온달님에게 시집을 가야겠습니다."

평원왕은 할 말이 없었습니다.

평강 공주는 당장 자신의 방으로 달려가 짐을 쌌습니다. 그리고는 평원왕에게 마지막 인사를 올리는 것이었습니다.

"백성을 다스리는 군주에게는 헛된 말과 거짓이 없어야 하옵니다. 아버님이 백성으로부터 비웃음을 사고, 신하들에게 권위를 잃어버리신다면 어찌 나라를 다스리시겠습니까? 소녀는 아버님께 누가 되지 않기 위해 온달님에게 시집을 가겠나이다."

"아니, 네가 진정으로 궁궐을 떠나 바보 온달에게 시집을 가겠다는 것이냐?"

"네, 제 마음은 이미 정해졌사옵니다. 부디 존경받는 왕이 되시옵소서."

평원왕은 너무나 화가 났습니다.

"네가 궁을 떠난다면 나는 너를 딸로 여기지 않을 것이다."

그러나 고집을 꺾지 않고 궁궐을 나가는 평강 공주에게 평원왕은 금과 은을 주었습니다.

'아! 내가 실없는 소리를 하여 딸에게 고생길을 열어 주었구나!'

궁궐에서 나온 평강 공주는 온달을 찾아 나섰습니다. 평양성을

바보 온달과 평강 공주

한참이나 헤매던 평강 공주는 지나가던 여인에게 물었습니다.

"아주머니, 혹시 온달님 댁을 알고 계신가요?"

"온달님? 온달이라면……, 바보 온달 말인가요?"

"네, 온달님이 맞아요."

"아니, 아가씨같이 고운 양반이 어째서 바보 온달을 찾는단 말이오?"

여인은 이상하다는 듯 고개를 갸우뚱거리며 직접 온달의 집을 안내해 주었습니다.

"온달 어머니!"

여인은 다 기울어 가는 초가집의 문을 열며 소리쳤습니다. 방 안에는 눈먼 어머니가 앉아 있었습니다.

"귀한 집 아가씨가 글쎄 온달이를 찾아왔어요."

여인은 힐끔힐끔 돌아보며, 마당에 서 있는 평강 공주에 대해 이야기해 주었습니다.

"절 받으세요."

눈먼 어머니가 자초지종을 다 듣기도 전에 방에 들어온 평강 공주가 절을 했습니다.

"어머님, 놀라지 마세요. 저는 온달님과 혼인을 하기 위해 찾아온 평강 공주입니다."

나라의 공주가 바보인 온달과 혼인을 하기 위해 찾아왔다는 소

고구려 왕조 700년

문이 퍼지자 마을 사람들이 우르르 몰려왔습니다.

그것도 모르고 나무를 산만큼 지고 오던 온달이 두리번거리며 사람들을 구경하고 있었습니다.

"저, 이 집에 무슨 일이 있나요?"

"글쎄, 공주님이 납시셨다는구먼."

"허허, 그거 참. 공주님이 이렇게 먼 데까지 왜 왔대요?"

"온달이라는 바보와 혼인을 하기 위해 왔다네. 참 별일이지?"

"네, 참 별일이네요. 그런데 온달은 나고, 여기는 우리 집인데……?"

온달은 고개를 갸우뚱거리며 혼잣말을 하더니 집으로 들어섰습니다.

"어머님, 집에 무슨 일 있어요?"

순간 온달을 본 마을 사람들이 환호성을 질렀습니다.

"아이구, 바보 온달이 장가가게 생겼네."

그 말을 들은 평강 공주가 나와 온달을 맞이했습니다.

"어서 오세요, 서방님."

"네? 서방님이라고요?"

"오늘부터 서방님과 같이 살 평강 공주입니다."

"헤헤, 공주님이 왜 저 같은 바보랑 살아요. 농담하지 말고 나가세요."

바보 온달과 평강 공주

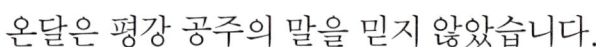

온달은 평강 공주의 말을 믿지 않았습니다.

"정말이에요. 서방님, 절 받아 주세요."

"글쎄, 사람을 잘못 찾아오신 거예요. 그러니까 어서 나가세요."

온달은 막무가내로 공주를 내몰았습니다.

마을 사람들도 돌아가고, 온달로부터 밀려난 평강 공주는 그날 밤 울타리 밑에서 잠을 자야 했습니다.

다음 날 아침, 평강 공주는 온달이 나오자 예의를 갖추고 큰절을 올렸습니다.

"으앗, 아직도 안 갔나요?"

온달이 깜짝 놀라며 뒷걸음질을 쳤습니다.

"저는 온달님과 혼인하기 위해 찾아온 평강 공주입니다. 세상에 온달님이 둘이 있지 않으니 제가 섬기려 하는 분은 당신이 맞습니다. 더 이상 저를 내쫓지 마십시오, 서방님."

평강 공주가 또박또박 설명을 하자 온달도 어쩌지 못했습니다. 온달과 평강 공주는 바로 혼례를 치렀습니다.

평강 공주는 다음 날 가지고 왔던 금과 은을 떼어 팔았습니다. 집을 짓고, 논을 사고, 하인을 두기에 충분한 돈이었습니다.

평강 공주는 눈먼 시어머니에게 효도를 다하고, 온달에게 글을 배우도록 했습니다. 글을 배우게 되면서 온달은 더 이상 바보가

아니었습니다. 오히려 누구보다도 명석하여 하나를 가르치면 열을 알아들었습니다.

온달이 어느 정도 글을 깨우치게 되자 평강 공주는 온달에게 돈을 주며 말했습니다.

"이 돈으로 말을 한 필 사 오세요."

"말은 왜 사는 거요?"

"대장부는 말을 타고 무예를 익혀야 합니다."

온달이 고개를 끄덕이며 밖으로 나서려는 눈치였습니다. 그러자 평강 공주가 온달을 불렀습니다.

"서방님, 말은 장사꾼에게서 사지 말고, 마르고 병들었다 하더라도 궁궐에서 내다파는 말을 사 오도록 하세요."

온달은 평강 공주가 시키는 대로 바짝 마른 말을 사 왔습니다.

평강 공주는 이 말을 잘 먹이고 정성껏 돌보았습니다. 그러자 말은 살이 붙고 털에 윤기가 돌았습니다.

온달은 그 말을 타고 열심히 글을 배웠습니다.

얼마 뒤, 온달은 평강 공주를 능가하는 학문과 출중한 무예를 익히게 되었습니다.

"이제 나라를 위해 큰 일을 하세요."

평강 공주는 온달에게 사냥 대회에 나가도록 했습니다.

고구려에는 매년 3월 3일 왕이 보는 앞에서 전국의 젊은이들이

벌이는 사냥 대회가 열렸습니다.

　그 날 왕은 사냥한 짐승으로 하늘에 제사를 드리고, 무예와 사냥 솜씨가 뛰어난 젊은이를 뽑았습니다.

　온달은 여러 젊은이들과 함께 사냥 대회에 참가했습니다.

　험한 계곡을 달리며, 빠르게 움직이는 멧돼지나 사슴을 활로 쏘아 잡는 일은 쉽지 않았습니다. 온달은 탁월한 솜씨를 발휘하며 가장 많은 사냥감을 잡았습니다.

　"저 젊은이를 이리로 오게 하라."

말을 타며 활을 쏘는 경기 모습을 그린 기마사회도

고구려 왕조 700년

온달은 평원왕의 앞에 나아갔습니다.
"그대 이름이 무엇인가?"
"온달이라고 하옵니다."
"뭐라고? 온달!"
평원왕은 깜짝 놀랐습니다. 그러다가 이내 흐뭇한 미소가 얼굴 가득 번졌습니다.
'평강 공주가 인재를 키웠구나.'
가슴 속으로 눈물을 흘리며 평원왕은 온달에게 다가갔습니다.
"이토록 훌륭하게 학문을 깨치고 무예를 익히다니, 자네는 내 사위가 되어도 손색이 없네."
평원왕은 평강 공주를 불러들여 온달과 정식으로 혼례를 치르도록 했습니다.
얼마 뒤, 북주의 무제가 요동을 침입하여 고구려에는 전쟁이 일어났습니다.
그러자 평원왕은 군사를 이끌고 배산으로 향했습니다.
"누가 선봉에 서서 적을 막겠느냐?"
평원왕이 여러 장수에게 물었습니다.
"소신 온달이 나아가 죽음을 각오하고 무제와 맞서겠습니다."
온달은 군사들을 이끌며 맨 앞에서 싸웠습니다.
온달이 적진을 내달리며 칼을 휘두를 때마다 수십 명의 적군이

바보 온달과 평강 공주

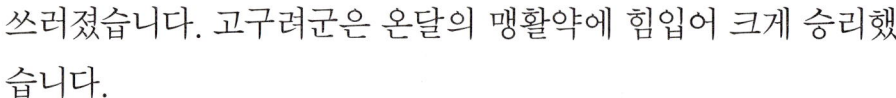

쓰러졌습니다. 고구려군은 온달의 맹활약에 힘입어 크게 승리했습니다.

"이번 싸움에서 가장 큰 공을 세운 사람은 누구인가?"

평원왕이 승리를 축하하는 자리에서 장수들에게 물었습니다.

"온달 장군이옵니다."

장수들은 하나같이 온달을 가리켰습니다.

"나도 같은 생각이오. 온달 장군이야말로 나의 사위이자 용감한 장수요. 그에게 대형의 벼슬을 내리도록 하겠소."

평원왕은 온달에게 큰 벼슬을 내리고 두터운 믿음으로 대했습니다. 이렇게 해서 온달은 고구려에서 제일 가는 장수로 왕의 사랑과 백성들의 존경을 한몸에 받게 되었습니다.

얼마 뒤 평원왕이 죽고 그 뒤를 이어 영양왕이 왕위에 올랐습니다.

한편 남쪽의 백제와 신라는 서로 동맹을 맺고 고구려를 위협하고 있었습니다. 특히 점차 힘이 강해진 신라는 함경도 지방까지 밀고 올라온 상태였습니다.

온달이 영양왕 앞으로 나아가 아뢰었습니다.

"신라는 한강을 건너와 우리의 땅을 빼앗아 갔습니다. 땅은 비록 빼앗겼으되 그 땅에 사는 백성들은 고구려를 그리워하고 있사옵니다. 제게 군사를 주시면 잃어버린 영토를 되찾고 백성에

고구려 왕조 700년

게 나라를 찾아 주겠나이다."

"좋소. 장군에게 군사를 줄 테니 불쌍한 백성을 구하고 땅을 되찾으시오."

영양왕은 온달에게 군사를 주었습니다.

전쟁터에 나가기 전에 집에 들른 온달이 평강 공주에게 말했습니다.

"죽령의 서쪽 땅과 계림현을 되찾지 못한다면 절대로 돌아오지 않을 것이오."

"부디 나라와 백성을 위해 싸우는 훌륭한 장수가 되세요."

평강 공주가 온달의 맹세를 격려로 받아 주었습니다.

온달은 굳은 결심을 하고 전쟁터에 나가 용감하게 싸웠습니다.

"공격, 공격하라!"

죽음을 무릅쓴 여러 군사들을 지휘하며 싸우는 온달의 활약으로 고구려군은 승승장구하였습니다.

온달은 아차 산성에서도 맨 앞에서 군사들을 이끌며 신라군과 맞섰습니다. 신라군은 화살을 쏘며 저항했습니다.

"윽!"

그 때 화살 하나가 바람을 가르며 날아와 온달의 가슴에 꽂혔습니다.

비명을 지르며 말에서 떨어진 온달은 숨을 거두고 말았습니다.

바보 온달과 평강 공주

"장군님이 다 이루지 못한 꿈은 저희가 꼭 이루도록 하겠습니다."

군사들은 그의 시신을 거두어 관에 넣은 뒤 장례를 치르기 위해 평양성으로 보내려고 했습니다. 그런데 이상하게도 관이 꼼짝하지 않는 것이었습니다.

군사들은 급히 연락을 하여 평강 공주를 모셔 왔습니다.

평강 공주는 온달이 누워 있는 관을 어루만지며 말했습니다.

"당신은 최선을 다하셨어요. 죽고 사는 것은 이미 정해졌으니 이제 고향에 돌아가 편히 쉬도록 하세요."

평강 공주의 말을 듣고 나서야 관이 움직였습니다.

이렇게 해서 온달의 시신은 평양으로 옮겨져 백성들의 슬픔 속에 장례를 치르게 되었습니다.

고구려의 성

아직도 남아 있는 궁내성터

고구려의 석성인 황룡 산성(아치 모양의 입구가 견고해 보임.)

고구려의 왕궁은 어떤 모습이었나?

고구려가 평양으로 도읍을 옮긴 뒤에 지은 궁전인 안학궁은 막강한 국력을 한눈에 보여 줄 만큼 아름답고 웅장했습니다.

5세기에 지어져 고구려의 상징적인 건물이 된 안학궁은 총면적이 30만㎢나 되었고, 여러 건물의 넓이를 합치면 31,458㎡에 이르렀습니다.

건물들을 조화롭게 배치하여 어디에서 보아도 균형미와 아름다움을 느낄 수 있었습니다.

왕이 머무는 내전의 앞면 길이는 86.9m나 되었고, 지붕에 얹은 암키와의 크기는 65~70㎝나 되는 것도 있었습니다.

안학궁의 주변은 한 변의 길이가 622m나 되고, 높이는 6~12m에 이르는 성벽으로 둘러싸여 있었습니다.

또한 안학궁의 외곽에는 대동강 북쪽에 있는 대성산을 중심으로 6개의 산봉우리를 성벽으로 쌓은 대성 산성이 있었습니다.

대성 산성은 소문봉·을지봉·장수봉·북장대·국사봉·주작봉 등을 타원형으로 연결하여 쌓은 것으로, 성벽의 총길이는 7,218m이며, 성내의 면적은 2,723㎢였습니다.

성 안에 99개의 연못이 있다고 전해지는 대성 산성은 평소 때에는 비어 있다가 전쟁이 일어나면 적과 맞서는 곳이었습니다.

쏙쏙 역사 상식

고구려 사람들은 어떤 복장을 하였나?

고구려의 남자들은 저고리와 바지를 입었습니다. 저고리는 큰 소매가 달려 있었고, 바지는 통이 넓어 활동하기에 편리했습니다.

여자들은 무릎까지 내려오는 긴 저고리를 입고 주름이 잡힌 치마를 입었으며, 머리에는 두건을 썼습니다.

또한 고구려의 남자들은 머리에 상투를 틀었으며 모자를 썼습니다.

뿐만 아니라 넓고 흰 가죽띠를 둘렀으며 신발은 누런 가죽으로 만든 가죽신이었습니다.

특히 관료들의 모자는 소골이라고 하여 깃과 금으로 장식한 비단으로 되어 있었습니다. 관리들은 관등에 따라 옷의 모양과 색깔이 달랐습니다.

또 무사는 절풍이란 건을 썼습니다.

고구려의 남녀는 비교적 자유롭게 사귀었습니다.

10월에 동맹이라는 제천 행사를 크게 열었던 고구려인은 다양한 오락을 즐겼습니다. 특히 중국과 가까이 있어 영향을 받은 탓에 상류층에서는 바둑·투호·축국 등 대륙식 오락을 즐겼습니다.

평민들은 춤과 노래를 즐겼으며, 씨름이나 돌싸움과 같은 놀이를 많이 했습니다.

역사 풀이

1. 외교적으로 안정을 도모했던 안장왕에게 양나라와의 외교 관계를 끊으라고 요구한 나라는 어느 나라인가요?
    ① 연나라   ② 북위   ③ 송나라   ④ 진나라

2. 안장왕의 공격을 1만여 군사로 막아 낸 백제의 장군은 누구인가요?

   ----

3. 고구려의 남하 정책을 막고자 신라와 백제가 맺은 동맹을 무엇이라고 하나요?
    ① 형제 동맹   ② 나당 동맹   ③ 나제 동맹   ④ 일제 동맹

4. 안장왕이 왕자 시절에 만나 혼인을 약속했던 백제의 여인은 누구인가요?
    ① 관나 부인   ② 우씨 부인   ③ 화희   ④ 한주

5. 안원왕 때 백제군이 공격한 우산성은 고구려에게 있어 어떤 의미를 가지고 있었나요?

   ----

6. 안원왕 말기 고구려의 조정에 큰 분쟁이 일어난 이유는 무엇인가요?
    ① 왕위 계승을 둘러싸고 두 명의 왕비가 다투었기 때문에
    ② 백제가 보낸 첩자가 고구려의 귀족들을 이간질시켰기 때문에

역사 풀이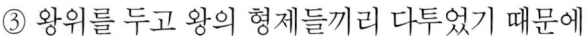

③ 왕위를 두고 왕의 형제들끼리 다투었기 때문에
④ 천재지변으로 황폐해진 나라에 대한 책임을 물어 왕을 몰아 내려 했기 때문에

7. 양원왕 때 사방이 적으로 둘러싸인 고구려가 전쟁에 대비하기 위해 한 일은 무엇인가요?

   ----

8. 평원왕은 왕위에 오르자마자 민심을 수습하고 고구려인의 마음을 하나로 모으기 위해 어떤 일을 했나요?

   ----

9. 평원왕 때 평강 공주의 도움으로 학문과 무예를 익혀 고구려로 쳐들어 온 북주군을 물리친 장군은 누구인가요?

제 26 대
영양왕

(?~618년)
재위 : 590~618년

　이름은 대원, 원입니다. 평원왕의 맏아들로 590년 왕위에 올랐습니다. 영양왕은 왕위에 오르자마자 수나라와 화친을 도모하며, 한편으로는 말갈과 거란족을 끌어들이고 돌궐과 손을 잡았습니다. 수나라와의 전쟁을 예상하고 598년 말갈의 군사 1만 명을 이끌고 요서 지방을 먼저 공격하여 전략적 요충지를 빼앗았습니다. 600년에는 태학 박사 이문진으로 하여 〈유기〉라는 책 100권을 다시 쓰고, 이를 요약해 〈신집〉 5권을 만들게 하였습니다.

　607년에는 백제를 공격하여 크게 이겼으며, 608년에는 신라의 우명산성을 함락하고 8천의 군사를 포로로 잡았습니다. 또한 612년, 수나라 양제가 113만 수륙군으로 쳐들어오자, 을지문덕을 시켜 살수에서 적을 섬멸하였습니다. 수나라는 그 뒤에도 두 차례에 걸쳐 고구려에 쳐들어왔으나 모두 실패했습니다. 영양왕은 뛰어난 외교술과 전략으로 막강한 수나라 군대를 물리치고 618년에 세상을 떠났습니다.

고구려 왕조 700년

수나라와의 싸움

　영양왕은 밝은 성격에 준수한 용모를 가지고 있었습니다. 그는 백성을 생각하는 왕으로 위태로운 나라를 지켜 내기 위해 노력을 아끼지 않았습니다.
　당시 후주의 양견이 수나라를 세우고 중국을 통일했습니다. 그리고 나서 수 문제 양견은 주변의 나라들에 눈을 돌리게 되었습니다.
　수나라에게 제일 두려운 나라는 고구려와 돌궐이었습니다. 이러한 사실을 알고 있는 영양왕은 수나라가 어느 정도 안정되면 반드시 고구려로 쳐들어올 것이라고 생각하여 국경의 수비를 튼튼히 하는 한편 주변 나라들을 끌어들였습니다.
　그 결과 말갈족과 거란족을 한편으로 만들고 돌궐과 손을 잡았습니다.

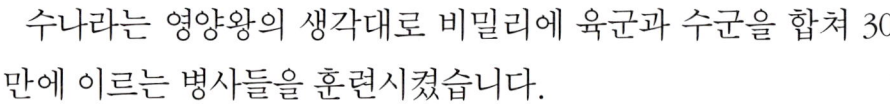

　수나라는 영양왕의 생각대로 비밀리에 육군과 수군을 합쳐 30만에 이르는 병사들을 훈련시켰습니다.

　"수나라가 쳐들어온 뒤에 일을 처리하느니 먼저 요서 지역을 쳐서 길목을 확보하라."

　영양왕은 598년 말갈의 군사 1만여 명을 이끌고 먼저 요서를 공격했습니다.

　이에 수나라의 양견은 결단을 내렸습니다.

　"고구려에서 먼저 공격을 했다니 더 이상 정벌을 미룰 수 없다."

　양견은 한왕 양과 왕세적을 대원수로 하는 30만 대군을 보내 고구려를 정벌하도록 하였습니다.

　그러나 수나라의 30만 대군은 곳곳에서 고구려 군사에게 패해 이렇다할 성과를 올리지 못했습니다. 거기다 장마가 오고 전염병까지 돌자 수나라 군사들은 병마와 굶주림으로 버틸 수가 없었습니다.

　수나라의 1차 침입은 이렇게 완전한 패배로 끝이 났습니다.

　이 틈에 영양왕은 수나라에 화친을 제의했습니다.

　처음 침략에서 국력을 많이 쓴 수나라에서도 다시 힘을 기를 시간을 벌기 위해 고구려의 화친을 받아들였습니다.

　그러자 백제에서는 사신을 보내 고구려를 치면 그 길을 안내하

324

고구려 왕조 700년

겠다고 나섰습니다.

"고구려와는 이미 화친을 했으니 백제의 의견은 받아들일 수 없소."

백제가 수나라를 도와 고구려를 치려 했다는 소식은 영양왕의 귀에까지 들어갔습니다. 영양왕은 수나라와 싸움을 하려면 먼저 남쪽을 안정시켜야 함을 비로소 깨달았습니다.

"수나라를 제대로 막아 내려면 우선 남쪽의 백제와 신라를 쳐서 꼼짝 못 하게 해야 한다."

영양왕은 마침내 백제와 신라를 상대로 전쟁을 일으켰습니다.

영양왕은 온달을 시켜 신라의 아차성을 치게 하고 603년과 608년에는 북한산성을 공격하였습니다. 또한 607년에는 백제를 공격하여 남쪽 국경을 안정시켰습니다.

담징이 그린 금당 벽화

또 왜와도 교류를 벌여 혜자가 쇼토쿠 태자의 스승이 되었으며, 610년 담징, 법정 등이 건너가 일본 문화에 많은 영향을 끼쳤습니다.

영양왕은 또 600년 태학 박사 이문진에게 전해 오던 책 〈유기〉 100권을 정리하여 〈신집〉

수나라와의 싸움

이라는 5권의 책을 만들도록 하였습니다.

　이것은 선대 왕들을 받들어 고려군의 사기를 높이고 나라를 안정시키기 위한 것이었습니다.

수 양제의 침입

　수나라에서는 604년 양광이 왕이 되었는데 그가 바로 수 양제였습니다.

　수 양제는 아버지인 양견(수 문제)을 죽이고 왕이 된 인물로 200만 명의 백성을 시켜 중국 대륙을 남북으로 잇는 거대한 운하를 만들고, 화려한 궁궐을 새로 지었습니다.

　그러면서 수 양제는 북쪽으로 진출하여 돌궐에게 조공을 받아 냈습니다. 이렇게 되자 수나라에 조공을 보내지 않는 나라는 고구려뿐이었습니다.

　영양왕은 양원왕 때 고흘이 복속시킨 돌궐의 움직임을 확인하기 위해 사신을 보냈습니다.

　돌궐을 이끌던 계민은 고구려의 사신과 마주하고 앉았습니다.

고구려 왕조 700년

중국 수나라의 2대 황제인 양제

"싸움을 피해 수 양제에게 조공을 하지만 우리는 고구려를 적으로 여기지 않소."

계민이 사신이 온 이유를 알고 자신의 뜻을 전했습니다.

그 때였습니다.

"황제 폐하 드시오!"

계민의 막사에 부산한 움직임이 일더니 수 양제가 불쑥 들어오는 것이었습니다. 계민은 고구려 사신을 미처 숨기지도 못하고 수 양제를 맞이하고 말았습니다.

수 양제는 단숨에 고구려 사신을 알아보았습니다.

'음, 돌궐과 고구려가 내통하고 있었군.'

수 양제는 화가 나 고구려의 사신에게 말했습니다.

"그대의 왕이 나를 찾아와 조공을 바치지 않으면 곧 계민을 이끌고 달려가 토벌을 할 것이다."

사신은 수 양제의 말을 영양왕에게 전했습니다.

영양왕은 수 양제의 요구를 묵살하고 오히려 신라와 백제를 쳐 남쪽을 안정시켰습니다.

그러자 612년 수 양제는 수 문제에 이어 고구려를 침입하기에

수 양제의 침입

이르렀습니다.

　이번의 고구려 원정은 유례를 찾아볼 수 없는 대군이었습니다.
113만의 군사는 24군으로 나뉘어 1군씩 출발했습니다.

　먼저 떠난 군이 40리를 가면 다음 군이 출발하여 24군이 모두 고구려로 향하는 데는 40일이 걸렸고, 군사들의 행렬은 9백6십 리에 이르렀습니다.

　또한 바닷길로 떠난 수군도 원정 행렬이 천 리나 될 만큼 어마어마한 수였습니다.

　수나라 군사는 좌익위 대장군 우문술이 부여 쪽 길로 이끄는 좌군과 우익위 대장군 우중문이 낙랑 쪽 길로 이끄는 우군으로 나뉘어 진격해 들어갔습니다.

　수 양제는 자신의 직할 부대를 이끌고 좌군과 함께 요구를 건너 육로로 평양을 향했습니다. 우군은 산동 반도의 동래에서 배를 타고 요동 반도를 통해 평양으로 떠났습니다.

　수 양제는 요수에 다다랐습니다.

　"임시 다리를 놓아 강을 건너게 하라!"

　수나라 군사들은 먼저 뗏목을 만들어 잇고, 그 위에 널빤지를 대어 만든 부교를 놓았습니다. 그런데 부교는 반대편 강가에 닿기에 조금 모자랐습니다.

　이를 지켜 보던 고구려 군사들이 갑자기 몰려나와 화살을 쏘아

고구려 왕조 700년

댔습니다. 빗발같이 쏟아지는 화살에 수나라 군사들이 수없이 죽었습니다.

부교 하나 제대로 놓지 못해 수십 만의 군사를 잃게 된 수 양제는 땅을 쳐 가며 억울해했습니다.

"강폭이 좁은 곳을 찾아 다시 부교를 놓아라!"

수나라 군사는 한번 실패했던 기억을 떠올리며 조심스럽게 부교를 만들어 갔습니다. 마침내 부교가 완성되자 수십 만의 군사들이 한꺼번에 강을 건넜습니다.

고구려 군사들은 물밀듯 밀려오는 수나라 군사들을 막을 도리가 없었습니다.

"후퇴하라!"

고구려 군사는 1만 명의 사상자를 내고 후퇴하여 요동성으로 들어갔습니다.

"죽음을 각오하고 요동성을 지켜라!"

요동성은 평양으로 가기 위해서는 반드시 뚫어야 하는 길목이었습니다.

수나라 군사는 요동성을 겹겹이 에워싸고 수차례 공격을 했지만 성문은 굳게 닫혀 있었습니다.

"최선을 다해 싸우지 않는 장수는 목을 칠 테니 당장 요동성을 빼앗아라!"

수 양제의 침입

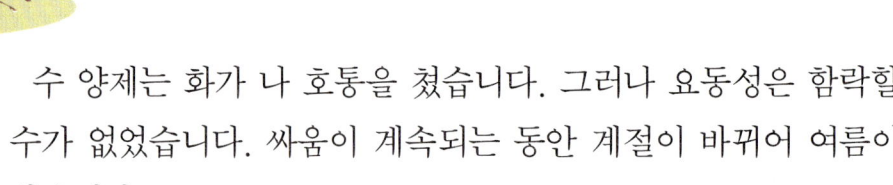

　수 양제는 화가 나 호통을 쳤습니다. 그러나 요동성은 함락할 수가 없었습니다. 싸움이 계속되는 동안 계절이 바뀌어 여름이 왔습니다.
　"요동성은 꼼짝도 안 하니 먼저 육합성을 치도록 하십시오."
　장수들의 의견에 따라 수양제는 육합성으로 쳐들어갔습니다. 하지만 육합성 역시 고구려군의 완강한 저항 때문에 빼앗을 수가 없었습니다.
　육합성에서의 실패로 사기마저 떨어진 수나라 군사를 보며 수양제는 바닷길로 떠난 수군에게 기대를 걸었습니다.
　수나라의 우군은 발해를 건너 평양에서 60리 떨어진 곳에서 처음으로 고구려군과 마주하게 되었습니다.
　우군을 선봉에서 이끄는 내호아 장군은 고구려 군사를 거세게 몰아붙였습니다.
　"퇴각하라!"
　고구려 군사들은 싸움 한 번 제대로 해 보지 못하고 계속해서 후퇴를 하였습니다. 적을 내륙 깊숙이 끌어들여 섬멸하는 전통적인 방법이었습니다.
　내호아 장군이 고구려의 작전에 말려들어 평양성까지 단숨에 내달았습니다.
　이 때 주법상이라는 장수가 내호아를 말렸습니다.

330

고구려 왕조 700년

"우리의 대군이 아직 도착하지 않았으니 평양성 공격을 뒤로 미루어야 합니다."

"그게 무슨 소리요? 연이은 승리로 군사들의 사기가 높을 때 밀어붙여야 하오."

내호아는 주법상의 말을 듣지 않고 평양성 안으로 쳐들어갔습니다.

그런데 평양성의 성문은 열려 있었습니다. 급히 피난을 떠났는지 성 안의 물건들도 그대로 있었습니다. 수나라 군사들은 텅 빈 성 안을 약탈하느라 정신이 없었습니다.

그 때 곳곳에 숨어 있던 고구려 군사들이 칼을 뽑아들고 일제히 달려들었습니다.

"한 놈도 남김없이 목을 베어라!"

우왕좌왕 정신을 못 차리는 수나라 군사들의 목에는 가차 없이 칼날이 날아들었습니다.

간신히 목숨만을 건진 내호아는 해포에 진을 치고 꼼짝도 하지 않았습니다.

수 양제의 침입

을지문덕의 지략

을지문덕

내호아가 패했다는 소식을 들은 수 양제는 전략을 바꾸었습니다. 요동성은 그대로 두고 먼저 평양성을 빼앗자는 계획이었습니다.

이를 위해 특별한 부대를 만들었습니다. 이 별동 부대는 30만으로 우중문이 이끌게 했습니다.

"싸움이 길어질 것이다. 그러니 식량과 보급품을 잘 챙기도록 하라."

수 양제의 명령을 받은 우중문과 우문술은 군사들에게 100일 동안 먹을 식량과 보급품을 나누어 주었습니다.

이 부대는 독자적으로 움직여야 하기 때문에 싸움을 하는 병사들이 이 짐을 모두 지고 가야 했습니다. 병사 한 사람이 지어야 할 무게는 쌀 3석의 무게와 같았습니다.

"보급품을 버리는 병사는 처형할 것이다!"

우중문의 이러한 엄포에도 불구하고 병사들은 출발하기에 앞서 보급품을 땅에 묻었습니다.

고구려 왕조 700년

그리하여 수나라 군사가 압록강에 도착했을 때는 모두들 굶주림에 지쳐 있었습니다.

우중문은 압록강 언덕에 진영을 만들고 고구려를 위협했습니다. 연이은 패배로 장수들에게 믿음을 갖지 못한 수 양제는 우중문에게 비밀 편지를 보냈습니다.

'만약 영양왕이나 을지문덕이 항복하겠다고 오면 반드시 사로잡아 두시오.'

한편 이 소식을 들은 영양왕은 군사 회의를 열었습니다.

"30만 대군을 물리칠 방법을 말해 보시오."

을지문덕이 허리를 굽히며 말했습니다.

"대왕마마, 작전을 짜기 전에 적의 전력을 알아야 하니 제가 거짓으로 항복하는 체하고 적진에 다녀오겠습니다."

영양왕은 고개를 가로저었습니다.

"적의 전력을 알아 내는 일이라면 날쌘 병사를 시켜도 될 텐데 왜 장군이 직접 가려 하시오?"

"30만 대군과 맞서려면 신이 직접 가야 하옵니다."

영양왕은 할 수 없이 을지문덕의 뜻에 따랐습니다.

"좋소, 조심해서 다녀오시오."

을지문덕은 압록강을 건너 우중문을 찾아갔습니다.

"장군이 군사를 거두면 우리 대왕께서 항복을 하겠다고 하오."

을지문덕의 지략

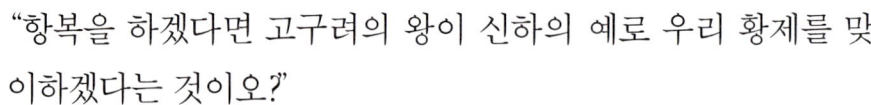

"항복을 하겠다면 고구려의 왕이 신하의 예로 우리 황제를 맞이하겠다는 것이오?"

"우리 왕의 뜻을 모르니 돌아가 그에 대한 대답을 전하리다."

짧은 시간이었지만 사기가 땅에 떨어져 있는 수나라 군사들의 모습을 살핀 을지문덕은 서둘러 돌아가려고 했습니다.

그러자 우중문이 을지문덕을 가로막았습니다.

"그럴 필요 없소. 내가 평양에 가 직접 답을 듣겠소."

"항복을 전하러 온 상대국의 장군을 잡는다면 이는 곧 전쟁을 하겠다는 의미와 같을 것이오."

을지문덕의 말에 우중문은 쉽게 결정을 못 하고 장수들을 불러 모았습니다.

"황제 폐하께서는 을지문덕을 잡아 두라고 하셨소. 자, 어찌하면 좋겠소?"

의무사 유사룡이 우중문에게 말했습니다.

"장군, 작은 나라의 사자를 사로잡는 것은 창피한 일입니다."

"그렇습니다. 거기다 을지문덕을 잡아 두면 영양왕은 죽기살기로 저항할 것입니다."

수 양제의 비밀 편지 때문에 고민하던 우중문이 마침내 입을 떼었습니다.

"좋소. 큰 나라의 아량으로 그대를 돌려보낼 테니 열흘 안에

334

고구려 왕조 700년

고구려 왕은 수나라에 와 신하의 예를 바치라 전하시오."

천신만고 끝에 수나라 진영에서 빠져나온 을지문덕은 급히 나와 압록강변에 대기하고 있던 배에 올랐습니다.

그 순간 우중문은 무릎을 치며 자리에서 일어났습니다.

'이럴 수가, 을지문덕이 날 속였구나!'

우중문은 그제야 수 양제가 고구려의 왕이나 을지문덕을 사로잡으라고 했던 이유를 깨닫고는 서둘러 군사를 보냈습니다.

"장군께서 급히 의논할 일이 있다면서 돌아오라 하시었습니다."

그러나 을지문덕은 휑하니 배를 띄우며 손을 흔들었습니다.

"나는 다시 의논할 일이 없다고 전하거라."

수나라 진영을 살피고 돌아온 을지문덕은 영양왕 앞에 나아갔습니다.

"수나라 군사는 먼길을 오느라 지친데다 식량까지 떨어져 굶주리고 있으니 깊숙이 끌어들였다가 공격하면 승리할 것입니다."

"알았소. 장군이 수나라 군사를 막도록 하시오."

을지문덕은 군사들을 이끌고 나아가 우중문을 유인하기 시작했습니다.

우중문은 압록강을 건너 평양성으로 진격하려 했습니다. 그러

을지문덕의 지략

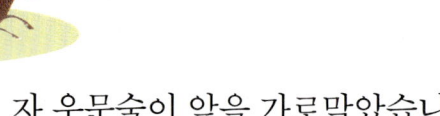

자 우문술이 앞을 가로막았습니다.

"군사들이 지쳤고 군량도 떨어졌으니 돌아가는 것이 좋을 듯합니다."

"안 될 말이오. 30만 대군으로 작은 적을 이기지 못하면 무슨 낯으로 황제 폐하를 뵌단 말이오."

"그래도 나는 돌아갈 것이오."

다른 장수들도 우문술처럼 평양성으로 진격해 가는 것을 마땅치 않게 여겼습니다.

우중문은 수 양제에게 편지를 썼습니다.

'장군들의 뜻이 다르니 제게 지휘권을 주십시오.'

곧 수 양제에게서 회답이 왔습니다.

'모두 우중문의 명에 따르라!'

우중문은 수나라 진영에 명령을 내렸습니다.

"모두 고구려 군사를 추격하라!"

마침내 수나라 30만 대군은 을지문덕을 쫓아 평양성 북쪽 30리 지점까지 쳐들어와 진을 쳤습니다. 을지문덕은 수나라 군사와 싸우다 달아나기를 7번이나 했습니다.

하지만 고구려 군사를 추격하느라 수나라 30만 대군은 지칠 대로 지쳐 있었습니다. 이를 간파한 을지문덕이 우중문에게 편지를 보냈습니다.

고구려 왕조 700년

그대의 신기한 책략은 천문을 꿰뚫었고
묘한 계략은 땅의 이치에 이르렀네.
전쟁에 이겨 이미 그 공이 높으니
만족함을 알고 돌아감이 어떠하리?

우롱 섞인 을지문덕의 시를 읽고 난 우중문은 눈앞이 번쩍 뜨였습니다.
'어허, 내가 을지문덕의 꾀에 빠져들었구나.'
그러던 차에 편지를 가지고 온 병사가 말했습니다.
"수나라가 군사를 압록강 밖으로 물리면 우리 장군께서 임금을 모시고 수나라에 가 신하의 예를 올리겠답니다."
우중문은 사자의 말을 듣고 고개를 끄덕였습니다.
"좋다. 고구려에서 항복을 하겠다면 군사를 돌리겠노라."
우중문은 을지문덕이 거짓으로 항복을 하고 있다는 것을 알았습니다.
하지만 거짓 항복을 구실 삼아서라도 군사를 돌릴 수밖에 없었습니다. 군사들이 너무 지친데다 군량이 모자라 평양성을 함락시킬 자신이 없었기 때문입니다.
을지문덕은 등을 돌린 수나라 군사를 추격하기 시작했습니다.

을지문덕의 지략

"수나라 군사를 끝까지 쫓아라!"

수나라 군사들은 지친 몸으로 달아나기도 힘겨운 판에 끈질기게 공격해 오는 고구려 군사를 피하느라 정신이 없었습니다.

수나라군은 드디어 살수에 이르렀습니다. 우문술은 살수만 건너면 흩어진 군사를 다시 모아 고구려 군사와 맞설 수 있다고 생각했습니다.

"서둘러 살수를 건너라!"

수나라 군사는 살수에 뛰어들었습니다.

수나라의 주력군이 강의 절반쯤에 이르렀을 때였습니다.

갑자기 거대한 물줄기가 해일처럼 일어나며 수나라 군사를 덮쳤습니다. 미리 막아 두었던 둑을 터뜨리자 강물이 쏟아져 내린 것이었습니다.

을지문덕이 수나라 대군을 물리친 살수 대첩

살수는 곧바로 생지옥이 되어 버렸습니다. 수나라 군사들은 비명조차 제대로 지르지 못하고 물 속으로 사라졌습니다.

싸움은 고구려의 큰 승리로 끝이 났습

니다.

　죽음의 문턱에서 겨우 목숨을 건진 나머지 수군들은 뒤도 돌아보지 않고 압록강으로 달아났습니다. 그들은 얼마나 다급했는지 하루 사이에 4백5십 리나 되는 거리를 도망쳤던 것입니다.

　이 때 우중문의 30만 대군 중에서 살아 남은 군사는 겨우 2천 7백여 명이었습니다.

　을지문덕 장군의 교묘한 전략으로 수나라 30만 대군을 무찌른 이 싸움이 바로 '살수 대첩' 입니다.

　이 소식을 듣고 화가 난 수 양제는 우중문을 사슬에 묶어 수나라로 돌아갔습니다.

　2차 침입 이후 수나라는 두 차례나 더 고구려로 쳐들어왔습니다. 그러나 그 때마다 고구려군의 저항에 막혀 실패를 하고 말았습니다.

　수나라는 결국 고구려와의 전쟁에 국력을 허비한 나머지 망하고 말았습니다.

　공교롭게도 수 양제가 암살되던 해에 네 차례의 침입을 슬기롭게 막아 낸 영양왕도 세상을 떠났습니다.

을지문덕의 지략

제 27 대
영류왕

(?~642년)
재위 : 618~642년

이름은 건무, 건성입니다. 영양왕의 이복동생으로 618년 9월 왕위에 올랐습니다.

중국의 수나라가 망하고 당나라가 들어서자 사신을 보내 화친을 도모했습니다. 이 화친의 결과로 수나라의 침입 때 중국으로 끌려간 고구려의 포로들을 찾아오고, 고구려에 있던 한인들을 당나라로 돌려보냈습니다.

영류왕은 언젠가는 당나라가 고구려를 쳐들어오리라 예견하고 천리장성을 쌓기 시작했습니다. 631년부터 쌓기 시작한 천리장성은 요동 지역의 부여성에서부터 동남쪽 바다에 이르는 거대한 공사였습니다.

그러나 연개소문의 반역으로 천리장성의 완성을 보지 못하고 죽임을 당하고 말았습니다.

영류왕과 천리장성

영양왕이 자식을 두지 못하고 죽자 이복동생인 건무가 왕위에 오르니 그가 바로 영류왕이었습니다.

수나라와의 오랜 전쟁으로 백성들의 살림이 어려운 시기에 왕위에 오른 영류왕은 우선 나라를 안정시키기 위해 애썼습니다.

한편 수나라에 이어 나라를 연 당나라의 이연 역시 어수선한 민심을 안정시키고, 세력을 확장하려는 돌궐의 위협에서 벗어나기 위해 고구려와는 한동안 평화롭게 지내야 했습니다.

이에 당나라에서는 고구려에 사신을 보내 왔습니다.

"고구려에서 조공을 한다면 당나라는 화친을 깨지 않겠소."

영류왕은 당나라의 제의를 받아들여 619년 화친을 하게 되었습니다. 그리고 622년 수나라 때 잡혀 간 양국의 포로들을 서로 교환했습니다.

또 문화 교류도 활발해 624년에는 당나라에서 도교가 전해졌습니다.

영류왕이 왕위에 오른 626년 당나라에서는 고조가 죽고 태종

학을 탄 선인도(고구려에 도교가 전해지면서 벽화에도 선인의 모습이 나타남.)

342

고구려 왕조 700년

이 즉위하였습니다. 태종 이세민은 고구려를 정복할 야심을 갖고 있는 인물이었으므로 고구려에서는 이에 대비하지 않을 수 없었습니다.

당 태종은 628년 당나라에 반대하는 마지막 세력을 정벌하여 통일을 이루었습니다.

그리고 630년 동돌궐을 격파하는 한편 631년 사절을 보내 고구려가 수나라의 대군을 맞아 싸우다 죽은 군사들을 위해 세운 무덤인 경관을 파괴했습니다.

영류왕은 신하들을 불러 당나라의 침입에 대한 대비책을 물었습니다.

"당나라의 침입에 대비할 방법을 말해 보시오."

"우선 조공에 신경 써서 당나라에서 군사를 일으키지 않도록 해야 합니다."

"조공으로 침입을 막을 수는 없습니다. 성을 쌓아 전쟁에 대비해야 합니다."

영류왕은 631년 신하들의 의견을 받아들여 동쪽의 부여성에서부터 발해에 이르는 천리장성을 쌓기 시작했습니다.

그리고 638년 신라의 북쪽 지역에 있는 칠중성을 공격했습니다.

하지만 북쪽 변방의 요지인 칠중성을 지키는 신라의 알천 장군

영류왕과 천리장성

에 패해 물러나고 말았습니다.

640년에는 태자 환권을 당나라로 보내 당나라의 침입을 막아 보려 했습니다.

고구려에서 성을 쌓고 있다는 것을 이미 알고 있는 당 태종은 이에 답례를 하겠다며 진대덕을 고구려에 보냈습니다.

당 태종은 신하인 진대덕에게 일렀습니다.

"그대는 고구려에 가서 그 쪽 지형과 군사들의 움직임을 파악하고 백성들의 사정을 살펴보도록 하시오."

641년 진대덕은 사신을 가장하여 고구려에 와 사정을 살핀 뒤 돌아갔습니다.

병법에 뛰어난 지략가인 진대덕은 요수에서 평양에 이르는 길목을 자세히 살피고, 군사의 배치와 백성들의 사정을 종합하여 당 태종에게 보고했습니다.

"때를 기다려 고구려를 치면 승리할 수 있을 것입니다."

당 태종은 진대덕의 보고를 받고 고구려를 정복할 계획을 세웠습니다.

고구려 왕조 700년

연개소문의 반정

연개소문은 풍채가 당당하고 호방한 인물로 고구려의 명문 집안의 후손이었습니다. 그의 할아버지 연자유와 아버지 연태조는 모두 대인이라는 높은 벼슬을 지냈습니다.

그래서인지 연개소문은 자신의 앞에서 굽신거리는 사람을 좋아했습니다. 어디든 갈 때면 건장한 무사들의 호위를 받으며 다녔고, 말에 오를 때도 사람의 등을 밟고 올라탔습니다.

연개소문

신하들은 그런 연개소문을 두려워했습니다. 그래서 연태조가 죽었을 때 많은 신하들은 연개소문이 동부대인의 자리를 물려받는 것에 반대했습니다. 동부대인은 고구려의 5부 중 하나로 막강한 권력을 누리는 자리였습니다.

"연개소문은 너무 과격해서 나라일을 그르칠 것입니다."

"난폭한 성격의 연개소문에게 대인의 지위를 주는 것은 호랑이에게 날개를 주는 것과 다름없습니다."

조정의 신하들과 귀족들에 의해 대인의 자리를 차지하지 못한 연개소문은 굴욕감을 느끼면서도 머리를 조아릴 수밖에 없었습니다.

"대인이 되면 충성을 다하겠습니다. 그러니 부친의 자리를 이을 수 있도록 허락해 주십시오."

연개소문이 고개를 숙이고 들어오자 대신들은 마지못해 승낙을 했습니다.

한편 고구려 대신들은 당나라에서 고구려의 정복을 계획하고 있는 줄 알면서도 안일한 생각에 빠져 있었습니다. 거기다 백성들의 괴로움은 외면하고 사치 향락만을 일삼는가 하면 조정에서는 서로 편을 나누어 자신의 이익을 위해 입씨름을 벌였습니다.

어느 날 연개소문이 회의 도중에 벌떡 일어섰습니다.

"지금 우리 고구려는 어느 때보다 어렵습니다. 당나라는 언제 쳐들어올지 모르고, 백성들은 천리장성을 쌓느라 피땀을 흘리고 있습니다. 그런데도 대신들께서는 쓸데없는 입씨름으로 시간을 허비하고 있으니 이게 어찌 된 일입니까?"

연개소문의 야멸찬 호통에 대신들은 할말이 없었습니다.

대신들은 연개소문을 경계의 눈으로 살피며 하나 둘 자리를 피했습니다.

그리고 얼마 뒤 몇몇 대신들이 영류왕을 찾아갔습니다.

346

고구려 왕조 700년

"연개소문을 그대로 두어서는 안 됩니다. 잔인하고 포악한 성격의 인물에게 막강한 권력을 주는 것은 위험한 일입니다."

"맞습니다. 연개소문은 벌써 자신의 지위를 이용하여 세력을 만들고 있으니 서둘러 조치를 취해야 합니다."

대신들의 요청에 영류왕은 연개소문을 불렀습니다.

"당나라의 침입에 대비해 천리장성을 쌓기 시작했으나 십여 년이 지나도록 끝을 내지 못하고 있소. 그대가 그 곳으로 가 일을 마무리하도록 하시오."

연개소문은 대신들이 자신을 평양에서 먼 곳으로 쫓으려 한다는 사실을 알고 있었습니다. 하지만 당나라와의 싸움에 대비해야 한다는 생각을 하고 있었으므로 그는 총감독이 되어 공사장으로 떠났습니다.

연개소문은 하루빨리 공사를 끝내기 위해 백성들을 다그쳤습니다. 그 덕분에 천리장성은 하루가 다르게 제 모습을 갖추어 갔습니다.

평양의 대신들은 연개소문이 천리장성을 쌓는 동안 그를 없애기로 했습니다.

그런데 이 사실을 눈치챈 연개소문의 심복이 급히 말을 달려 천리장성에 도착했습니다.

"나리, 대신들이 나리를 없애려고 왕과 음모를 꾸미고 있사옵

연개소문의 반정

니다."

"뭐라고? 이 괘씸한 것들……, 모조리 목을 치리라!"

642년, 연개소문은 공사의 진행 상황을 보고한다는 명목으로 군사를 이끌고 평양성으로 돌아왔습니다.

연개소문은 왕에게 보고를 한 뒤 군사들의 사기를 높인다며 큰 잔치를 베풀었습니다.

이 잔치에는 조정의 대신과 귀족들이 거의 다 초대되었습니다.

드디어 잔치가 열렸습니다. 연개소문의 계획을 모르는 대신들과 귀족들은 흥겹게 술을 마시며 떠들어 댔습니다.

연개소문은 술잔을 들고 소리쳤습니다.

"오늘의 자리를 빛내 주신 여러분께 감사드립니다. 마음껏 드십시오."

모든 사람들이 연개소문을 따라 술잔을 들며 환호성을 질렀습니다. 사람들을 둘러보며 단숨에 술을 삼킨 연개소문이 잔을 밖으로 휙 내던졌습니다.

순간 연회장 뒤쪽에서 수십 명의 군사들이 뛰어들었습니다. 군사들은 대신들과 귀족들의 목을 모조리 베어 버렸습니다.

연개소문은 그 길로 대궐을 향했습니다.

"한 나라의 왕이 대신들의 말만 듣고 나라를 망치려 하다니!"

연개소문은 영류왕의 목을 단칼에 내리쳤습니다.

348

고구려 왕조 700년

"으읙!"

영류왕은 비명과 함께 숨을 거두었습니다.

이로써 연개소문은 최고 관직인 대막리지가 되어 고구려를 손아귀에 넣게 되었습니다.

연개소문은 영류왕의 조카 보장을 고구려의 28대 임금으로 추대했습니다.

연개소문이 머물렀다는 성산 산성의 내성

연개소문의 반정

제 28 대
보장왕

(?~682년)
재위 : 642~668년

이름은 장입니다. 영류왕의 동생인 태양의 아들입니다.

642년 반란을 일으켜 정권을 잡은 대막리지 연개소문의 추대로 영류왕에 이어 왕위에 올랐습니다.

643년 연개소문의 뜻으로 당나라에 사신을 보내 도교를 받아들이기 위해 〈노자도덕경〉과 숙달을 비롯한 도사 8명을 불러들였습니다.

645년 당 태종의 침입과, 661년 당나라의 소정방과 신라 연합군의 평양성 공격을 막아 냈지만 연개소문이 죽자 권력을 둘러싼 내분이 일어났습니다.

668년 나·당 연합군에 의해 나라를 빼앗기고 당나라로 압송되었습니다.

연개소문과 당의 침입

몸에 다섯 자루의 칼을 차고 다니는 연개소문은 정권을 장악한 뒤에 자신에게 반대하는 세력을 모조리 굴복시켰습니다.

다만 안시성의 성주는 연개소문의 부름에도 응하지 않았습니다. 연개소문은 군대를 보내 안시성을 공격했습니다.

하지만 안시성은 끄떡도 없었습니다.

연개소문은 또 다른 반란이 일어날까 염려하여 안시성을 그대로 두기로 했습니다.

그는 당나라의 침입에 대비해 무엇보다 먼저 천리장성을 마무리하려 했고, 그 노력 끝에 천리장성이 완성되었습니다.

연개소문은 위엄을 갖추고 있었습니다.

법을 집행할 때는 엄하고 공정하게 하는가 하면, 일을 할 때는 군사들과 함께 거적을 깔고 자는 등 솔선수범했으며, 상은 반드시 나누어 주었습니다.

군사들은 정성과 믿음으로 보살펴 주는 그를 따랐습니다.

당나라의 사신을 대할 때도 조금도 비굴함 없이 당당했습니다.

643년 연개소문은 백제와 힘을 합하여 신라를 공격했습니다. 당시 신라가 백제에게 빼앗긴 성은 40여 개에 이르렀습니다.

힘에 부친 신라는 당나라에 사신을 보내 도움을 요청했습니다.

당 태종은 사신을 보내 고구려는 신라를 침입하지 말라고 전했습니다. 그러자 연개소문이 사신에게 말했습니다.

"신라는 우리가 수나라와 전쟁을 하는 사이 5백 리나 되는 땅을 빼앗았소. 잃어버린 땅을 찾는 것은 침입이 아니니 당나라는 상관 마시오."

"지난 일을 들춰서 무엇하겠습니까? 요동은 과거 중국 땅이었으나 지금은 고구려의 땅이지 않습니까."

그러자 연개소문이 사신을 노려보았습니다.

"요동은 처음부터 우리 민족인 조선의 땅이었소!"

당나라의 사신이 돌아가자 연개소문은 다시 신라를 공격했습니다.

당 태종은 화를 내며 다시 한 번 사신을 보냈습니다. 그러나 연개소문은 사신으로 온 장엄을 옥에 가두어 버렸습니다.

당 태종은 이를 기회로 고구려를 침입할 생각이었습니다.

"본래 요동은 중국의 땅이었다. 우리는 이를 찾고 수나라 때 죽은 군사의 원수를 갚아야 한다. 또한 영류왕과 신하들을 죽이고 권력을 잡은 연개소문의 행동도 용서할 수 없다. 사방을 모두 평정하였으나 고구려를 평정 못 하였으니 이것이 바로 고구려를 쳐야 하는 이유다."

이렇게 고구려 침략의 명분을 단 당 태종은 645년 10만 명의 대군을 이끌고 고구려로 향했습니다.

오는 도중 돌궐과 거란군이 합세하여 군사의 수는 15만에 이르렀습니다.

6만여 명의 육군은 당 태종이 이끌고 요동으로 쳐들어왔습니다. 수군은 장량이 지휘했는데, 5백여 척의 배에 군사는 4만여 명이나 되었습니다.

개모성을 함락시킨 당 태종은 요수를 건너 요동성 앞까지 다가왔습니다.

당 태종은 요수를 건너올 때 사용한 부교를 모두 없애 버려 고구려 정벌에 대한 단호한 의지를 보여 주었습니다.

당나라 군사들은 성벽을 부수는 포차 등 새로운 무기를 동원하여 요동성을 공격했습니다.

밤낮을 가리지 않고 퍼부어 대는 당나라 군사의 공격에 요동성은 12일 만에 함락되고 말았습니다.

연개소문과 당의 침입

장량이 이끄는 수군도 비사성을 함락시키고 평양으로 향했습니다.

안시성을 지킨 양만춘

요동성이 함락되자 겁을 먹은 백암 성주 손대음은 당나라에 항복을 하고 말았습니다. 이렇게 화살 하나 쏘지 않고 백암성을 얻은 당나라의 다음 목표는 안시성이었습니다.

안시성은 요동으로 들어온 군사가 압록강으로 가자면 반드시 거쳐야 하는 길목이었습니다.

이러한 지형의 특징을 잘 알고 있는 연개소문은 20만의 병력 중 15만을 안시성 쪽으로 집결시켰습니다. 그리고 나머지 5만의 병력으로 평양을 지키도록 했습니다.

요동과 백암 등에 있던 군사들을 안시성 주변에 배치한 연개소문은 북부 욕살 고연수와 남부 욕살 고혜진에게 지휘권을 주었습니다.

백전노장인 고혜진은 고연수에게 말했습니다.

"당나라 군사를 지휘하는 이세적은 지략이 뛰어난 장수이니 섣불리 나가서는 안 될 것이오."

"그럼 싸움을 장기전으로 끌고 가자는 말씀이십니까?"

"그렇소. 장기전으로 가면서 기습을 통해 적의 보급로를 끊으면 적은 전력이 급격히 떨어질 것이오. 이 때 우리가 포위를 한다면 달아날 곳이 없는 적은 항복을 할 것이오."

그러나 노장인 고혜진에 비해 고연수는 혈기왕성한 젊은 장수였습니다. 그는 군사의 수적 우세만 생각하며 정면으로 부딪힐 것을 주장했습니다.

"우리 군사의 수가 훨씬 더 많은데 왜 앉아서 기다린단 말씀이십니까? 나가서 싸웁시다!"

고연수는 자신의 생각대로 안시성에서 40리 떨어진 곳까지 나왔습니다.

한편 당 태종은 고구려의 지형이 험하고 복병의 기습 작전을 펴기가 좋다는 것을 파악하고 유인 작전을 펴기로 마음 먹었습니다. 그리고 여러 장수들을 모아놓고 자신의 계획을 설명했습니다.

당 태종은 유인 작전을 펴기 위해 우선 고구려의 진영에 사신을 보냈습니다.

"우리는 연개소문을 처벌하러 온 것이니 그가 자신의 죄를 뉘

안시성을 지킨 양만춘

안시성 싸움

우치고 용서를 구하면 이대로 돌아가도록 하겠소."
"그렇다면 왜 요동의 성들을 함락시켰소?"
"그것은 우리가 지나는 길에 사람과 말이 쉴 곳과 음식을 주지 않았기 때문이오."
고연수는 사신과 이야기를 나누는 동안 점점 거만해졌습니다. 당나라에서 군사의 수에 기가 눌려 허리를 굽히고 있다고 여기며 자만심에 빠졌던 것이었습니다.
사신이 다녀간 이후 고구려의 진영은 방비가 허술해졌습니다.
당 태종은 이 때를 놓치지 않고 이세적에게 1만 5천의 군사를 주어 서령에 진을 치고, 손무기에게 1만여 명을 이끌고 고구려

군의 후방을 공격하도록 했습니다.

당 태종은 4천 명을 이끌고 북쪽에서 대기하였습니다.

북소리가 울리고 나서야 고연수는 세 방향에서 몰려오는 당나라 군사를 볼 수 있었습니다. 하지만 이렇다할 작전을 펼 수도 없었습니다. 험한 지형이 오히려 불리했던 것이었습니다.

고연수와 고혜진은 끝내 항복을 하고 말았습니다.

요동의 주력군이 패했다는 소식을 들은 연개소문은 안시성 성주에게 당나라 군사를 막도록 했습니다.

당시 안시성에는 독자적인 군사가 3만 정도 있었습니다.

성주인 양만춘은 7만여 명의 백성들과 식량, 가축 등을 성 안으로 모으고 당나라와의 싸움에 대비했습니다.

이윽고 당 태종이 군사를 이끌고 안시성에 도착했습니다.

"성을 포위하라!"

고연수의 대군을 격파한 당 태종은 여유가 있었습니다.

성을 포위한 어느 날이었습니다. 병사 하나가 누더기가 다 된 옷에 신발조차 신지 않은 고구려 사람을 붙잡아 당 태종 앞에 데리고 왔습니다.

"저 자는 누구냐?"

"고죽리라고 하는 고구려의 첩자입니다."

당 태종은 고죽리의 형편없는 몰골을 훑어보더니 결박을 풀어

안시성을 지킨 양만춘

주도록 했습니다.

"어째서 그토록 몸이 야위었느냐?"

"사람들을 피해 샛길로 오느라 여러 날 굶주려 그렇습니다."

고죽리의 말을 들은 당 태종은 껄껄 웃었습니다.

"연개소문에게 전해라. 당나라 군사의 소식을 알고 싶으면 고생스럽게 사람을 샛길로 보내지 말고 나에게 직접 보내라고 말이다."

당 태종은 고죽리에게 새 짚신을 신겨 고구려로 다시 돌려보냈습니다. 하지만 당 태종의 그런 여유는 곧 난공불락의 안시성에 부딪혀 조바심으로 바뀌게 되었습니다.

안시성을 겹겹이 에워싼 당 태종은 승리의 여세를 몰아 세찬 공격을 퍼부었습니다. 그러자 성에서는 화살이 빗줄기처럼 쏟아졌습니다.

"후퇴하라!"

첫번째 공격을 이끌던 이세적은 퇴각할 수밖에 없었습니다.

잠시 후 안시성에서는 당나라 군사를 조롱하는 고구려 군사들의 목소리가 들려 왔습니다.

"형편 없는 당나라 군사들아, 너희 땅으로 돌아가라!"

화가 난 이세적은 다음 날, 공격에 앞서 안시성에 대고 소리를 질렀습니다.

"내 기필코 안시성을 함락시켜 남자들을 모두 구덩이에 묻어 주마."

그러자 안시성의 군사들은 마음을 하나로 모아 공격을 막아 냈습니다.

당나라 군사들은 하루에 예닐곱 차례씩 세 달이 넘도록 공격을 했습니다. 그러나 안시성은 조금도 흔들리지 않았습니다. 양만춘의 뛰어난 지휘로 고구려 군사는 전혀 밀리지 않았습니다.

싸움은 오래도록 계속되었습니다.

그러자 고연수는 안시성에서 철수해 오골성을 치자고 했습니다. 하지만 고구려의 반격이 두려운 당 태종은 작전을 바꾸어 다시 한 번 안시성을 공격했습니다.

그 때까지는 포차로 돌을 쏘아 성을 부수거나 줄사다리를 이용해 성벽을 기어오르는 방법이었습니다. 하지만 안시성 군사들은 줄사다리로 접근하면 화살을 쏘고, 성벽을 부수면 목책을 세우며 반격하여 당나라 군사들은 목숨만 잃는 꼴이 되었습니다.

당 태종은 군사와 주변의 백성을 동원하여 토성을 쌓기 시작했습니다.

연인원 50만 명이 동원되어 쌓은 토성은 60여 일 만에 안시성의 높이보다 높아졌습니다.

당나라 군사들은 안시성을 내려다보며 싸웠습니다. 그러나 안

안시성을 지킨 양만춘

시성의 군사들은 일사분란하게 움직이며 공격을 막아 냈습니다.
 그러던 중에 토성의 한쪽 부분이 우르르 무너져 버렸습니다.
 산의 흙을 너무 많이 파내 산사태가 난 것이었습니다. 무너진 토성은 안시성을 덮쳐 성벽의 일부를 허물어뜨렸습니다.
 "이 기회를 놓치지 말고 토성을 빼앗아라!"
 양만춘은 무너진 성벽을 오히려 역으로 이용했습니다. 그는 수

▼ 안시성 앞의 평야(당태종이 토성을 쌓았던 곳이 내려다 보임.)

고구려의 성 망대(망대는 적의 동향을 살피기 위해 높게 쌓은 곳임.)

백여 명의 군사에게 성벽을 타고 토성으로 올라가도록 지휘했습니다.
 때마침 토성의 방비를 담당하고 있던 당나라 장수 부복애는 자리를 비우고 없었습니다. 덕분에 고구려 군사들은 별다른 어려움 없이 토성을 점령해 버렸습니다.
 고구려 군사들은 토성에 참호를 파고 당나라 군사를 막아 내는

또 하나의 요새로 이용했습니다.

이 소식을 들은 당 태종은 머리끝까지 화가 나 부복애를 처형하고 사흘 밤낮으로 공격을 퍼부었습니다.

하지만 토성을 빼앗는 데는 실패하고 말았습니다.

토성을 빼앗긴 당나라 군사들의 사기는 땅으로 떨어졌습니다.

거기다 계절은 여름을 넘기고 가을이 오는 9월로 접어들었습니다. 가을이 오자 아침 저녁으로 쌀쌀해지는 날씨에 여름옷을 입고 있는 당나라 군사들은 오들오들 떨며 싸움을 해야 했습니다. 가지고 온 식량까지 거의 떨어져 군사들의 마음은 더욱 불안해졌습니다.

마침 당나라의 군량을 담당하는 장수가 태종을 찾아왔습니다.

"폐하, 군량이 얼마 남지 않았습니다."

"그래, 얼마나 남았느냐?"

"아껴 먹어야 앞으로 두어 달 정도를 버틸 수 있을 것이옵니다."

태종은 장수들을 불러모은 뒤 마침내 퇴각 명령을 내렸습니다. 그는 안시성을 함락시킬 수 없다고 판단한 것이었습니다.

"군사들을 모두 철수시켜라!"

태종의 명령에 따라 당나라 군사들은 안시성을 포기하고 철수하기 시작하였습니다.

　안시성의 성주 양만춘은 성 위에 올라 철수하는 당나라 군사들의 뒷모습을 바라보며 웃었습니다.
　그 때 마침 당 태종이 뒤를 돌아보았습니다.
　양만춘은 당 태종을 향해 잘 가라는 듯 손을 흔들었습니다.
　태종은 잠시 행군을 멈추고 양만춘에게 비단 백 필과 정성어린 글을 보냈습니다.
　'그대는 비록 적국 고구려의 성주지만 용맹과 지혜로 끝까지 안시성을 지켜 낸 그 의지가 참으로 놀랍소. 왕에 대한 충성과 전공에 감탄하여 비단과 이 글을 보내오.'
　안시성 싸움은 결국 고구려의 승리로 끝이 났습니다.

거듭되는 당나라의 침입

　당나라의 침입을 막아 낸 고구려는 백제와 연합하여 신라를 쳤습니다. 특히 백제의 의자왕은 신라에서 가장 중요한 성이라 할 수 있는 대야성을 빼앗고 금성을 위협하고 있었습니다.
　궁지에 몰린 신라는 당나라와 손을 잡고 백제를 공격했습니다.

거듭되는 당나라의 침입

당나라에서는 당 태종이 죽으면서 고구려 정벌을 중지하라는 유언에 따라 잠시나마 전쟁을 쉬고 있는 상태였습니다.

하지만 655년 신라에서 구원군을 청하자 당나라는 설필하력에게 군사를 주어 고구려의 요동을 공격하도록 했습니다.

이것은 고구려가 백제를 돕지 못하도록 하기 위해서였습니다.

3개월 만에 백제를 멸망시킨 당나라는 고구려로 눈을 돌렸습니다.

661년, 당나라는 백제를 공격했던 소정방에게 평양을 공격하도록 하였습니다.

남북으로 공격을 받은 고구려는 싸움에 밀리고 말았습니다. 해마다 전쟁을 치른 탓에 백성들의 고통 또한 말이 아니었습니다.

하지만 고구려는 끝까지 저항했습니다. 그러자 당나라에서는 평양을 공격하는 소정방에게 27만 명의 증원군을 보냈습니다.

평양성은 당나라 군사로 겹겹이 에워싸이게 되었습니다.

한편, 북쪽 전선에서는 남생이 군사를 이끌고 나가 설필하력을 무찔러 버렸습니다.

설필하력이 무너지자 당나라에서는 방효태에게 군사를 주어 다시 북쪽으로 쳐들어가게 했습니다. 그러나 방효태의 군사는 살수에서 고구려 수군에게 전멸을 당하고 말았습니다.

북쪽에서 승리한 남생은 병사들을 이끌고 평양성으로 달려갔

고구려 왕조 700년

습니다. 남생은 평양성을 에워싸고 있던 당나라 군사들을 포위해 버렸습니다.

남생의 군사에 의해 보급로가 끊어진 소정방의 군사들은 굶주림에 지쳐 갔습니다.

"웅진 도독부의 유인원에게 식량을 보내라고 하라!"

소정방은 유인원에게 병사를 보내 도움을 청했으나 웅진 도독부가 있는 부여성은 복신 장군에게 포위당해 자기들도 굶고 있는 처지였습니다.

소정방은 마지막으로 신라에 식량을 요청했습니다.

"신라는 동맹의 결의를 지켜 식량을 보내시오."

신라는 소정방의 요구를 거절할 수 없었습니다.

"소정방에게 쌀 4천 섬과 보리 2천 섬을 보내도록 하라."

신라에서는 김인문과 김양도 등 9명의 장수를 시켜 쌀과 보리를 20대의 큰 수레에 실어 소정방에게 보냈습니다.

신라의 수송선이 평양을 향해 떠났다는 것을 알아차린 고구려 군사들은 철중하에서 미리 기다리고 있었습니다.

드디어 수송선이 철중하에 모습을 드러내자 고구려 군사들은 날쌔게 습격을 가했습니다.

이 싸움에서 신라군은 식량을 버려 두고 달아났습니다.

신라의 보급마저 차단당하자 소정방은 더 이상 견딜 수가 없었

거듭되는 당나라의 침입

습니다. 소정방은 수천 명의 결사대만 거느리고 평양을 빠져나가 당나라로 달아났습니다.

전쟁은 고구려의 승리였습니다. 12번에 걸친 싸움에서 죽은 당나라 군사는 무려 200만 명이나 되었습니다.

연개소문의 죽음과 권력 싸움

665년, 마침내 연개소문이 세상을 떠났습니다.

연개소문의 죽음으로 고구려의 조정이 불안해지자, 이 틈을 이용해 신라의 이간책이 시작되었습니다

그것은 고구려의 중 신성으로 하여 남생과 그의 아우 남건, 남산, 그리고 숙부 연정토를 원수 사이로 만드는 일이었습니다.

신성은 고구려에 불교를 전파하겠다는 욕심으로 신라의 꾐에 넘어갔습니다.

신성은 연정토를 찾아갔습니다.

"대막리지가 숨을 거두었으니 그 자리는 장군이 이어야 합니다."

366

고구려 왕조 700년

"형에게는 아들이 셋이나 있는데 그게 내 마음대로 되겠소."
"걱정 마십시오. 제가 대왕마마께 말씀드리겠습니다."
연정토는 신성의 말을 믿었습니다. 하지만 보장왕을 찾아간 신성은 다른 말을 했습니다.
"대왕마마, 연정토는 큰 인물이 못 됩니다. 그보다는 남생이 연개소문의 뒤를 이을 인물입니다."
이렇게 하여 고구려의 실질적인 통치자였던 연개소문의 뒤를 이어 남생이 막리지가 되었습니다. 그러나 그 위세는 연개소문에 미치지 못하여 권력을 둘러싼 내분이 일기 시작했습니다.
신성의 농간인 줄도 모르고 내분에 불을 당긴 것은 연정토였습니다.
연정토는 남생이 막리지가 되어 북쪽을 시찰하기 위해 떠나자 남건과 남산을 찾아갔습니다.
"남생이 너희 형제를 죽이려 한다는 소문이 돌고 있다."
"형이 그럴 리가 있겠습니까?"
연정토의 말에 남건과 남산은 쉽게 넘어오지 않았습니다. 그러자 연정토는 자신이 막리지가 되기 위해 군사를 키웠습니다.
한편 북쪽 성들을 둘러보고 있던 남생에게도 평양의 두 동생이 자신을 죽이고 정권을 잡으려 한다는 소문이 들려 왔습니다.
남생은 부하를 보내 사정을 살피도록 했습니다.

연개소문의 죽음과 권력 싸움

평양성에 몰래 들어온 남생의 심복을 본 남건과 남산은 겁이 났습니다.

"형이 우리를 죽이기 위해 미리 심복을 보낸 것 같구나."

"그렇다면 우리가 먼저 형을 쳐야지요."

남산과 남건은 군사들을 풀어 평양성을 손아귀에 넣고 남생의 아들인 헌충을 죽였습니다.

보장왕도 남산과 남건을 도와 남생에게 평양으로 돌아오라는 왕명을 내렸습니다.

남생은 두 동생이 평양을 장악했다는 소식을 듣고는 왕명을 듣지 않고 국내성으로 달아나 군사를 모았습니다.

남건은 군사를 이끌고 국내성으로 쳐들어갔습니다.

그러자 남생은 아들 헌성을 당나라로 보내 구원병을 요청했습니다. 당나라는 고구려를 멸망시킬 좋은 기회로 여겨 대군을 보냈습니다.

당나라에서 30만 대군을 보내자 신성의 농간에 속아 내분에 불씨를 당긴 연정토가 배신을 하기에 이르렀습니다. 연정토는 12개 성과 8천5백 명의 군사를 거느리고 신라에 항복했습니다.

667년 남생이 있는 안시성으로 당나라의 30만 대군이 들어왔습니다.

당나라 군사들은 남생을 선두에 세우고 평양성으로 향했습니

고구려 왕조 700년

다. 한편 수군은 대동강 하구로 올라왔으며 남쪽에서는 신라의 김인문을 비롯한 여러 장수가 이끄는 27만의 군사가 공격을 해 왔습니다.

668년 평양성은 남생과 당나라 군사에 의해 포위당하고 말았습니다.

남건을 비롯한 고구려 백성들은 온힘을 다해 싸웠으나 역부족이었습니다.

보장왕은 끝내 항복을 결정했습니다. 그러자 남건이 이를 막았습니다. 남건은 신성에게 왕을 보호하도록 한 뒤 싸움을 계속했습니다.

그런데 다음 날, 평양성 안으로 남생의 편지가 날아왔습니다.

　　나는 남건을 처벌하기 위해 왔을 뿐이오. 중립을 지킨다면 목숨을 지켜 주고 당나라의 벼슬을 내려 주겠소.

편지를 읽고 난 신성은 보장왕에게 달려갔습니다.
"남생은 우리를 죽일 생각이 없는 듯합니다."
"그렇다면 남건을 막리지에서 해임하시오."
보장왕은 남건을 막리지에서 해임하였습니다.
그런데 남생은 성을 포위한 지 3일이 지났는데도 공격을 시작

연개소문의 죽음과 권력 싸움

고구려와 당의 싸움

하지 않았습니다. 이를 보고 신성이 보장왕에게 말했습니다.

 "아마도 당나라군이 성을 짓밟고 우리의 기밀 문서를 훔쳐 가기 전에 이를 미리 처분하라는 뜻에서 시간을 주고 있는 듯합니다."

 신성은 남생에게 사람을 보내 7일 간의 여유를 달라고 부탁했습니다. 남생 역시 당나라 편에 서기는 했으나 고구려인이었으므로 신성의 뜻을 받아들였습니다.

며칠 후 평양성의 하늘은 검은 연기로 뒤덮였습니다. 신성의 의견에 따라 고구려 조정은 수백 년 간 보관해 온 나라의 기밀 문서와 문화재를 불태워 버린 것입니다. 이 불길은 며칠 동안 계속 이어졌습니다.

약속한 7일이 지나자 신성은 보장왕을 비롯한 98명의 신하를 데리고 성에서 나왔습니다. 굳게 잠겨 있던 평양성의 문이 열리고 신라와 당나라 군사들이 성 안으로 쏟아져 들어왔습니다. 약탈이 시작된 성 안에 또다시 불길이 치솟았습니다.

"아, 대왕국 고구려가 나에 이르러 망하다니……."

이 사실을 알게 된 남건은 통한의 눈물을 흘렸습니다. 그는 적에게 항복하느니 자살을 하겠다는 마음으로 칼로 자기의 가슴을 찔렀습니다.

그러나 자살은 성공하지 못했습니다. 남건은 부상당한 채 당나라에 끌려가 금주라는 곳에 유배되었습니다.

남산 역시 당나라에 끌려갔습니다.

남생과 보장왕, 그리고 신성은 당나라에서 벼슬을 받았습니다.

668년 9월 평양성은 당나라와 신라의 연합군에 의해 마침내 함락되고 말았습니다.

이로써 주몽에서 시작하여 28왕조 700여 년 만에 광활한 대륙을 지배했던 고구려의 역사는 끝이 나고 말았습니다.

연개소문의 죽음과 권력 싸움

고구려의 벽화

고구려인들의 예술적 감각을 느낄 수 있는 백호도

세련된 선이 돋보이는 현무도

안시성은 어디인가?

　고구려 보장왕 때인 645년 당나라의 태종은 10만여 군사를 이끌고 고구려로 쳐들어왔습니다. 그러나 당 태종은 안시성에서 치열한 전투를 벌이고도 끝내 함락하지 못하여 돌아가야만 했습니다.

　당시 안시성은 약 10만의 인구가 살고 있던 고구려의 영지였습니다.

　안시성의 위치는 현재 중국의 요령성 해성시 영성자촌으로 보고 있습니다.

　남아 있는 성의 규모는 둘레가 4km 정도로 꽤 큰 성이지만 〈삼국사기〉에 따르면 안시성 군대를 제외하고도 구원병으로 온 군사가 15만이나 머물렀다고 합니다.

　이 기록을 두고 따져 본다면 안시성의 규모는 더 컸을 것으로 추측하고 있습니다.

　성의 앞쪽으로는 넓은 벌판이 펼쳐져 있고, 그 앞에는 당 태종이 쌓았다는 토성이 자리하고 있습니다.

　안시성의 위치는 정확하지 않지만 중국에서 고구려로 진격해 들어가려면 꼭 거쳐야 하는 길목으로 매우 중요한 곳이었음에 틀림없습니다.

쏙쏙 역사 상식

고구려의 조직과 벼슬

고구려의 행정 구역은 동·서·남·북·중(내)의 5부로 나누어 대가가 통치하였습니다.

각 부 밑에는 여러 성이 딸려 있었는데 각 부의 우두머리는 욕살, 성의 우두머리는 처려근지 또는 도사라고 불렀습니다. 이들은 나라에 전쟁이 일어나면 군대를 편성해 대모달·말객 등의 군관이 되어 지휘하였습니다.

이 지방의 우두머리는 관리와 군대를 거느리고 있어 백성을 다스리고 군사를 움직일 수 있는 권한이 있었습니다.

한편 평양성·국내성·한성은 특수 행정구역으로 삼경이라 하였습니다.

왕 아래에 상가, 대로, 패자, 주부, 우태, 승 등의 관리를 둔 것이 고구려의 초기 관직이었습니다.

왕과 고위 관리들인 제가는 사자, 조의, 선인 등의 신하를 별도로 거느릴 수 있었습니다.

이후 도읍을 평양으로 옮긴 이후에는 행정 조직과 관리 조직을 정비하였습니다.

관리의 등급은 수상인 대대로, 태대형 등 10여 등급을 두었습니다. 대대로는 3년마다 선거로 뽑는 것을 원칙으로 했으며 대막리지, 태대막리지라는 다른 이름이 있었습니다.

관리를 부를 때는 형, 사자를 붙여서 부르는 경우가 많았는데 형은 연장자라는 뜻으로 족장의 자리를 계승한다는 의미였습니다.

또한 사자는 지방의 조세 걷는 사람이라는 의미였습니다.

역사 풀이

1. 수나라는 몇 차례 고구려를 공격했나요?
   ① 한 차례
   ② 두 차례
   ③ 세 차례
   ④ 네 차례

2. 수나라의 1차 침입 때 30만 명의 군사를 이끌고 고구려로 진격하던 왕세적이 후퇴를 한 이유는 무엇인가요?

   ----

3. 태학 박사 이문진은 무슨 일을 했나요?

   ----

4. 일본과 교류하여 문화적으로 많은 영향을 준 인물이 아닌 사람은 누구인가요?
   ① 혜자   ② 담징   ③ 양광   ④ 법정

5. 살수에서 수나라의 30만 대군을 물리친 고구려의 장수는 누구인가요?
   ① 양만춘
   ② 을지문덕
   ③ 고연수

역사 풀이

④ 고혜진

6. 당나라의 침입을 막아 내기 위해 영류왕 때 쌓은 성은 무엇인가요?

   ----

7. 영류왕을 죽인 후 보장왕을 즉위시키고 대막리지가 된 인물은 누구인가요?
   ① 남생   ② 김춘추   ③ 신성   ④ 연개소문

8. 보장왕 때 고구려를 치기 위해 연합한 두 나라는 어디인가요?

   ----

9. 고구려가 망하게 된 과정을 간단하게 쓰세요.

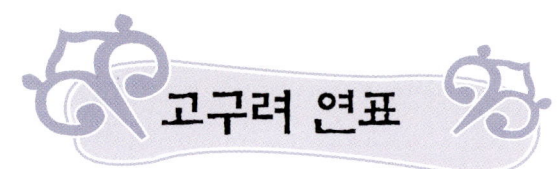

고구려 연표

왕	연대	주요사항
동명성왕	*37	주몽(동명성왕), 고구려 건국
	*36	비류국 정복
	*32	행인국 정복
	*27	북옥저를 멸망시킴
유리왕	*19	유리왕 즉위
	*17	유리왕 〈황조가〉를 지음
	*9	선비족 토벌
	AD 3	도읍을 국내성으로 옮김 위나암성을 쌓음
	14	한의 고구려현을 쳐서 빼앗음
대무신왕	18	대무신왕 즉위
	22	동부여 정복
	26	구다국 정복
	36	개마국 정복
	37	낙랑을 멸망시킴
민중왕	44	민중왕 즉위
모본왕	48	모본왕 즉위
	49	한의 북평·어양·상곡·태원 등을 공격하여 빼앗음
태조왕	53	태조왕 즉위
	55	요서에 10성을 쌓음
	56	동옥저 정복
	68	갈사국이 투항함
	72	조나국을 공격해 왕을 사로잡음

왕	연대	주요사항
태조왕	74	주나국을 공격함
	105	한의 요동 6현을 정복
	118	현도군에 침입해 화려성 공격
	121	선비족과 함께 요대현 공격
차대왕	146	차대왕 즉위
신대왕	165	신대왕 즉위
고국천왕	179	고국천왕 즉위
	184	요동 태수의 침입 격퇴
	190	좌가려와 어비류의 난 진압(~191)
	194	진대법 실시
산상왕	197	산상왕 즉위
	198	환도성을 쌓음
	209	도읍을 환도성으로 옮김
동천왕	227	동천왕 즉위
	238	위나라를 도와 요동의 공손연을 격파함
	242	위나라의 서안평 공격
	246	위나라 관구검에게 환도성을 함락당함
	247	도읍을 평양성으로 옮김
중천왕	248	중천왕 즉위
	259	위나라 위지계의 침입을 격파함
서천왕	270	서천왕 즉위
봉상왕	292	봉상왕 즉위

*표는 BC(서기전, 기원전)

고구려 왕조 700년

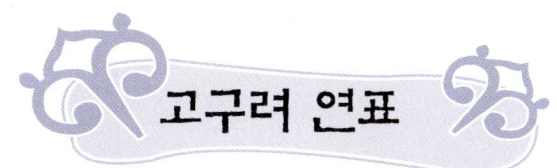

고구려 연표

왕	연대	주요사항
미천왕	300	미천왕 즉위
	302	현도군을 공격
	311	요동의 서안평 점령
	313	후한의 낙랑군을 멸망시킴
	314	대방군을 멸망시킴
고국원왕	331	고국원왕 즉위
	335	북쪽에 신성을 쌓음
	342	국내성을 증축함 전연의 침략으로 환도성 함락
소수림왕	371	소수림왕 즉위
	372	불교 전래, 태학 설치
	373	율령 반포
고국양왕	384	고국양왕 즉위
	385	요동과 현도를 함락시킴 그러나 곧 후연에게 요동과 현도를 빼앗김
광개토 대왕	391	광개토 대왕 즉위
	392	백제를 공격해 10개의 성을 빼앗음. 관미성을 함락시킴
	394	백제의 침입을 수곡성에서 격퇴
	395	백제의 침입을 패수에서 격퇴
	396	백제의 58개의 성을 함락시킴.
	400	신라를 도와 왜를 몰아냄.
	404	백제와 왜의 연합군을 물리침
	409	6성을 쌓고 평양 백성을 옮김
	410	동부여의 64개 성을 함락시킴
장수왕	413	장수왕 즉위.
	414	광개토 대왕릉비 세움
	427	평양으로 도읍을 옮김
	475	백제를 공격해 한성을 함락시킴 중원 고구려비 세움
문자왕	491	문자(명)왕 즉위
	494	동부여를 멸망시킴
안장왕	519	안장왕 즉위
안원왕	531	안원왕 즉위
	540	백제의 우산성 침입을

고구려 연표

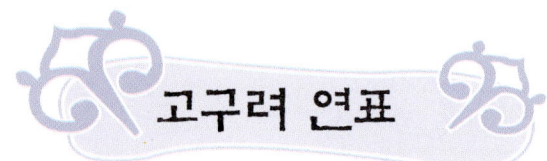
고구려 연표

왕	연대	주요사항
양원왕		격퇴
	545	양원왕 즉위
	552	장안성을 쌓음
평원왕	559	평원왕 즉위
	586	도읍을 장안성으로 옮김
영양왕	590	영양왕 즉위
	598	수나라 문제의 침입
	600	이문진에게 〈신집〉 편찬케 함
	610	담징과 법정, 일본으로 건너감
	612	수나라의 재침입. 을지문덕의 살수 대첩

왕	연대	주요사항
영류왕	618	영류왕 즉위
	624	당으로부터 도교 전래
	629	신라에게 낭비성을 빼앗김.
	631	천리 장성을 쌓기 시작함. (~648년)
	638	신라의 칠중성을 공격
보장왕	642	보장왕 즉위
	645	당 태종의 침입 안시성 싸움 승리
	668	고구려 멸망.

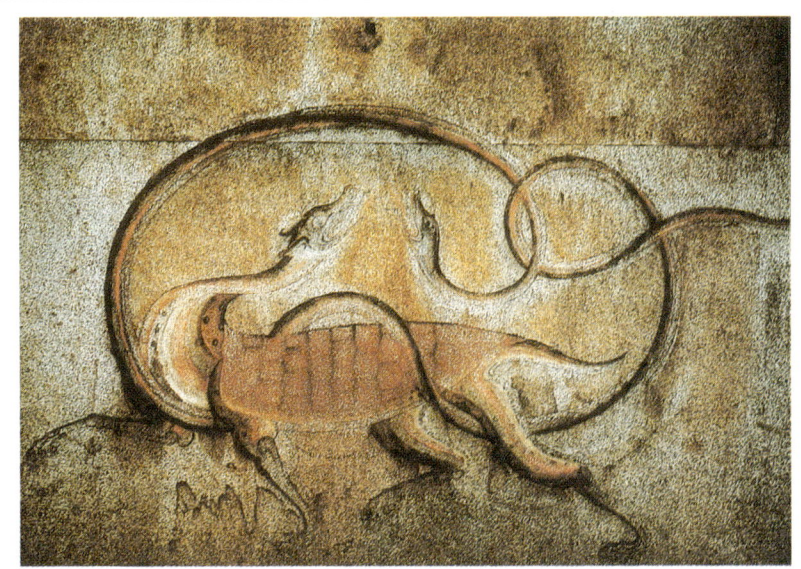

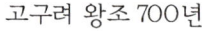

고구려 왕조 700년

고구려 왕조 계보

*표는 BC(서기전, 기원전)

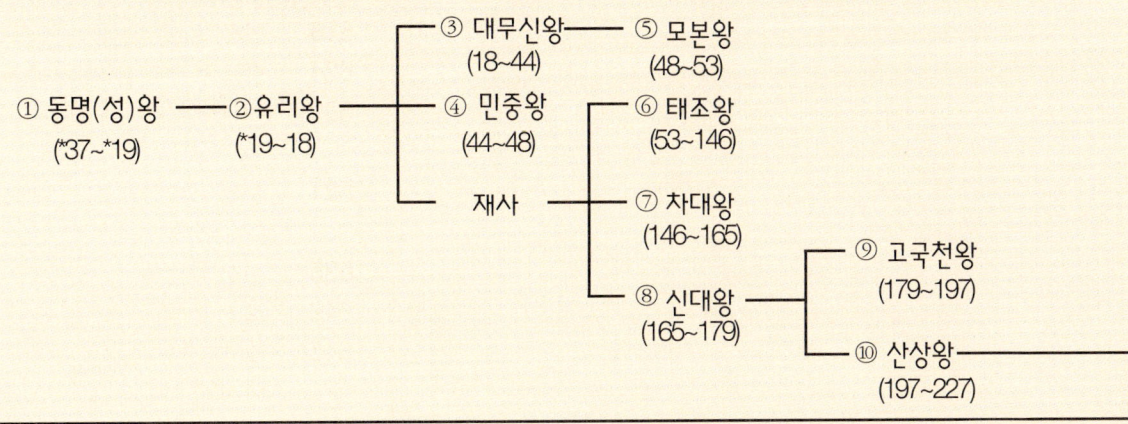

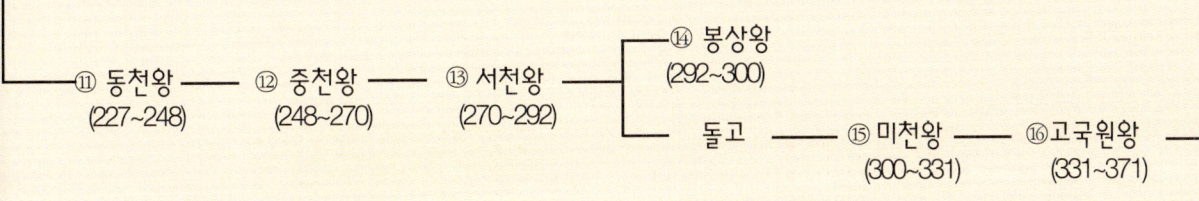

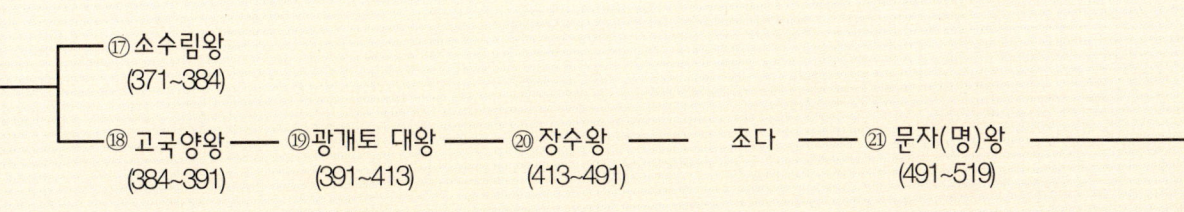

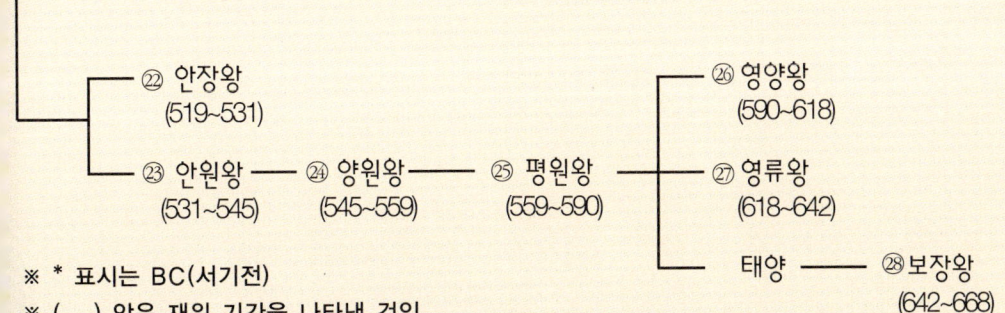

※ * 표시는 BC(서기전)
※ ( ) 안은 재위 기간을 나타낸 것임

역사 풀이 해답

52~53쪽
1. ① 2. ③ 3. ② 4. ④ 5. ③ 6. 황조가 7. 국내성 8. 온조와 비류
9. 한 일 : 좋은 말의 혀에 가시를 찔러 두었다. 이유 : 말을 마르게 하여 다른 왕자들이 좋은 말을 고르지 않도록 하기 위하여
10. 유화는 알영수에서 목욕을 하다가 해모수를 만나 주몽을 갖게 되었다. 그 후 가문을 더럽혔다는 이유로 쫓겨나 헤매던 중 금와를 만나게 되었다. 유화는 커다란 알을 낳았고, 그 알에서 태어난 아이가 주몽이었다.

98~99쪽
1. ① 2. 자명고, 자명각 3. ④ 4. ① 5. ② 6. 물풀에 잉어를 싸서 한나라 진영에 보내 성안에 물이 많다고 여기게 하여 돌려보냈다.
7. ③ 8. 불을 때지 않아도 밥이 되었다.
9. 고구려의 영토 확장에 위기감을 갖게 되어 전쟁을 일으켰다.
10. 신하를 깔고 앉거나 옳은 말을 하는 신하에게 화살을 쏘았다.

138~139쪽
1. ③ 2. ② 3. ① 4. 왕위를 순순히 물려주고 별궁으로 물러났다.
5. ① 6. ④
7. 백고는 태조왕의 동생으로 차대왕이 왕위에 오르는 것을 반대했다가 그가 왕이 되고 반역의 움직임이 일어나자 화가 미칠까 두려워서 산 속으로 피해 있었습니다. 8. ① 9. 성 밖의 사람들을 모두 성 안으로 들어오게 하고 마을에는 쌀 한 톨 남겨 두지 않았다. 그리고 성에서 오랫동안 방어전을 펼쳐 한나라 군사를 지치게 한 뒤 돌아가는 군대의 뒤를 공격하여 크게 승리한 것이다.

170~171쪽
1. ③ 2. ① 3. 고구려의 4부에서 낮은 작위에 있으면서도 현명한 사람을 추천하게 했다. 4. ② 5. ①
6. 왕후라는 권력의 자리에서 물러나고 싶지 않았기 때문이었다.
7. 연우 8. ④ 9. ③

196~197쪽
1. 왕후 우씨가 죽으면서 산상왕의 무덤 옆에 묻어 달라고 하자 고국천왕이 무당을 통해 백성들을 보기가 부끄럽다고 하였다. 그러자 동천왕이 고국천왕의 무덤을 가리기 위해 소나무를 심었다.
2. ② 3. ④ 4. 밀우, 유유 5. 항복을 하겠다며 음식을 가지고 간 유유의 칼에 찔려 죽었다. 6. 관나 부인 7. ① 8. ④ 9. 일우와 소발

226~227쪽
1. ③ 2. ① 3. ④ 4. ② 5. 무덤을 파헤치려던 군사들이 갑자기 쓰러져 죽고, 무덤 속에서 풍악 소리가 들려 왔기 때문에 6. ② 7. ③
8. 넓고 평탄한 길에 많은 병력을 배치했다가 험한 길로 들이닥친 모용황의 군대를 막아 내지 못해 작전에 실패했기 때문이다.
9. 모용황은 환도성을 헐고 궁궐에 불을 질렀다. 그리고 미천왕의 무덤을 파헤치고 시체를 가져갔으며, 태후와 왕비를 비롯한 5만여 명의 백성들을 포로로 끌고 갔다.

242~243쪽
1. ② 2. ① 3. ①
4. 전쟁으로 황폐해진 백성들의 마음에 안정을 찾을 수 있었다.
5. ④ 6. 전진과 동진은 적대적인 관계였다. 소수림왕이 이 두 나라와 모두 관계를 맺은 것은 외교적인 안정을 이루기 위해서였다.
7. ①
8. 후연은 고구려의 땅을 중심으로 나라를 일으켰으며, 고국원왕 때 모용황이 환도성을 잿더미로 만들었던 데에 대한 복수를 하고자 했다.
9. ③

278~279쪽
1. ④ 2. ② 3. ④ 4. 신라와 백제가 서로 동맹을 맺었다.
5. ④ 6. 광개토 대왕비 7. ③
8. 백제와 동맹을 맺고 고구려에 대항했다. 9. ② 10. ③

320~321쪽
1. ② 2. 지충 3. ③ 4. ④ 5. 남쪽으로 진출하기 위한 길목이자 전략 기지로 매우 중요한 곳이었다. 6. ① 7. 백암성과 신성을 고쳐 쌓았다.
8. 졸본에 있는 동명성왕의 묘에 제사를 지내고 돌아오는 길에 죄수들을 풀어 주었다. 9. 온달

376~377쪽
1. ④ 2. 장마로 인한 병사들의 추위, 굶주림, 전염병 때문이었다.
3. 유기 100권을 정리하여 신집 5권을 썼다.
4. ③ 5. ② 6. 천리장성 7. ④ 8. 신라와 당나라
9. 남생 형제들의 불화로 고구려의 조정에는 내분이 일어났다. 남생은 당나라에 가 군사를 이끌고 자기의 조국인 고구려로 쳐들어왔다. 여기에 소정방이 이끄는 신라와 당나라의 연합군이 남쪽과 북쪽에서 공격해 오자 마침내 항복을 하고 말았다.

동화 따라 지구 한 바퀴, 신나는 세계 여행!
세계 초등 교과서 동화

세계 여러 나라의 교과서에 실렸거나 널리 권장되고 있는 동화 중에서 우수한 작품을 가려 뽑아 나라별로 엮었습니다. 각 나라의 문화와 역사, 지리 등을 사진과 함께 살펴보는 손바닥 백과, 논술력을 기르는 논술 기초 다지기, 재치와 유머가 번득이는 고품격 예술 만화도 곁들였습니다.

170×238㎜ / 192쪽 / 올컬러 / 전15권

시성 타고르의 아침 이슬처럼 맑은 동화, 이름 없는 성자의 철학 동화 등 인도의 속깊은 동화 11편을 모았습니다. 인도의 풍물, 만화 〈벼룩 가족의 식사〉도 만납니다.

이웃나라 일본 초등 학교 교과서에 실린 동화와 동시 20편. 사랑스러운 동물들, 따스한 가족애가 진한 감동을 줍니다. 일본 전통 스포츠와 의상 등도 알아봅니다.

전통과 신사의 나라, 민주주의의 나라 영국 어린이들에게 인기 있는 동화 11편을 콜라주 그림과 함께 담았습니다. 런던의 2층 버스, 영국 여왕이 사는 집도 살펴봅니다.

캥거루와 코알라가 뛰어노는 호주(오스트레일리아)의 초등 학생들에게 인기 있는 재기발랄한 동화 12편. 호주의 희귀 동물, 초등 학생의 생활 모습도 알아봅니다.

태양이 이글거리는 사막과 정글로 뒤덮인 열악한 자연 환경 속에서도 순수함을 잃지 않고 살아가는 아프리카 사람들의 생활, 거칠지만 해맑은 동화 14편을 담았습니다.

전세계 수많은 민족이 어우러져 사는 미국의 어린이들은 어떤 동화를 읽을까요? 백악관, 자유의 여신상, 세계 영화의 중심지 할리우드, 미국의 국기 성조기 등도 살펴봅니다.

세계의 20%를 차지하는 13억 인구를 가진 중국의 어린이들이 좋아하는 알토란 같은 현대·전래 동화 9편. 천진난만한 친구들의 모습에 고개가 절로 끄덕여집니다.

동화의 나라라 불리는 독일의 톡톡 튀는 동화, 꼬마 철학가로 만드는 경쾌하면서도 뜻깊은 동화 9편. 유서깊은 하이델베르크, 백조의 성 노이반슈타인 등도 여행합니다.

예부터 페르시아라 불린 역사 깊은 중동 지역의 동화 9편을 통해 이슬람 문화와 생활을 엿볼 수 있습니다. 만화 〈꼬리 좀 빌려 줄래?〉로 도마뱀의 생태도 공부합니다.

천연 그대로의 자연이 보존된 뉴질랜드의 원주민들에게 전해 내려오는 동화, 재기 넘치는 현대 동화 등 15편을 실었습니다. 뉴질랜드의 자연과 생활도 알아봅니다.

푸른 초원과 말, 이동 천막집의 나라 몽골의 순진무구한 동화 16편을 모았습니다. 신비로우면서도 따사로운 정이 담긴, 쉽게 접하지 못한 동화들을 만날 수 있습니다.

예술의 나라 프랑스 어린이들이 즐겨 읽는 동화 8편에 고품격 그림을 곁들였습니다. 예술의 향기 넘치는 세련된 동화들과 함께 프랑스의 매력을 만끽할 수 있습니다.

톨스토이, 도스토예프스키, 푸슈킨 등 대문호를 낳은 러시아의, 우리 나라에 잘 알려지지 않은 동화 10편, 신비로운 크렘린과 붉은 광장, 시베리아 횡단 철도를 만납니다.

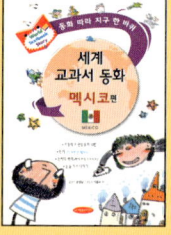

사막, 선인장, 챙 넓은 모자 등이 떠오르는 멕시코는 마야, 톨테크, 아스테크 등 인디언 문명이 발생한 곳. 인디언 동화와 현대 동화 10편을 만나고, 멕시코도 여행합니다.

돈 키호테와 투사의 나라 스페인(에스파냐)은 한때 세계를 주름잡던 무적 함대의 나라입니다. 모험심 강하고 정열적인 스페인에서 인기 높은 신나는 동화 9편을 만납니다.